Daseinsvorsorge zwischen Beihilfe- und Vergaberecht

Europäische Hochschulschriften

Publications Universitaires Européennes
European University Studies

Reihe II
Rechtswissenschaft

Série II Series II
Droit
Law

Bd./Vol. 4601

PETER LANG
Frankfurt am Main · Berlin · Bern · Bruxelles · New York · Oxford · Wien

Oliver Panetta

Daseinsvorsorge zwischen Beihilfe- und Vergaberecht

Eine Untersuchung anhand der neuesten Entwicklungen auf dem Wassermarkt unter besonderer Berücksichtigung der In-house-Rechtsprechung sowie der Altmark-Trans-Rechtsprechung des EuGH

PETER LANG
Internationaler Verlag der Wissenschaften

Bibliografische Information der Deutschen Nationalbibliothek
Die Deutsche Nationalbibliothek verzeichnet diese Publikation in der Deutschen Nationalbibliografie; detaillierte bibliografische Daten sind im Internet über <http://www.d-nb.de> abrufbar.

Zugl.: Göttingen, Univ., Diss., 2006

D 7
ISSN 0531-7312
ISBN 978-3-631-56744-9

www.peterlang.de

Meinen Eltern

Politik ist das Schicksal
Napoleon Bonaparte

Vorwort

Die vorliegende Arbeit wurde im SS 2006 von der juristischen Fakultät der Georg-August-Universität in Göttingen als Dissertation angenommen. Zu Dank verpflichtet bin ich meinem Doktorvater Herrn Prof. Dr. Christian Calliess für die Hilfe bei der Auswahl des Themas und der anschließenden Betreuung der Arbeit, sowie für die Freiräume, die er mir während der Anfertigung der Arbeit zugestanden hat. Danken möchte ich auch meinem Zweitgutachter Herrn Rechtsanwalt PD Dr. Christian Winterhoff für die schnelle Erstellung des Zweitgutachtens und die zahlreichen fachlichen Ratschläge, die mir enorm weiterhalfen.

Daneben möchte ich mich auch bei zahlreichen Freunden und Kollegen bedanken, ohne deren Rat und Hilfe die Arbeit schwerer zu realisieren gewesen wäre. Hier sind insbesondere meine Freunde und Kollegen Julia Reinicke, Hans-Christian Rühmke, Stefan Ripke und Jan Harms zu nennen, ohne die meine Zeit in Göttingen sicherlich nicht annähernd so amüsant gewesen wäre, wobei ich insbesondere die rein fachlichen Gespräche am Mittag in der „Lounge" besonders vermissen werde. Danken möchte ich auch meinen Kollegen vom Lehrstuhl von Frau Prof. Dr. Langenfeld für die großartige Zusammenarbeit während der gesamten Zeit.

Besonders danken möchte ich meinem Lbb. und Freund Herrn Rechtsanwalt Dietrich Homann, der mir während meines gesamten Studiums und der Promotion immer mit Rat und Tat zur Seite stand.

Am meisten muß ich jedoch meiner Familie und meiner Freundin Gesa danken. Meiner Schwester Claudia, für ihre Bemühungen sich trotz eigenen Berufs und Familie durch meine Arbeit zu quälen und dieser den nötigen Feinschliff zu geben. Meiner Freundin Gesa dafür, daß sie immer da war, wenn ich sie gebraucht habe, für ihre Ruhe, wenn mir die nötige Ruhe gefehlt hat sowie für ihr wunderschönes immer aufmunterndes Lächeln.

Meinen Eltern, für ihre immerwährende großzügige Unterstützung und Zuneigung, für die es keine angemessenen Worte des Dankes gibt. Ihnen möchte ich diese Arbeit daher widmen.

Kassel, im März 2007
Oliver Panetta

Inhaltsverzeichnis

Abkürzungsverzeichnis

ABl. EG	Amtsblatt der Europäischen Gemeinschaften
Abs.	Absatz
Art.	Artikel
BB	Der Betriebsberater
BaWü WG	Baden-württembergisches Wassergesetz
BayGKZ	Bayrisches Gesetz über kommunale Zusammenarbeit
BbgGKG	Gesetz über Kommunale Gemeinschaftsarbeit im Land Brandenburg
BbgWG	Brandenburgisches Wassergesetz
BerlWG	Berliner Wassergesetz
BKRL	Richtlinie über die Koordinierung der Verfahren zur Vergabe öffentlicher Bauaufträge
BMWI	Bundesministerium für Wirtschaft
BVerfGE	Entscheidung des Bundesverfassungsgerichts
bzw.	beziehungsweise
CMLR	Common market law review
DB	Der Betrieb
d.h.	das heißt
DKRL	Richtlinie über die Koordinierung der Verfahren zur Vergabe öffentlicher Dienstleistungsaufträge
DÖV	Die Öffentliche Verwaltung
DVBl.	Deutsches Verwaltungsblatt
EG/EGV	Vertrag zur Gründung der Europäischen Gemeinschaft
EGKSV	Vertrag über die Gründung der Europäischen Gemeinschaft für Kohle und Stahl
ELR	European Law Review
endg.	endgültig
etc.	et cetera
EuG	Europäisches Gericht
EuGH	Europäischer Gerichtshof
EuR	Europarecht
EuZW	Europäische Zeitschrift für Wirtschaftsrecht
EWS	Europäisches Wirtschafts- und Steuerrecht
EWGV	Vertrag zur Gründung der Europäischen Wirtschaftsgemeinschaft
f.	folgende
FS	Festschrift
ff.	fortfolgende

GG	Grundgesetz
GWB	Gesetz gegen Wettbewerbsbeschränkungen
GWF	Das Gas- und Wasserfach: Fachblatt für Gastechnik und Gaswirtschaft sowie für Wasser und Abwasser
HdbStR	Handbuch des Deutschen Staatsrechts
HessWG	Hessisches Wassergesetz
i.S.d.	im Sinne des
JuS	Juristische Schulung
JZ	Juristenzeitung
KSE	Kölner Schriften zum Europarecht
lit.	Buchstabe
LKRL	Richtlinie über die Koordinierung der Verfahren zur Vergabe öffentlicher Lieferaufträge
LWG Me-Vo.	Landeswassergesetz Mecklenburg-Vorpommern
Mio.	Millionen
NJW	Neue Juristische Wochenschrift
Nr.	Nummer
NVwZ	Neue Zeitschrift für Verwaltungsrecht
NWGKG	Gesetz über die kommunale Gemeinschaftsarbeit Nordrhein Westfalen
NwVBl.	Nordrhein-westfälische Verwaltungsblätter
PostG	Postgesetz
RdE	Recht der Energiewirtschaft
RhPfWG	Rheinland-pfälzisches Wassergesetz
RIW	Recht der internationalen Wirtschaft
Rn.	Randnummer
S.	Seite
SächsGKZ	Sächsisches Gesetz über kommunale Zusammenarbeit
SächsWG	Sächsische Wassergesetz
Slg.	Sammlung
ThüWG	Thüringisches Wassergesetz
TKG	Telekommunikationsgesetz
u.a.	und andere
Uabs.	Unterabsatz
verb. Rs.	verbundene Rechtssache
VVDStRL	Veröffentlichungen der Vereinigung der Deutschen Staatsrechtslehrer
WEV-RL	Richtlinie zur Koordinierung der Zuschlagserteilung durch Auftraggeber im Bereich Wasser-, Energie-, und Verkehrsversorgung sowie der Postdienste
WG LSA	Landeswassergesetz Sachsen-Anhalt
WRP	Wettbewerb in Recht und Praxis
WuW	Wirtschaft und Wettbewerb

z.B.	zum Beispiel
ZEuS	Zeitschrift für europarechtliche Studien
ZGR	Zeitschrift für Unternehmens- und Gesellschaftsrecht
ZHR	Zeitschrift für das gesamte Handelsrecht und Wirtschaftsrecht
ZKF	Zeitschrift für Kommunalfinanzen
ZögU	Zeitschrift für öffentliche und gemeinwirtschaftliche Unternehmen
ZUM	Zeitschrift für Urheber und Medienrecht
ZUR	Zeitschrift für Umweltrecht

I. Einleitung und Problemaufriß

In den letzten Jahren besteht eine rege Diskussion darüber, unter welchen Bedingungen das Wirtschaftsrecht der EU es den Mitgliedstaaten ermöglicht, die von ihnen für notwendig erachtete Daseinsvorsorge durch staatliche Behörden oder öffentliche und private Unternehmen erbringen zu lassen.
Die Diskussion über den Stellenwert der Daseinsvorsorge im Gemeinsamen Markt ist nicht neu und läßt sich bis in die Gründungszeit der Europäischen Wirtschaftsgemeinschaft zurückverfolgen[1]. Die Länder, welche einen bedeutenden öffentlichen Wirtschaftssektor besaßen, sahen diesen durch die Errichtung eines Gemeinsamen Marktes mit einem unverfälschten Wettbewerb gefährdet, die Länder mit einem primär privatwirtschaftlich strukturierten Markt sahen die Marktposition dieser privatwirtschaftlichen Unternehmen durch die großen öffentlichen Unternehmen der anderen Mitglieder bedroht[2].

Die Lösung dieser unterschiedlichen Interessenlagen bestand in einem Kompromiß. Einerseits wird durch den EG-Vertrag gemäß Art. 295 EG die Eigentumsordnung der Mitgliedstaaten unberührt gelassen und auf die Frage nach der Ausgestaltung der einzelnen Wirtschaftsordnungen somit kein Einfluß genommen[3], andererseits werden die öffentlichen Unternehmen dem Vertrag in gleicher Weise unterworfen wie private Unternehmen[4]. Die Vertragsbestimmungen gelten grundsätzlich auch für öffentliche und private Unternehmen, die Dienstleistungen von allgemeinem wirtschaftlichen Interesse erbringen, somit also Aufgaben der Daseinsvorsorge erfüllen[5], d.h. für den Bürger Leistungen im Bereich des Nahverkehrs, der Wasserversorgung, der Energieversorgung, der Postdienstleistungen u.a. Bereiche erbringen.

Unter dem Druck der Vollendung des Binnenmarktes und der damit entstandenen größeren Konkurrenz der nun immer stärker europaweit operierenden Marktteilnehmer haben sich die Anforderungen an den unverfälschten Wettbewerb automatisch stetig erhöht. Dementsprechend haben sich auch die Anforderungen an die Überwachung der mit der Daseinsvorsorge betrauten öffentlichen und privaten Unternehmen verändert. Mit dieser Veränderung geht nun einerseits die Sorge einher, daß, bei unzureichender Überwachung durch die zustän-

---

[1] Schebstadt, Der Kostenausgleich für Daseinsvorsorgeverpflichtungen, S. 737 (737); Wilms, Die europäische Gemeinschaft und öffentliche Unternehmen, S. 91 ff.; Löwenberg, Service public und öffentliche Dienstleistungen in Europa, S.125 ff.; v.Danwitz, NwVBl. 2002, S. 132 ff.
[2] Wilms, Die europäische Gemeinschaft und öffentliche Unternehmen, S. 91 ff.; Magiera, Die Gefährdung der öffentlichen Daseinsvorsorge, S. 269 (271 f.).
[3] Kingreen, in: Calliess/Ruffert, Art. 295 EG, Rn.1 ff.
[4] Hochbaum, in: G/T/E, Art. 90 EG, Rn. 4.
[5] Magiera, Die Gefährdung der öffentlichen Daseinsvorsorge, S. 269 (272).

dige Kommission, der Wettbewerb durch staatlichen Protektionismus in einem weitaus stärkeren Maße als bisher verzerrt werden könnte[6]. Andererseits bestehen aber auch Bedenken, daß die Daseinsvorsorge durch eine zu starke Ausdehnung speziell der EG-Beihilfenkontrolle in der bisherigen Form nicht mehr aufrechterhalten werden kann.
Aufgrund dieser vielfach geäußerten Kritik einiger Mitgliedstaaten sowie diverser Interessenvereinigungen wurde schließlich durch den Amsterdamer Vertrag der EG-Vertrag geändert und Art. 16 EG eingefügt, welcher den Diensten von allgemeinem wirtschaftlichen Interesse gewidmet wurde und deren Bedeutung hervorheben soll.

Eine Änderung trat ebenfalls bezüglich der in der Debatte befindlichen Akteure ein. Richtete sich die Aufmerksamkeit zunächst primär auf öffentliche Unternehmen, welche zur Erbringung der Leistungen der Daseinsvorsorge von Mitgliedstaaten mit einem Monopol ausgestattet wurden, gerieten zunehmend auch mit einem Monopol ausgestattete private Unternehmen, wie zum Beispiel die Deutsche Post, in den Blickpunkt der Debatte. Im Rahmen der Liberalisierung der letzten Jahre richtet sich nun darüber hinaus ein besonderes Augenmerk auf den Teil der Daseinsvorsorge, der von öffentlichen und privaten Unternehmen erbracht wird, welche für die Erbringung dieser Dienste nicht mehr mit einem Monopol ausgestattet sind, sondern lediglich Ausgleichsleistungen des Staates erhalten[7]. Hier ist beispielsweise der öffentliche Nahverkehr zu nennen, wo bestimmte Anbieter für die Bedienung unrentabler Linien staatliche Zuschüsse erhalten. Im Zusammenhang mit diesen Ausgleichsleistungen stellt sich die Frage, die auch im Mittelpunkt dieser Arbeit stehen wird, ob und inwieweit diese staatlichen Leistungen mit dem Beihilferecht vereinbar sind.

Es rückten aber nicht nur neue Akteure in das Blickfeld der Kommission. Im Laufe der letzten Jahre sind ebenfalls neue Sektoren Gegenstand der Liberalisierungsdebatte geworden, welche bisher dem freien Wettbewerb weitestgehend entzogen waren. Ausgehend von den Erfolgen auf dem Telekommunikationssektor wurden sogar in netzwerkgebundenen Industrien, wie der Elektrizitäts[8]- oder Gasindustrie[9], erste Liberalisierungsversuche unternommen.

Ein netzwerkgebundener Wirtschaftsbereich schien aber bisher aus der gesamten Liberalisierungs- und Privatisierungsdebatte herauszufallen. Dieser Sektor war die europäische Wasserwirtschaft. Auf diesem Gebiet herrscht sowohl in

[6] Magiera, Die Gefährdung der öffentlichen Daseinsvorsorge, S. 269 (272).
[7] Nettesheim, EWS 2002, S. 253.
[8] Richtlinie 96/92/EG betreffend gemeinsame Vorschriften für den Elektrizitätsbinnenmarkt, ABl. EG 1997, L 27/20 ff.
[9] Richtlinie 98/30/EG betreffend gemeinsame Vorschriften für den Erdgasbinnenmarkt, ABl. EG 1998, L 204/1 ff.

Deutschland als auch in Europa eine Dominanz der Versorgung durch öffentliche Anbieter unter Ausschluß von Wettbewerb[10]. In jüngster Zeit wurde auch hier die Liberalisierungs- bzw. Privatisierungsdebatte, ausgelöst durch verschiedene Gutachten[11] und Forderungen der großen Wirtschaftsverbände, angeheizt, wodurch es wohl zumindest mittelfristig zu strukturellen Veränderungen kommen wird. Während auch im Fall solcher Veränderungen zukünftig kaum mit einem verstärkten Auftreten der Problematik der staatlichen Ausgleichsleistungen zu rechnen ist, da in diesem Bereich Zuschüsse zur Kostendeckung bisher kaum erforderlich sind, offenbart sich aber ein weiteres Spannungsfeld zwischen nationaler Daseinsvorsorge und europarechtlichen Vorgaben. In dem Maße, in dem Private in die Aufgabenerledigung einbezogen werden, kann es zu einer verstärkten Anwendung des Vergaberechts kommen. Über diese verstärkte Anwendung des Vergaberechts kann es aber zu Veränderungen kommen, die über das Maß des Erwünschten deutlich hinausgehen. Im Bereich der Wasserwirtschaft besteht bezüglich der Anwendbarkeit des Vergaberechts und damit einer Einführung von mehr Wettbewerb insofern eine gewisse Brisanz, als an eine einwandfreie Versorgung mit Wasser bzw. an eine ordnungsgemäße Entsorgung des Abwassers die elementaren Rechtsgüter Leben und körperliche Unversehrtheit der Bevölkerung gekoppelt sind. Ferner weist die Wasserwirtschaft Besonderheiten auf, die zumindest Zweifel aufkommen lassen können, ob das wirtschaftliche Allheilmittel der Liberalisierung oder zumindest eine Privatisierung eine zukunftsträchtige Lösung darstellen können. Dies ist der Grund, warum es notwendig ist, speziell die Wasserwirtschaft einer genaueren Betrachtung zu unterziehen, da sich anhand dieses Sektors zeigen könnte, ob der von der Kommission eingeschlagene Weg, in sämtlichen Bereichen der Wirtschaft nach und nach Wettbewerb einzuführen, in dieser Form weiterhin gangbar ist oder ob doch zumindest teilweise ein Umdenken stattfinden muß.

---

[10] Eine Übersicht über die europäischen Wasserwirtschaften im Hinblick auf deren Struktur, Eigentumsverhältnisse, Zuständigkeiten etc. findet sich im Anhang an den WRc Report, Study on the application of the competition rules to the water sector in the european community, abrufbar unter:
http://europa.eu.int/comm/competition/publications/studies/water_sector_report.pdf.

[11] Insbesondere das BMWi-Gutachten, Optionen und Rahmenbedigungen einer Marktöffnung für eine nachhaltige Wasserversorgung; WRc Report, Study on the application of the competition rules to the water sector in the european community.

II. Gang der Untersuchung

Die vorliegende Arbeit gliedert sich in zwei Teile. Der erste Teil, welcher sich in drei Abschnitte untergliedert (III.-V.), befaßt sich mit der Problematik der Ausgleichsleistungen im Lichte des europäischen Beihilferechts. Zunächst wird untersucht, wann eine Beihilfe i.S.d. Art. 87 Abs. 1 EG gegeben ist. Kern dieser Untersuchung wird der Inhalt dieses in Art. 87 Abs. 1 EG genannten, aber inhaltlich nicht genau definierten Begriffes sein. Ein besonderes Augenmerk richtet sich auf die Merkmale, welche zur Annahme einer Beihilfe zwingend gegeben sein müssen und dementsprechend bei der Frage der Einstufung von Ausgleichsleistungen als Beihilfe eine besondere Bedeutung haben.
Im Anschluß an diese Untersuchung wird der Begriff der Daseinsvorsorge dargestellt (IV.). Dieser wird zunächst aus nationaler und dann aus europäischer Sicht betrachtet, um die Inhalte und dann auch die Unterschiede und Gemeinsamkeiten auf den verschiedenen Ebenen darstellen zu können.
Kern dieses ersten Teils sind dann im dritten Abschnitt (V.) die Untersuchungen der verschiedenen staatlichen Ausgleichsleistungen für die von Unternehmen erbrachten Leistungen der Daseinsvorsorge auf ihre Vereinbarkeit mit dem europäischen Beihilferecht. Hierfür wird untersucht, in welcher Form solche Leistungen erfolgen können und unter welchen Umständen diese mit dem Beihilferecht vereinbar bzw. unvereinbar sind. Im Zusammenhang mit diesen Fragen erfolgt eine Darstellung der Rechtsprechung der europäischen Gerichte, des Standpunktes der europäischen Kommission und des sich inhaltlich mit diesem Thema befassenden Schrifttums. Nach einer genauen Analyse und einer anschließenden Stellungnahme zu diesen Ansichten wird ein eigener Ansatz herausgearbeitet.

Der zweite Teil der Arbeit, welcher sich in zwei Abschnitte untergliedert (VI u.VII), befasst sich mit aktuellen Entwicklungen auf dem Wassermarkt. Hier werden zunächst die wirtschaftlichen und gesetzlichen Rahmenbedingungen sowie die Besonderheiten dieses Marktes gegenüber anderen Sektoren dargestellt. Anschließend werden die aktuellen mitgliedstaatlichen Reformbestrebungen, also Privatisierungs- und Liberalisierungstendenzen, untersucht. Ausgehend von den dort gewonnen Erkenntnissen schließt sich eine Darstellung der europäischen Vorgaben für die Wasserwirtschaft und ihrer Auswirkungen auf die nationalen Reformbestrebungen an. Ein besonderes Augenmerk richtet sich in diesem Teil auf die Rechtsprechung des EuGH zu den sogenannten in-house-Geschäften. Hieran schließt sich ein eigener Ansatz für die zukünftige Neuordnung der Wasserwirtschaft an.

III. Die Beihilfe i.S.d. Art. 87 Abs. 1 EG

1. Allgemeines

Ein wesentlicher Gegenstand der aktuellen Diskussion über die Reichweite des Beihilferechts ist die Frage, ob es sich bei den Ausgleichsleistungen des Staates an öffentliche oder private Unternehmen um eine Beihilfe i.S.d. Art. 87 Abs.1 EG handelt. Die einzelnen Ansätze, die zur Lösung dieser Problematik vorgeschlagen werden, sind eng verknüpft mit Fragen nach der Auslegung und der Reichweite des Beihilfebegriffs. Dies ist nicht zuletzt deswegen von zentraler Bedeutung, da die Frage nach der Beihilfeeigenschaft einer Maßnahme, bzw. der Vereinbarkeit einer Beihilfe auch unter Kompetenzgesichtspunkten von besonderer Bedeutung ist. Während über die Frage nach der Vereinbarkeit einer Beihilfe, vorbehaltlich der Kontrolle durch EuG und EuGH, ausschließlich die Kommission entscheiden kann, kann über die Beihilfeeigenschaft zusätzlich noch der nationale Richter eine Entscheidung treffen[12]. Hieraus folgt, daß geklärt werden muß, wann eine Beihilfe i.S.d. Art. 87 Abs.1 EG gegeben ist.

Nach Art. 87 Abs.1 EG sind staatliche oder aus staatlichen Mitteln gewährte Beihilfen gleich welcher Art, die durch Begünstigung bestimmter Unternehmen oder Produktionszweige den Wettbewerb verfälschen oder zu verfälschen drohen, mit dem Gemeinsamen Markt unvereinbar, soweit sie den Handel zwischen den Mitgliedstaaten beeinträchtigen und soweit im EG-Vertrag nicht etwas anderes bestimmt ist.

Eine darüber hinaus gehende Definition des Begriffs der Beihilfe ist im Vertrag nicht enthalten[13]. Der Wortlaut des Art. 87 EG spricht für eine sehr weite Auslegung des Begriffs der Beihilfe, indem die Worte „Beihilfen gleich welcher Art“ verwendet werden[14]. Bestätigt wird dies durch die englische Fassung, in der sich die Formulierungen „in any form whatsoever“ und „any aid“ finden[15].
Der Sinn und Zweck der Vorschrift ist, die Errichtung des Gemeinsamen Marktes zu fördern, indem jegliche Form des Protektionismus, wozu auch Beihilfen zählen, unterbunden wird[16]. Dies läßt sich ebenfalls nur durch die Verwendung

---

[12] Mestmäcker/Schweitzer, Europäisches Wettbewerbsrecht, § 45, Rn. 58; Mederer, in: v.d.Groeben/Schwarze, Art. 88, Rn. 71; Götz, Recht der Wirtschaftssubventionen, S. 109 ff.; Streinz, Europarecht, Rn. 1031.
[13] Craig/ de Búrca, EC Law, S. 1084; Kling, Die Zulässigkeit vergabefremder Kriterien, S. 31.
[14] Pape, Staatliche Kapitalbeteiligungen an Unternehmen, S. 8; Lefèvre, Staatliche Ausfuhrförderung, S. 113; Kassow, Die Beihilfe im Sinne des Art. 87 I EG, S. 17.
[15] Vaughan, Law of the European Communities, S. 698; Schernthanner, Das materielle Beihilfeaufsichtsrecht, S. 20.
[16] Zur Bedeutung der Beihilfenkontrolle siehe Sánchez Rydelski, Handbuch EU Beihilfenrecht, S.19 ff.

eines weiten Beihilfebegriffs erreichen[17]. *Schernthanner* ist insoweit zuzustimmen, als sie schreibt, daß „die Beihilfeaufsicht ein großes feinmaschiges Auffangnetz bilden muß, dem problematische Sachverhalte nicht in Folge zu enger Fassung des Tatbestandes entschlüpfen dürfen“[18].
Allerdings darf nicht unberücksichtigt bleiben, daß nicht jede Form von Beihilfen als unzulässig angesehen werden darf. Weitergehend muß man sogar sagen, daß Beihilfen sowohl auf mitgliedstaatlicher als auch auf gemeinschaftsrechtlicher Ebene als legitimes Mittel der Wirtschaftspolitik angesehen werden[19]. Dieser auf den ersten Blick bestehende Widerspruch läßt sich allerdings auflösen. Art. 87 Abs. 1 EG statuiert zwar zunächst ein grundsätzliches Verbot jeglicher Beihilfen unter Verwendung eines weiten Beihilfebegriffs. Art. 87 Abs. 2 EG enthält jedoch eine Bereichsausnahme und Art. 87 Abs. 3 EG eine Ausnahme, die in das Ermessen der Kommission gestellt wird[20]. Ein Widerspruch, welcher gegen eine extensive Auslegung des Beihilfebegriffs sprechen würde, ist somit nicht gegeben. Der Begriff der Beihilfe ist auf Grund des Sinn und Zwecks der Vorschrift weit auszulegen[21].

Neben der Frage nach der Auslegung des Beihilfebegriffs ist noch eine weitere Problemstellung unter Verweis auf den Sinn und Zweck der Vorschrift zu beleuchten. Es handelt sich um die Frage, ob es für die Beurteilung der Beihilfe auf deren Form, Gründe oder Ziele ankommt oder ob allein ihre Wirkung entscheidend ist. Auch hier muß man zu Gunsten des Schutzzwecks auf die weitreichendere Variante zurückgreifen und ausschließlich auf die Wirkung der Beihilfe abstellen[22]. Jede andere Auslegung würde den Beihilfebegriff einen Großteil seiner Objektivität kosten und im Widerspruch zum Sinn und Zweck der Vorschrift stehen. Die Zulassung weiterer Kriterien würde geradezu zu Mißbrauchsversuchen verlocken. Die Mitgliedstaaten könnten durch die Angabe

---

[17] Anstatt vieler Ipsen, Europäisches Gemeinschaftsrecht, S. 673; Craig/ de Búrca, EC Law, S.1084.

[18] Schernthanner, Das materielle Beihilfeaufsichtsrecht, S. 22.

[19] Koenig/Kühling, NJW 2000, S. 1065.

[20] EuGH, Slg. 1977, S. 595 (609 f.), Rn. 8 ff., Steinike/Weinlig; EuGH, Slg. 1990, S. I-307 (355), Rn. 15, Frankreich/Kommission.

[21] Ständige Rspr. seit EuGH, Rs.30/59, De Gezamenlijke Steenkolenmijnen in Limburg/Hohe Behörde, Slg. 1961, S.1 (43); EuGH, Rs.173/73, Slg. 1974, S. 709 (718); Mederer, in: Schröter/Jakob/Mederer, Art. 87 Abs. 1 EG, Rn. 2; Merderer/van Ysendyck, in: von der Groeben/ Schwarze, Art. 87 Abs. 1 EG, Rn. 2; Mähring, JuS 2003, S. 449; Schernthanner, Das materielle Beihilfeaufsichtsrecht, S. 20; Rengeling, KSE 32 (1984), S. 26; Caspari, in: FS von der Groeben, S. 78.

[22] EuGH Rs. C-241/94, Slg. 1996, S. I-4551(4575) Rn. 20, Frankreich/Kommission; EuGH Rs. C-39/94, Slg. 1996, S. I-3547 (3595), Rn. 58, SFEI; EuGH, Rs. C-387/92, Slg. 1994, S. I-877 (907), Rn. 12, Banco Exterior de Espana; EuGH, Rs. 173/73, Slg. 1974, S. 709 (718), Rn. 26-28 Italien/Kommission; in der Literatur anstatt vieler: Mederer, in: von der Groeben/Schwarze, Art. 87 Abs.1 EG, Rn. 2; Craig/ de Búrca, EC Law, S.1084.

bestimmter Gründe, die Verwendung einer bestimmten Form oder das Erreichen eines bestimmten Ziels versuchen, problematische Sachverhalte zu „rechtfertigen".
Eine solche Auslegung hat auch aus der Sicht der Mitgliedstaaten Vorteile, da dann wirklich nur solche Konstellationen erfaßt werden, welche dem Art. 87 Abs. 1 EG unterliegen. Eine bestimmte Form oder bestimmte Gründe und Ziele allein können bei dieser Auslegung schließlich noch nicht zu der Annahme einer Beihilfe führen, so daß auch die Mitgliedstaaten von dieser größeren Objektivität profitieren.

2. Der Beihilfebegriff

Aufgrund der praktischen Bedeutung des Art. 87 Abs. 1 EG kam es zu einer Vielzahl von Versuchen, den Beihilfebegriff näher zu bestimmen[23]. Die Herangehensweise an diesen Begriff fällt höchst unterschiedlich aus. Sie reicht von dem grundsätzlichen Verzicht auf eine Definition[24], bis hin zu verschiedensten Definitionsversuchen[25]. Nach weitverbreiteter Ansicht würde die Weite des Beihilfebegriffs in Art. 87 Abs. 1 EG zwangsläufig dazu führen, daß eine nähere Begriffsbestimmung ihn gleichzeitig einengt[26]. Dies hat zur Folge, daß Literatur und Rechtsprechung heute weitgehend auf eine abstrakt-generelle Begriffsbestimmung verzichten.

Neben der Möglichkeit einer abstrakt-generellen Begriffsbestimmung existiert aber weiterhin die Möglichkeit, auf die Denkform des Typus[27] zurückzugreifen[28]. Genau diese Vorgehensweise wird gewählt, allerdings nicht immer als solche bezeichnet, wenn die charakteristischen Merkmale der Beihilfe herausge-

---

[23] Ausführliche Darstellung bei: Schernthanner, Das materielle Beihilfeaufsichtsrecht, S. 15 ff.; Everling, Europäisches Gemeinschaftsrecht, Art. 87 EG, S. 273.
[24] Rengeling, JZ 1984, S. 798; Scheuing, Les aides financières publiques, S. 267 f.; Maag, Das Verbot wettbewerbsverfälschender Beihilfen, S. 86; v. Wallenberg, in: Grabitz/Hilf-Maastrichter Fassung, Art. 87 EG, Rn. 5.
[25] Götz, Recht der Wirtschaftssubventionen, S. 23; Hoischen, Die Beihilferegelung in Art. 92 EWGV, S. 31 ff.; Ehle/Meier, EWG-Warenverkehr, S. 244; Modlich, Nationale Infrastrukturmaßnahmenund Art. 92 Abs. 1 EGV, S. 35 ff..
[26] Obernolte, EW 1961, S. 388 (389); v. Friesen, Staatliche Haftungszusagen für öffentliche Kreditinstitute, S. 82; Lefèvre, Staatliche Ausfuhrförderung, S. 112; Schwarze, in: Gedächtnisschrift für Wolfgang Martens, S. 819 (833); Mederer/van Ysendyck, in: v.d.Groeben/Schwarze, Art. 87 Abs. 1 EG, Rn. 5.
[27] Zum Begriff des Typus Bydlinski, Juristische Methodenlehre, S. 548 ff.; Larenz/Canaris, Methodenlehre der Rechtswissenschaft, S. 290; Leenen, Typus und Rechtsfindung, S. 36.
[28] Diesen Ansatz wählt Ciresa, Beihilfenkontrolle und Wettbewerbspolitik, S. 34; ebenso Schardt, Öffentliche Aufträge und das Beihilfenregime, S. 114 ff.; Bär-Bouyssière spricht ebenfalls von der Typologie der Beihilfeformen, in: Schwarze, Art. 87 EG, Rn. 26; anders Sternthanner, Das materielle Beihilfeaufsichtsrecht, S. 18, welche die Meinung vertritt, daß „Definition und Enumeration" sich nicht ausschließen, sondern gleichzeitig vorliegen sollten.

arbeitet werden, um dadurch einer Beihilfe inhaltlich eine entsprechende Schärfe zu verleihen[29]. Bei einem Typus müssen diese Merkmale nicht immer vorliegen, bzw. können in unterschiedlichem Maße – „mehr“ oder „weniger“ – gegeben sein[30]. Das Ergebnis dieser Herangehensweise ist damit durch eine gewisse Offenheit gekennzeichnet und bildet ein „elastisches Merkmalsgefüge[31]“, in welchem einzelne Merkmale nicht zwingend konstitutive Bedeutung haben. Ziel dieses Ansatzes ist es, die charakteristischen Merkmale aus der Rechtsprechung des EuGH, den Entscheidungen der Kommission und der gefestigten Lehrauffassung herauszuarbeiten und dadurch, unter Berücksichtigung der gesetzlichen Regelung und ihres Sinns und Zwecks, einen flexiblen Rahmen für den „Beihilfebegriff“ zu schaffen[32].

Eine solche Herangehensweise wird der Beihilfe im Sinne des Art. 87 Abs.1 EG aber ebenfalls nicht gerecht. Es ist zwar richtig, daß eine allgemeingültige Definition, wie sie für einen Rechtsbegriff notwendig wäre, das Wesen der Beihilfe aufgrund ihrer vielfältigen Erscheinungsformen nicht abschließend erfassen kann; deswegen aber auf jegliche zwingenden Merkmale zu verzichten, ist ebensowenig sachgerecht. Es existieren nämlich, wie noch zu zeigen sein wird, wesentliche Merkmale, die durch den EuGH abschließend anerkannt sind und damit den Begriffskern der Beihilfe bilden.
Ein Ansatz, der das Wesen der Beihilfe erfassen will, muß somit die Beihilfe[33] als eine Mischform aus Begriff und Typus ansehen[34]und damit eine vermittelnde Position zwischen den bisher existierenden Ansichten einnehmen. Es existieren einerseits konstitutive Merkmale, die den Kern des Beihilfebegriffs bilden, während andererseits Merkmale hinzukommen, die in der Weise eines Typus offen sind und damit dem Beihilfebegriff seine notwendige Flexibilität erhalten.

a) Begünstigung

Nach allgemeiner Ansicht ist ein begriffliches Merkmal des Beihilfebegriffs eine Begünstigung des Empfängers. Dies wird bereits aus der Verwendung des Wortes „Bei-hilfe“ deutlich, aus welchem sich eine Förderung oder Unter-

---

29 Müller-Graff, ZHR 1988, S. 403 (416 ff.).
30 Larenz/Canaris, Methodenlehre der Rechtswissenschaft, S. 42.
31 Leenen, Typus und Rechtsfindung, S. 36.
32 Schardt, Öffentliche Aufträge und das Beihilferegime, S. 116.
33 In den weiteren Ausführungen wird trotzdem weiterhin die Bezeichnung des Beihilfebegriffs verwendet.
34 Solche Mischformen zwischen Begriff und Typus sind in der Literatur anerkannt. Siehe dazu Larenz/Canaris, Methodenlehre der Rechtswissenschaften, S. 44.

stützung ergibt[35]. Inwieweit dieses Merkmal aber inhaltlich ausgestaltet ist, ist Gegenstand der Diskussion.

aa) Problematik der Unentgeltlichkeit

Streit besteht darüber, wann eine die Beihilfe ausschließende Gegenleistung vorliegt. Unstreitig ist, daß eine Beihilfe immer dann anzunehmen ist, wenn die Begünstigung ohne jede Gegenleistung erfolgt[36]. Darüber hinaus soll nach einer Literaturansicht zur Bejahung einer Beihilfe immer zwingend notwendig sein, daß das Merkmal der Unentgeltlichkeit gegeben ist[37]. In der Rechtssache 78/76 Steinike/Weilig[38] vertritt offenbar der EuGH ebenfalls diese Ansicht. In dieser Entscheidung spricht er im Zusammenhang mit der Begünstigung von „einem unentgeltlichen Vorteil". Der EuGH hat hier aber lediglich die von dem vorlegenden Gericht gewählte Formulierung aufgegriffen[39]. In darauf folgenden Entscheidungen findet sich diese Formulierung nicht wieder. Statt dessen werden Formulierungen wie „wirtschaftlicher Vorteil"[40] und schlicht „Vorteil"[41] verwendet. Eine Bestätigung dieser Ansicht findet sich in der Rechtsprechung des EuGH somit nicht.

Gegen diese Ansicht sprechen aber auch weitere gewichtige Argumente. Zunächst würde das Erfordernis der Unentgeltlichkeit der allgemein anerkannten Weite des Beihilfebegriffs und damit der Systematik des Beihilfebegriffs widersprechen[42]. Weiterhin könnte der Staat durch die Forderung einer unter Umständen sogar symbolischen Gegenleistung das gemeinschaftsrechtliche Beihilfeverbot umgehen und dadurch einen Großteil der staatlichen Vorteilsgewährung dem Anwendungsbereich des Art. 87 Abs. 1 EG entziehen[43]. Gerade vor dem Hintergrund der wachsenden Anforderungen aufgrund der Vollendung des Binnenmarktes wäre eine solche Möglichkeit der Staaten, sich der Anwendung des Europarechts zu entziehen, nicht hinzunehmen.

---

35 V.Wallenberg, in: Grabitz/Hilf- Maastrichter Fassung, Art. 87 EG , Rn. 6; Schernthanner, Das materielle Beihilfeaufsichtsrecht, S. 30; Schardt, Öffentliche Aufträge und das Beihilferegime, S. 117.

36 Müller-Graff, ZHR 152 (1988), S. 403 (418).

37 Götz, Recht der Wirtschaftssubventionen, S. 22; Ose, Beihilfen und Maßnahmen gleicher Wirkung, S. 55; Rawlinson, in Lenz/Borchardt, Art. 87 EG, Rn. 3; Schina, State aids, Rn. 50; Scheuing, Les aides financières publiques, S. 31 f.

38 EuGH, Rs. 78/76, Slg. 1977, S. 595 (613), Rn. 22.

39 Schernthanner, Das materielle Beihilfeaufsichtsrecht, S. 30.

40 EuGH, Rs. 57/86, Slg. 1988, S. 2855 (2871), Rn. 8, Griechenland/Kommission.

41 EuGH, Rs. C-44/93, Slg. 1994, S. I-3829 (3872), Rn. 19, Namur-Les assurances du crédit; EuGH, Rs. 173/73, Slg. 1974, S. 709 (718), Rn. 26, Italien/Kommission.

42 V.Friesen, Staatliche Haftungszusagen für öffentliche Kreditinstitute, S. 85.

43 Schardt, Öffentliche Aufträge und das Beihilferegime, S. 119.

bb) Fehlende marktübliche Gegenleistung

In Anbetracht der Tatsache, daß das Merkmal der Unentgeltlichkeit aus den genannten Gründen abzulehnen ist, muß somit ein Merkmal entwickelt werden, welches nicht diese Schwächen aufweist und auch jene Leistungsbeziehungen der Beihilfeaufsicht unterwerfen kann, in denen eine Gegenleistung erfolgt, welche kein ausreichendes Äquivalent für die staatliche Leistung darstellt, in denen also eine gewisse Einseitigkeit in der Leistungsbeziehung besteht.

Vielfach wird in der Literatur für den Fall, daß eine Gegenleistung erfolgt, welche die staatliche Leistung aber nur teilweise kompensiert, vorgeschlagen, diese in zwei Teile aufzuspalten. Einmal in einen Teil, welcher von der erfolgten Leistung vollständig kompensiert wird sowie in den Teil, der ohne entsprechende Kompensation geblieben ist[44].

Ein anderer Ansatz wählt den Weg, zu untersuchen, ob eine nicht marktübliche oder marktmäßige Gegenleistung vorliegt. Deren Fehlen sei ein typisches Merkmal der Beihilfe[45].

Teilweise werden diese beiden sich ähnelnden Herangehensweisen aber dahingehend kritisiert, daß bestimmte Konstellationen von ihnen nicht erfaßt würden. Konstellationen, in denen bereits die Ermöglichung des Geschäftsabschlusses an sich eine beihilferelevante Begünstigung sein könnte, z.B. in den Fällen, in denen die öffentliche Hand als einziger potentieller Vertragspartner auftreten würde oder bei beihilfeverdächtigen Fällen unternehmerischen Engagements der öffentlichen Hand, ließen sich auch über diese Ansätze nicht erfassen[46]. Das Verhalten der öffentlichen Hand sei vielmehr mit dem eines ökonomisch denkenden privaten Investors zu vergleichen (sog. *private investor test*). Die Grundlage dieses Vergleichs stellten immer die Marktbedingungen dar, welche auf dem jeweiligen Markt zu dem fraglichen Zeitpunkt herrschten. Ergebe dieser Vergleich, daß sich der private Investor unter den gegebenen Umständen nicht so verhalten hätte, z.B. nicht so einen hohen Preis für eine bestimmte Leistung bezahlt hätte, läge ein beihilferelevantes Begünstigungselement vor[47].

---

[44] Rawlinson, in: Lenz, Art. 87 EG, Rn. 3; Hoischen, Die Beihilferegelung in Art. 92 EWGV, S. 52; v. Wallenberg, in: Grabitz/Hilf, Art. 87 EG , Rn. 7.

[45] V.Friesen, Staatliche Haftungszusagen für öffentliche Kreditinstitute, S. 85; Mederer/ van Ysendyck, in: Schröter/Jakob/Mederer, Art. 87 Abs. 1, Rn. 6; Cremer, in: Calliess/ Ruffert, Art. 87 EG EG, Rn. 7; Fabber, Europarechtliche Grenzen kommunaler Wirtschaftsförderung, S. 105 f.; König/Kühling/Ritter, EG-Beihilfenrecht, Rn. 69.

[46] Schernthanner, Das materielle Beihilfeaufsichtsrecht S. 33 f.; Schardt, Öffentliche Aufträge und das Beihilferegime, S. 121 f.

[47] EuGH, verb. Rs. 67, 68 und 70/85, Slg. 1988, S. 263 (270), Rn. 28 u. 30; Mederer/ van Ysendyck, in: v.d. Groeben/Schwarze, Art.87 I EG, Rn. 10 u. 13 f.; Müller-Graff, ZHR 152, S. 403 (418); ihm folgend: Schernthanner, Das materielle Beihilfeaufsichtsrecht, S. 34 ff; Schardt, Öffentliche Aufträge und das Beihilferegime, S. 122 f..

Es ist zwar möglich, mittels dieses Ansatzes problematische Fälle zu erfassen und der Beihilfeaufsicht zu unterstellen, es ist aber trotzdem verfehlt, zwischen dem Ansatz, welcher den *private investor test* anwendet und jenem, welcher untersuchen möchte, ob eine marktübliche Gegenleistung vorliegt, einen Gegensatz zu sehen oder den Erstgenannten als weitergehend zu betrachten[48]. Die Bestimmung der marktmäßigen/marktüblichen Gegenleistung erfordert gerade die Einbeziehung aller Umstände, unter denen die Leistung des Staates erfolgt. Maßgeblich sind hierfür die finanzielle Lage, Struktur und Verschuldungsgrad eines Unternehmens[49]. Es sind daher auch Faktoren wie die finanzielle Gesamtsituation eines Kapitalsuchenden oder die Rentabilitätserwägungen eines Investors mit einzubeziehen, welche gegen ein entsprechendes Engagement der öffentlichen Hand sprechen könnten[50]. Sowohl die Vorgehensweise als auch die Zielrichtung der beiden Ansätze ist somit identisch. Der *private investor test* ist lediglich eine Möglichkeit zur Bestimmung der marktmäßigen/marktüblichen Gegenleistung; er ist somit das Mittel, um zu prüfen, ob dieses Beihilfemerkmal gegeben ist. Das entscheidende Merkmal des Beihilfetatbestandes ist aber das Fehlen einer marktmäßigen/ marktüblichen Gegenleistung.

b) Staatliche oder aus staatlichen Mitteln stammende Beihilfe

Der Wortlaut des Art. 87 Abs.1 EG gibt ein weiteres Merkmal vor. Es muß begrifflich eine staatliche oder aus staatlichen Mitteln stammende Beihilfe vorliegen.

aa) Initiator der Beihilfe

Zunächst einmal trifft dieses Merkmal eine Aussage über den Initiator der Beihilfe. Hierbei dient es der Abgrenzung zu Art. 81 ff. EG. Wettbewerbsverzerrungen durch private Initiative werden vom Anwendungsbereich der Art. 81 ff. EG erfaßt, während Wettbewerbsverzerrungen, welche auf staatlicher Initiative beruhen, vom Beihilferecht erfaßt werden[51].

Eine staatliche Begünstigung liegt vor, wenn es sich bei dem Initiator der Leistung um einen Hoheitsträger handelt. Dies können heute unstreitig sowohl der Bund, die Länder, die Gemeinden als auch jede andere Körperschaft des öffent-

---

[48] So auch Müller-Graff, ZHR 152, S. 403 (418); Schardt, Öffentliche Aufträge und das Beihilferegime, S. 121.

[49] EuGH, C-142/87, Slg. 1990, S. 959 (1012), Rn. 27 ff., Belgien/Kommission; EuGH, Rs. 234/84, Slg. 1986, S. 2263 (2286), Rn. 14, Belgien/Kommission; EuGH, Rs. C-301/87, Slg. 1990, S. 307(361), Rn. 40, Frankreich/Kommission.

[50] In unter anderem diesen Beispielen soll nach Müller-Graff, ZHR 152, S. 403 (418 f.) und nach Schardt, Öffentliche Aufträge und das Beihilferegime, S. 421 der Ansatz, welcher untersucht, ob eine marktgerechte Gegenleistung vorliegt, zu kurz greifen.

[51] Schardt, Öffentliche Aufträge und das Beihilferegime, S. 103.

lichen Rechts sein[52]. Der Wortlaut des Art. 87 Abs. 1 EG gebietet es weiterhin, zwischen staatlichen und aus staatlichen Mitteln stammenden Zuwendungen zu differenzieren. Daher umfaßt letztere auch solche Beihilfegeber, die nur mittelbar oder unter bestimmten Umständen gar nicht Teil der öffentlichen Verwaltung sind[53]. Damit entsteht eine staatliche Zurechnung für jede Art der Beihilfegewährung, die mit staatlichen Stellen oder Finanzmitteln in Zusammenhang gebracht werden kann[54]. Umfaßt sind somit zunächst solche Zuwendungen, welche von juristischen Personen des öffentlichen Rechts gewährt werden. Diese sind zwar vom Staat verschieden, ihre Gründung geschieht aber zum Zwecke der Vereinfachung der Verwaltungsabläufe. Daher ist es nicht ersichtlich, warum eine solche Ausgliederung öffentlicher Aufgaben zu einer Durchbrechung des Zurechnungszusammenhangs führen sollte[55]. Weiterhin sind auch solche Zuwendungen erfaßt, die durch Privatrechtssubjekte erfolgen, wie zum Beispiel durch eine von einer Gemeinde gegründeten GmbH, wenn sich deren Zuwendung aufgrund ihrer staatlichen Veranlassung oder Beauftragung dem Staat zurechnen lassen[56]. Unproblematisch ist dies der Fall, wenn die juristische Person des Privatrechts durch Hoheitsakt bzw. Rechtssatz beliehen wurde[57]. Aber auch in Fällen, in denen die staatliche Einflußnahme nicht offensichtlich ist, sind an das Ausmaß der staatlichen Einflußnahme keine zu hohen Anforderungen zu stellen[58]. Insgesamt muß aufgrund einer wertenden Gesamtschau aller Indizien entschieden werden, ob eine staatliche Einflußnahme vorliegt[59]. Eine solche ist gegeben, wenn die wertende Gesamtschau zu dem Ergebnis kommt, daß die betreffende Einrichtung keine volle Entscheidungsautonomie mehr besitzt, sondern der Staat Einfluß auf den entsprechenden Leistungsgeber hat[60].

---

52 Bleckmann/ Koch, in: Bleckmann, Europarecht, Rn. 2057.

53 Schardt, Öffentliche Aufträge und das Beihilferegime, S. 106.

54 EuGH, Rs. 305/89, Slg. 1991, S. 1603 (1639), Rn. 13 f., Italien/Kommission; EuGH verb. Rs. 67, 68, 70/85, Slg. 1988, S. 219 (272), Rn. 35, van der Kooy/Kommission; anstatt vieler Mederer/Triantafyllou, in: v.d.Groeben/Schwarze, Art. 87, Rn. 23; Kassow, Die Beihilfe im Sinne des Art. 87 I EG, S. 151.

55 Koppensteiner, Das Subventionsverbot, S. 75; Schernthanner, Das materielle Beihilfeaufsichtsrecht, S. 66.

56 Statt vieler: Müller-Graff, ZHR 152 (1988), S. 403 (413); Cremer, in: Calliess/Ruffert, Art. 87 EG, Rn. 10; Mederer/Triantafyllou, in: v.d.Groeben/Schwarze, Art. 87 I EG, Rn. 25.

57 Schardt, Öffentliche Aufträge und das Beihilferegime, S. 109.

58 Zu diesem Ergebnis kommt Schardt aufgrund einer Analyse der Judikate des EuGH, Öffentliche Aufträge und das Beihilferegime, S. 155.

59 Mederer/Triantafyllou, in: Schröter/Jakob/Mederer, Art. 87 I EG , Rn. 25; Schernthanner, Das materielle Beihilfeaufsichtsrecht, S. 69.

60 EuGH, Rs. C-482/99, EuZW 2002, S. 468 (472), Rn. 53 ff., Frankreich/Kommission.

bb) Herkunft der Beihilfe

Neben der Aussage über den Initiator der Beihilfe, ist weiterhin noch Gegenstand der Diskussion, ob durch diese Formulierung auch noch die Herkunft der Beihilfe bestimmt werden soll.

aaa) Rechtsprechung des EuGH

In der Vergangenheit war die Rechtsprechung des EuGH zu dieser Frage höchst uneinheitlich. Ursprünglich wurde das Kriterium der Belastung öffentlicher Mittel explizit verlangt und bei Fehlen dieses Merkmals die Einstufung als Beihilfe verneint[61]. In den Urteilen in der Rechtssache 290/83 und der verbundenen Rechtssache 67, 68, 70/85 wurde aber auf die Notwendigkeit der Herkunft der Begünstigung aus staatlichen Mitteln vom EuGH verzichtet. Dem Beihilfebegriff würden auch solche Begünstigungen unterfallen, welche nicht aus staatlichen Mitteln finanziert würden[62]. Diese Rechtsprechung fand aber in den folgenden Urteilen keine Bestätigung. In allen späteren Urteilen wurde die Notwendigkeit dieses Merkmals vom EuGH bejaht bzw. das Vorliegen einer Beihilfe deswegen verneint, weil keine zusätzliche Belastung für den Staat oder für die genannten Einrichtungen gegeben gewesen war oder aber keine unmittelbare oder mittelbare Übertragung staatlicher Mittel auf Unternehmen stattgefunden hat[63]. Es bleibt festzuhalten, daß die Rechtsprechung des EuGH in der Vergangenheit aufgrund der zwischenzeitlich abweichenden Judikate zu Recht als uneinheitlich bezeichnet wurde[64]. Aufgrund der Einheitlichkeit der Judikate der jüngeren Vergangenheit[65] muß mittlerweile aber von einer gefestigten Recht-

[61] EuGH, Rs. 82/77, Slg. 1978, S. 25 (40 f.), Rn. 25, Niederländische Staatsanwaltschaft/van Tiggele; EuGH, Rs. 213-215/81, Slg. 1982, S. 3583 (3602), Rn. 22, Norddeutsche Vieh u. Fleischkontor/Balm.

[62] EuGH Rs. 290/83, Slg. 1985, S. 439 (449), Rn. 14, Kommission/Frankreich; EuGH, Rs. 67,68 u. 70/85, Slg. 1988, S. 219 (271), Rn. 32; van der Kooy/Kommission.

[63] EuGH, Rs. 72/91 und 73/91, Slg. 1993, S. 887 (933 f.), Rn. 19, Sloman Neptun; EuGH, Rs. 189/91, Slg. 1993, S. 6185 (6620), Rn. 16 ff., Kirsammer-Hack; EuGH, verb. Rs. C-52/97 bis C-54/97, Slg. 1998, S. I-2629 (2641), Rn. 13; EuGH, Rs. C-200/97, Slg. 1998, S. I-7907 (7936f.), Rn. 35, Ecotrade/AFS; EuGH, Rs. C-295/97, Slg. 1999, S. I-3735 (3761), Rn. 35, Piaggio/Ifitalia u.a.; EuGH, Rs. C-379/98, Slg. 2001, S. I-2099 (2181), Rn. 58, Preussen Elektra/Schleswag.

[64] Soltész, EuZW 1998, S. 747 (748); ebenso Schardt, welche aber nach genauer Untersuchung der Rechtsprechung zu dem Ergebnis kommt, daß trotz vermeintlicher Widersprüche aus allen Urteilen zu erkennen sei, daß eine Involvierung öffentlicher Mittel gegeben sein müsse.

[65] EuGH, Rs. 72/91 und 73/91, Slg. 1993, S. 887 (933 f.), Rn. 19, Sloman Neptun; EuGH, Rs. 189/91, Slg. 1993, S. 6185 (6620), Rn. 16 ff., Kirsammer-Hack; EuGH, verb. Rs. C-52/97 bis C-54/97, Slg. 1998, S. I-2629 (2641), Rn. 13; EuGH, Rs. C-200/97, Slg. 1998, S. I-7907 (7936f.), Rn. 35, Ecotrade/AFS; EuGH, Rs. C-295/97, Slg. 1999, S. I-3735 (3761), Rn. 35, Piaggio/Ifitalia u.a.; EuGH, Rs. C-379/98, Slg. 2001, S. I-2099 (2181), Rn. 58, Preussen Elektra/Schleswag.

sprechung gesprochen werden. Nach dem Gerichtshof sind daher nur solche Vorteile als Beihilfe im Sinne des Art. 87 EG anzusehen, die unmittelbar oder mittelbar aus staatlichen Mitteln gewährt werden.

bbb) Schrifttum

Diese Rechtsprechung stößt bei einem Großteil des europäischen Schrifttums auf Zustimmung[66]. Begründet wird die Notwendigkeit dieses Merkmals zunächst mit dem Wortlaut des Art. 87 Abs. 1 EG. Es sei nicht überzeugend, daß bei diesem Wortlaut, welcher „staatliche oder aus staatlichen Mitteln gewährte Beihilfen" verlange, lediglich auf den Initiator der Beihilfe abgestellt werden solle[67].

Neben dem Wortlautargument werden auch systematische Erwägungen angeführt. Das Beihilferegime sei nur ein Teil des Instrumentariums, welches zur Schaffung des Binnenmarktes vorgesehen sei. Daneben bestünden primär noch die Regelungen über die Grundfreiheiten sowie die Regeln über die Rechtsangleichung. Ein Verzicht auf das Merkmal der Herkunft aus öffentlichen Mitteln würde die Gesetzessystematik stören und zu ungewollten Überschneidungen zwischen den genannten Bereichen und dem Recht der Beihilfen führen. Eine Beschränkung des Anwendungsbereichs des Art. 87 Abs. 1 EG sei somit nicht zuletzt deswegen ratsam, da die Regeln über die Grundfreiheiten und die Rechtsangleichung besser geeignet seien, die entsprechenden Maßnahmen zu erfassen[68].

Ein Verzicht auf dieses Merkmal würde aber auch in der Praxis Probleme aufwerfen. Fast jede Wirtschaftssteuerungsmaßnahme, welche eine irgendwie geartete Verbesserung von Wirtschaftsbedingungen anstrebt, würde dann nämlich in das Visier der Beihilfeaufsicht geraten. Dem stünde zudem aber auch das Argument entgegen, daß eine solche Ausweitung der Beihilfeaufsicht zwangsläufig zu einer Überlastung der Kommission führen müßte, da diese aufgrund ihrer begrenzten sachlichen und personellen Ressourcen zu der Bewältigung dieser Aufgabe nicht in der Lage sei[69].

---

[66] Müller-Graff, ZHR 152 (1988), S. 403 (423); Soltész, EuZW 1998, S. 747 (750 f.); Slot, CMLR 1994, S. 142 (143 f.); Schina, State Aids, S. 23; Mederer/Triantafyllons, in: Schröter/Jakob/Mederer; Art. 87 Abs. 1 EG, Rn. 28; Cremer, in: Calliess/Ruffert, Art. 87 EG, Rn. 10; Schernthanner, Das materielle Beihilfeaufsichtsrecht, S. 60 f.; Schardt, Öffentliche Aufträge und das Beihilferegime, S. 162 f; weiterhin ablehnend Slotboom, ELR 1995, S. 289 ff.

[67] Cremer, in: Calliess/Ruffert, Art. 87 EG, Rn. 10.

[68] Slot, CMLR 1994, S. 142 (143 f.).

[69] Soltész, EuZW 1998, S. 747 (750); Schardt, Öffentliche Aufträge und das Beihilferegime, S. 162 f..

Vereinzelt wird die Notwendigkeit der Herkunft der Beihilfe aus öffentlichen Mitteln bestritten[70]. Zunächst einmal könne das von Teilen des Schrifttums angeführte Wortlautargument nicht greifen. Grundsätzlich könne im Gemeinschaftsrecht allein aufgrund seiner Mehrsprachigkeit der Vertragstexte die Wortlautauslegung keine bedeutende Rolle spielen. In dem hier gegebenen Streit sei dies insbesondere deswegen der Fall, da nach der Wortlautauslegung sowohl eine Herkunft der Beihilfe aus öffentlichen Mitteln als auch nur die Belastung öffentlicher Mittel als genannte Variante möglich seien[71]. Der Wortlaut könne also sowohl für eine Herkunft der Beihilfe aus öffentlichen Mitteln als auch gegen eine solche Auslegung geltend gemacht werden[72]. Dies bestätige nicht zuletzt auch die Rechtsprechung des EuGH, indem er in der Rechtssache 290/83 Kommission/Frankreich[73] aus der in dem Wortlaut des Art. 87 Abs. 1 EG verwendeten Unterscheidung zwischen „staatlichen" und „aus staatlichen Mitteln" gewährten Beihilfen herauslese, daß erstgenannte Beihilfen gerade nicht aus staatlichen Mitteln finanziert werden müßten, während er jedoch in der verbundenen Rechtssache C-72/91 und C-73/91 Sloman Neptun[74] explizit aus dem Wortlaut entnehme, daß andere als aus staatlichen Mitteln stammende Vorteile nicht dem Anwendungsbereich des Art. 87 Abs. 1 EG unterfallen könnten.

Neben dem wenig aussagekräftigen Wortlaut würden aber auch Sinn und Zweck der Vorschrift für einen Verzicht auf dieses Merkmal sprechen. Bereits eine Bevorzugung mittels vorteilhafter Ausfüllung von Beurteilungs- und Ermessensspielräumen oder die bestimmte und selektive Anwendung von Regulierungen könne die gleiche Wirkung entfalten wie eine finanzielle aus staatlichen Mitteln stammende Beihilfe und dementsprechend zu einer Begünstigung bestimmter Unternehmen führen, welche geeignet sei, den Wettbewerb auf bestimmten Märkten zu verzerren[75].
Das Argument der Gegenansicht, daß ein Verzicht auf dieses Merkmal zu einem Verlust jeglicher Kontur des Beihilfebegriffs[76] führen würde, könne ebenfalls nicht bestehen. Zunächst einmal sei jedenfalls eine auf den Staat zurückzuführende Handlung und darüber hinausgehend die Begünstigung „bestimmter" Unternehmen oder Produktionszweige erforderlich. Speziell das letztgenannte

[70] Slotboom, ELR 20 (1995), S.289 (290); Koenig/Kühling, EuZW 1999, S.517 (521), Modlich, Nationale Infrastrukturmaßnahmen, S. 41.
[71] Koenig/Kühling, EuZW 1999, S. 517 (521); Slotboom, ELR 20 (1995), S.289 (290); soweit auch Soltész, EuZW 1998, S. 747 (750) obwohl dieser die Notwendigkeit der Herkunft aus öffentlichen Mitteln anerkennt.
[72] Siehe hierzu die Schlußanträge von Generalanwaltes Jacobs, Rs. C-379/98, Slg. 2001, S. I-2103 (2129), Rn. 115 f., Preussen Elektra/Schleswag.
[73] EuGH, Rs. 290/83, Slg. 1985, S. 439 (449), Rn. 14, Frankreich/Kommission.
[74] EuGH, verb. Rs. C-72/91 u. C-73/91, Slg. 1993, S. 887 (933 f.), Rn. 19, Sloman Neptun.
[75] Koenig/Kühling, EuZW 1999, S. 517 (521).
[76] Soltész, EuZW 1998, S. 747 (750).

Erfordernis beinhalte eine ausreichende Einschränkung des Beihilfebegriffs und mache daher den Rückgriff auf die Herkunft der Mittel entbehrlich[77].
Die Gefahr eines Systembruchs aufgrund der Überschneidung mit anderen Vertragsvorschriften sei ebenfalls nicht zu befürchten. Keineswegs sei es als negativ anzusehen, wenn es zu einer Überschneidung von Vertragsvorschriften käme und darüber hinaus auch nicht ersichtlich, warum eine solche Überschneidung per se systemwidrig sein sollte[78]. Hierdurch würde sogar eine wirkungsvollere Möglichkeit geschaffen, gegen vertragswidriges Verhalten vorzugehen. Die Kommission könne dadurch gestärkt werden[79].

ccc) Stellungnahme

Will man diesen Streit entscheiden, ist es geboten, auf einige bereits zu Anfang geäußerte Feststellungen zurückzugreifen. Es ist allgemein anerkannt, daß von einem weiten Begriff der Beihilfe auszugehen ist, und daß es nicht auf die Form, Gründe oder Ziele der Beihilfe, sondern lediglich auf ihre Wirkung ankommt. Es wurde festgestellt, daß im Zuge der Verwirklichung des Binnenmarktes die Anforderungen, die an die Beihilfeaufsicht zu stellen sind, aufgrund der immer häufiger europaweit operierenden Unternehmen und der damit geänderten Konkurrenzsituation, stetig gewachsen sind.
Das ausschlaggebende Argument ist daher offensichtlich die Effektivität der Beihilfeaufsicht. Es ist unbestritten, daß Handlungen, deren Initiator der Staat ist, unabhängig von der Belastung öffentlicher Haushaltsmittel zu einer Wettbewerbsverzerrung führen können. Durch eine zu enge Auslegung würde es den Mitgliedstaaten daher ermöglicht werden, über die Herkunft der Mittel die Beihilfeaufsicht zu umgehen[80]. Der Sinn und Zweck der Vorschrift kann daher auch hier nur für eine weite Auslegung der Norm sprechen.

Es kann nicht notwendig sein, ein zusätzliches Merkmal zu verlangen, welches den Beihilfebegriff unnötig einschränkt. Der Wortlaut jedenfalls kann eine solche Einschränkung, wie bereits dargestellt, nicht erforderlich machen. Auch eine mögliche Überschneidung mit anderen Vertragsvorschriften kann nicht als Argument angeführt werden. Es ist regelmäßig der Fall, daß ein Sachverhalt unter zwei Normen subsumiert werden kann, ohne daß hieran erheblicher Anstoß genommen wird. In einer solchen Überschneidung gar einen „Systembruch" zu sehen, ist verfehlt. Es erscheint auch erheblich sinnvoller, Überschneidungen zu akzeptieren, als eventuell entstehende Lücken in Kauf nehmen zu müssen[81].

[77] Slotboom, ELR 20 (1995), S. 289 (297).
[78] Slotboom, ELR 20 (1995), S. 289 (299).
[79] Flynn, zitiert in: Slotboom, ELR 20 (1995), S. 289 (299), Fn. 45.
[80] So auch Koenig/Kühling, in: Streinz, Art. 87 EGV, Rn. 44.
[81] Siehe hierzu die Schlußanträge von Generalanwalt Darmon, Rs. C-72/91 und C-73/91, Slg. 1993, S. 903 (912), Rn. 40, Sloman Neptun.

Weiterhin kann gegen eine weite Auslegung noch vorgebracht werden, daß allein der Begriff der Spezialität keine trennscharfen Ergebnisse hervorbringen könnte. Dieses Problem wird aber auch bei einer engen Auslegung eröffnet. Dies zeigt sich nicht zuletzt an den unterschiedlichen Ansichten über die Reichweite des Begriffs der „Finanzierung aus staatlichen Mitteln“[82]. Die engere Auslegung hat somit gegenüber der weiteren Auslegung nicht den Vorteil der größeren Rechtsklarheit, sondern verlagert die notwendigen Begrenzungen lediglich von dem Begriff der Spezialität auf den Begriff der „Finanzierung aus staatlichen Mitteln“. Die genannten systematischen Gründe können somit das Erfordernis eines zusätzlichen Merkmals ebenfalls nicht begründen.

Bleiben zuletzt noch pragmatische Erwägungen, welche ein solches Merkmal rechtfertigen könnten[83]. Entsprechend wird vorgebracht, daß eine zu weite Auslegung der Norm die personellen und sachlichen Ressourcen der mit der Beihilfeaufsicht betrauten Kommission überlasten würde[84]. Diese pragmatischen Erwägungen würden somit zu einer engen, der teleologischen Auslegung widersprechenden Auslegung dieser Norm führen. Eine solche Auslegung aufgrund pragmatischer Erwägungen, mit anderen Worten aufgrund der „Lebenswirklichkeit“, ist aber nur dann zulässig, wenn sie eine klarstellende oder bestätigende Wirkung hat. Nicht zulässig hingegen ist sie, wenn sie das normativ abgesicherte Ergebnis umstürzt[85]. Wie aber oben bereits festgestellt wurde, spricht der Sinn und Zweck für eine weite Auslegung der Vorschrift. Eine andere Auslegung aufgrund rein pragmatischer Erwägungen verbietet sich daher und führt dazu, daß sie das Erfordernis eines weiteren Merkmals nicht rechtfertigen kann. Die Herkunft der Begünstigung aus staatlichen Mitteln ist damit nicht als begriffliches, sondern lediglich als ein typisches Merkmal der Beihilfe zu qualifizieren.

c) Freiwilligkeit

Als weiteres Merkmal des Beihilfebegriffs wird in Teilen der Literatur die Freiwilligkeit der Begünstigung angesehen[86]. Die Freiwilligkeit sei zwar nicht ausdrücklich in Art. 87 EG erwähnt, aber dennoch dem Beihilfebegriff wesensimmanent[87]. Begründet wird diese Ansicht nicht zuletzt mit der Rechtsprechung des EuGH zur Erstattung von zu Unrecht erhobenen Abgaben. In der Rechtssa-

[82] Siehe hierzu Schernthanner, Das materielle Beihilfeaufsichtsrecht, S. 74 f.; Schardt, Öffentliche Aufträge und das Beihilferegime, S. 164 f.

[83] So Schardt, Öffentliche Aufträge und das Beihilferegime, S. 162 ff., Müller-Graff, ZHR 1988, S. 403 (424).

[84] Schardt, Öffentliche Aufträge und das Beihilferegime, S. 162 f.

[85] Müller/Christiansen, Juristische Methodik, S. 287.

[86] V.Wallenberg, in: Grabitz/Hilf- Maastrichter Fassung, Art. 87 EG , Rn. 9; Müller-Graff, ZHR 152 (1988), S. 403 (423); Oppermann, ZUM 1996, S. 656 (657).

[87] Müller-Graff, ZHR 152 (1988), S. 403 (423).

che 67/79 entschied der EuGH, „daß die Verpflichtung der Verwaltung eines Mitgliedsstaates, Abgabenpflichtigen nach innerstaatlichem Recht auf Antrag Gebühren oder Abgaben zurückzuerstatten, die wegen ihrer Unvereinbarkeit mit dem europäischen Recht nicht geschuldet waren, keine Beihilfe darstellt“[88]. In der Rechtssache 826/79 entschied er weiterhin, daß ein Rechtssystem, welches die Rückerstattung zu Unrecht erhobener Abgaben ermöglicht, mit dem Gemeinschaftsrecht vielmehr vereinbar sei[89]. Auch sei dann keine Beihilfe gegeben, wenn eine Behörde Schadensersatzleistungen zahlt, zu denen eine nationale Behörde verurteilt wurde, um staatlicherseits verursachte Schäden wiedergutzumachen[90].
Aus dieser Rechtsprechung wird teilweise geschlossen, daß dann nicht von einer Beihilfe gesprochen werden könne, wenn der Staat aus übergeordneten Verpflichtungen gehalten sei, entsprechende Leistungen zu erbringen[91]. Dem wird aber von der überwiegenden Ansicht entgegnet, daß dies dazu führen könne, daß es generell in der Hand der einzelnen Mitgliedstaaten liegen würde, durch die Schaffung einzelner Verpflichtungen bestimmte Fördermaßnahmen zugunsten einzelner Unternehmen oder Produktionszweige dem Zugriff des Beihilferechts zu entziehen[92]. Eine solche Interpretation dieser Urteile würde aber auch im Widerspruch zu der ständigen Rechtsprechung des EuGH stehen, in welcher er vertritt, daß ein Mitgliedsstaat sich nicht auf Bestimmungen, Übungen oder Umstände seiner Rechtsordnung berufen darf, um sich gemeinschaftsrechtlichen Verpflichtungen zu entziehen[93]. Vor diesem Hintergrund ist die entsprechende Judikatur so zu interpretieren, daß die Freiwilligkeit dann entfallen würde, wenn eine allgemeine Rechtspflicht erfüllt wird, welche sich aus dem allgemeinen Ordnungsrahmen ergibt und zu keiner ungerechtfertigten Bereicherung des Empfängers führt[94]. Unter diesen Umständen wäre das Kriterium der Freiwilligkeit aber überflüssig, weil keine Begünstigung des Empfängers gegeben sein dürfte, da lediglich ein rechtmäßiger Zustand wieder hergestellt werden würde. Darüber hinaus dürfte auch das Kriterium der Spezifikation unerfüllt bleiben, da eine so definierte Rechtspflicht gegenüber der Allgemeinheit und nicht nur ge-

---

[88] EuGH, Rs. 67/79, Slg. 1980, S. 1205 (1228), Rn. 29-32, Amministrazione delle Finanze dello Stato/Denkavit Italiana.
[89] EuGH, Rs. 826/79, Slg. 1980, S. 2559 (2574), Rn. 15, Amministratione delle Finaze dello Stato/Mireco.
[90] EuGH, Rs. 106 bis 120/87, Slg. 1988, S. 5515 (5540), Rn. 21-24; Asteris u.a./Griechische Republik u.a..
[91] Oppermann, ZUM 1996, S. 656 (657).
[92] V.Friesen, Staatliche Haftungszusagen für öffentliche Kreditinstitute, S. 87.
[93] EuGH, Rs. C-349/93, Slg. 1995, S. I-343 (356), Rn. 11, Kommission/Italien.
[94] So auch Müller-Graff, ZHR 152 (1988), S. 403 (423); Schernthanner, Das materielle Beihilfeaufsichtsrecht, S. 56 f.; Modlich, Nationale Infrastrukturmaßnahmen, S. 57 f.; v. Friesen, Staatliche Haftungszusagen für öffentliche Kreditinstitute, S. 87 f.; Schardt, Öffentliche Aufträge und das Beihilferegime, S. 129 f.

genüber einem bestimmten Adressaten oder Adressatenkreis bestehen würde[95]. Die Freiwilligkeit ist somit als weiteres begriffliches Merkmal der Beihilfe nicht erforderlich und damit abzulehnen.

d) Die Begünstigung bestimmter Unternehmen und Produktionszweige

Im Text des Art. 87 Abs. 1 EG findet sich das Erfordernis der Begünstigung bestimmter Unternehmen oder Produktionszweige. Diese Begünstigung ist als Merkmal[96] der Beihilfe zu begreifen und begrenzt den Umfang der möglichen beihilferelevanten Maßnahmen in zweierlei Hinsicht. Als erstes ist hierin eine Aussage über den Kreis der Adressaten, wie auch über die Eigenschaft der Adressaten selbst enthalten.

aa) Die Begünstigteneigenschaft

Der Art. 87 Abs. 1 EG umfaßt die Begünstigung von Unternehmen oder Produktionszweigen. Eine Legaldefinition des Begriffs des Unternehmens ist im EG-Vertrag nicht enthalten. Unumstritten ist aber, daß der Begriff des Unternehmens gemeinschaftsrechtlich zu definieren ist[97]. Darüber hinaus ist der Unternehmensbegriff in Art. 87 Abs. 1 EG mit dem Unternehmensbegriff der Art. 81 ff. EG identisch[98].

Nach der ständigen Rechtsprechung des EuGH ist ein Unternehmen somit jede eine wirtschaftliche Tätigkeit ausübende Einheit, unabhängig von ihrer Rechtsform, Inhaberschaft und der Art ihrer Finanzierung[99]. Es muß sich um eine in personeller, materieller und immaterieller Hinsicht einheitliche Organisation handeln, mit der dauerhaft ein bestimmter wirtschaftlicher Zweck angestrebt wird[100]. Eine Gewinnerzielungsabsicht ist regelmäßig gegeben, aber nicht grundsätzlich erforderlich[101]. Allerdings kann fehlende Gewinnerzielungsabsicht zusammen mit anderen Eigenschaften den rein sozialen Charakter einer Tätig-

---

[95] So auch v. Friesen, Staatliche Haftungszusagen für öffentliche Kreditinstitute, S. 87.

[96] Zu der Frage, ob es sich um ein Typusmerkmal oder ein eigenständiges Tatbestandsmerkmal handelt, siehe Schardt, Öffentliche Aufträge und das Beihilferegime, S. 130 f.

[97] Mestmäcker, in: ImmenGeneralanwalt/Mestmäcker, EG-Wettbewerbsrecht II, Art. 31/90, Rn. 1.

[98] Anstatt vieler: Mederer, in: Schröter/Jacob/Mederer, Art. 87 EG I, Rn. 31; Lefèvre, Staatliche Ausfuhrförderung, S. 119; Modlich, Nationale Infrastrukturmaßnahmen, S. 45; Schernthanner, Das materielle Beihilfeaufsichtsrecht, S. 77; wobei teilweise explizit auf die Rechtsprechung zu Art. 80 EGKSV zurückgegriffen wird; siehe hierzu EuGH, Rs. 19/61, Slg. 1962, S. 717 (750), Mannesmann/Hohe Behörde.

[99] EuGH, Rs. C-41/90, Slg. 1994, S. 43 (60), Rn. 15.

[100] EuG, Rs. T-11/89, Slg. 1992, S. II-757 (884), Rn. 311, Shell/Kommission.

[101] Herrschende Meinung: Weiß, in: Calliess/Ruffert, Art. 81, Rn. 31; Gleiss/Hirsch, Art. 85 (I) 1. Kap. A, Rn. 22; Schröter, in: Schröter/Jacob/Mederer, Vorbemerkung zu den Art. 81 bis 85, Rn. 23; Stockenhuber, in: Grabitz/Hilf, Art. 81 EGV, Rn. 57; noch anderer Ansicht: Bunte, in: Langen/Bunte, Art. 81, Rn. 5.

keit begründen, mit der Folge, daß dann eine Unternehmenseigenschaft zu verneinen ist. Dies ist im Zusammenhang mit den Dienstleistungen von allgemeinem wirtschaftlichen Interesse von besonderer Bedeutung, da bei einem Teil der Leistungserbringer die Unternehmenseigenschaft zu verneinen ist und Leistungen an diese somit begrifflich keine Beihilfe darstellen können[102].

Neben Unternehmen umfaßt der Art. 87 EG auch Produktionszweige. Der Begriff des Produktionszweiges ist nach allgemeiner Meinung weit auszulegen[103]. Die Produktionszweige werden aus mehreren Unternehmen gebildet, die Produkte desselben Gebrauchszwecks herstellen. Anknüpfungspunkt ist daher das Endprodukt[104]. Eine weite Auslegung erfährt der Begriff aber auch insofern, als er nicht auf die Güterherstellung beschränkt ist, so daß jeder Wirtschaftszweig Begünstigter einer Beihilfe sein kann, also auch Dienstleistungs- oder Handelsunternehmen[105].

bb) Das Bestimmtheitserfordernis (Selektivität der Maßnahme)

Eine Begünstigung eines Unternehmens ist gemäß Art. 87 Abs. 1 EG weiterhin nur dann beihilferelevant, wenn sie selektiv, also an bestimmte Unternehmen ausgegeben wird. Dieses Merkmal der Selektivität verhindert, daß allgemeine Maßnahmen, welche die Volkswirtschaft eines Mitgliedstaates als Ganzes treffen, wie zum Beispiel Abschreibungsmöglichkeiten für alle Unternehmen eines Mitgliedstaates, unter Art. 87 Abs. 1 EG fallen[106]. Eine solche selektive Maßnahme liegt vor, wenn ein einzelnes Unternehmen oder eine nach bestimmten Kriterien umschriebene Gruppe von Unternehmen begünstigt wird[107]. Sie müssen somit aufgrund von gemeinsamen wettbewerbsrechtlichen Einzelmerkmalen, wie Sektor-, Regions-, oder Tätigkeitsspezifität von anderen unterscheidbar sein[108].

Teilweise ist die Abgrenzung allgemeiner Maßnahmen der Wirtschaftspolitik von selektiven Maßnahmen schwer vorzunehmen. In solchen Fällen müssen besonders die faktischen Wirkungen, welche von solchen Maßnahmen ausgehen, beachtet werden. Begünstigt eine nach Form und Motiv allgemeine Maßnahme in ihrer faktischen Wirkung nur bestimmte Unternehmen oder Produkti-

---

[102] Siehe dazu unter IV, 4, b, aa.

[103] Anstatt vieler: Mederer, in: v.d. Groeben/Schwarze, Art. 87 Abs. 1 EG, Rn. 35.

[104] Modlich, Nationale Infrastrukturmaßnahmen, S. 46.

[105] V. Friesen, Staatliche Haftungszusagen für öffentliche Kreditinstitute, S. 93; Modlich, Nationale Infrastrukturmaßnahmen, S. 47; Mederer, in: v.d. Groeben/Schwarze, Art. 87 Abs. 1, Rn. 35.

[106] Mederer, in: Schröter/Jacob/Mederer, Art. 87 Abs. 1 EG, Rn. 36; Cremer, in: Calliess/Ruffert, Art. 87 EG, Rn. 9; Modlich, Nationale Infrastrukturmaßnahmen, S. 48; Koenig/Kühling, in: Streinz, Art. 87 EGV, Rn. 51; Craig/ de Búrca, EC Law, S. 1084.

[107] Bär-Bouyssière, in: Schwarze, Art. 87 EGV, Rn. 35.

[108] Schardt, Öffentliche Aufträge und das Beihilferegime, S. 99.

onszweige, so ist von dem Vorliegen einer beihilferelevanten Maßnahme auszugehen. Von einer solchen Maßnahme muß ebenfalls ausgegangen werden, wenn eine staatliche Stelle bei der Vergabe der Mittel, die potentiell jedem Unternehmen zugedacht werden könnten, über einen Ermessensspielraum verfügt und diesen lediglich zugunsten eines bestimmten Unternehmens oder Produktionszweigs ausübt[109].

e) Zusammenfassung

Eine Beihilfe im Sinne des Art. 87 Abs. 1 EG wird gekennzeichnet durch eine Begünstigung. Diese ist dann gegeben, wenn eine marktübliche/marktmäßige Gegenleistung fehlt, was mittels Vergleich mit einem wirtschaftlich handelnden privaten Investor ermittelt wird. Die Begünstigung muß staatlich initiiert und damit dem Staat zurechenbar sein. Sie muß aber nicht notwendigerweise aus staatlichen Mitteln stammen. Adressat der Begünstigung müssen Unternehmen oder Produktionszweige sein. Des Weiteren darf eine solche Begünstigung lediglich selektiv bestimmte Unternehmen oder Produktionszweige fördern und nicht eine allgemeine wirtschaftspolitische Maßnahme darstellen.

3. Weitere Tatbestandsmerkmale des Art. 87 Abs. 1 EG

Neben dem Vorliegen einer Beihilfe erfordert Art. 87 Abs. 1 EG zusätzlich, daß diese zu einer Verfälschung oder drohenden Verfälschung des Wettbewerbs führt und dadurch der Handel zwischen den Mitgliedstaaten beeinträchtigt wird.

a) Die Wettbewerbsverfälschung

Die Beihilfe muß den Wettbewerb verfälschen oder zu verfälschen drohen. Zentral ist in diesem Zusammenhang der Begriff des Wettbewerbs. Hierunter versteht man jedes selbständige Streben, sich zumindest objektiv im Wirtschaftserfolg gegenseitig beeinflussender Anbieter und Nachfrager, nach Geschäftsverbindungen mit Dritten durch das Inaussichtstellen möglichst günstig erscheinender Geschäftsbedingungen[110]. Eine solche Konkurrenzsituation ist nicht nur bei identischen, sondern auch bei vernünftigerweise austauschbaren Gütern und Dienstleistungen gegeben[111]. Neben dem bestehenden Wettbewerb wird auch der potentielle Wettbewerb, d.h. die Möglichkeit des Marktzutritts für potentielle Konkurrenten, geschützt[112]. Zur Feststellung eines potentiellen Wett-

---

[109] Koenig/Kühling, in: Streinz, Art. 87 EGV, Rn. 53.

[110] Modlich, Nationale Infrastrukturmaßnahmen, S. 77; Schernthaner, Das materielle Beihilfeaufsichtsrecht, S. 97.

[111] V. Wallenberg, in: Grabitz/Hilf -Maastrichter Fassung- , Art. 87 EG , Rn. 24.

[112] Ipsen, Europäisches Gemeinschaftsrecht, S. 620; Rengeling KSE 32, S. 23 (30); Modlich, Nationale Infrastrukturmaßnahmen, S. 82.

bewerbsverhältnisses genügt es festzustellen, daß es mit hinreichender Wahrscheinlichkeit in absehbarer Zukunft eintreten kann[113].
Eine Verfälschung eines solchen Wettbewerbs ist dann anzunehmen, wenn eine Veränderung der Konkurrenzsituation durch die staatlich bewirkte, also externe, d.h. außerhalb des Marktes herrührende, Beeinflussung eintritt[114]. Anknüpfungspunkt ist hier notwendigerweise die Wettbewerbslage vor Erlaß der fraglichen Maßnahme[115]. Neben der akuten Verfälschung umfaßt der Art. 87 Abs. 1 EG auch die drohende Verfälschung des Wettbewerbs. Eine solche ist zu bejahen, wenn die konkrete, nicht außerhalb der Wahrscheinlichkeit liegende Gefahr der Veränderung der Konkurrenzsituation besteht[116].

Umstritten ist allerdings, wann eine Veränderung der Konkurrenzsituation gegeben ist. Nach einigen Vertretern in der Literatur liegt eine Veränderung der Konkurrenzsituation als automatische Folge der Beihilfe vor, wenn auf dem entsprechenden Markt Wettbewerb gegeben ist[117]. Es folge aus dem Gebot wirtschaftlicher Logik, daß jede Beihilfegewährung eine unnatürliche, durch den Staat hervorgerufene Beeinflussung des Wirtschaftserfolgs darstellen würde[118]. Demnach müsse die Feststellung der Kommission, daß auf dem entsprechenden Markt Wettbewerb gegeben ist, ausreichen.
Nach der Rechtsprechung des EuGH und Teilen der Literatur muß die Veränderung der Konkurrenzsituation explizit in jedem Fall anhand einer Marktanalyse dargelegt werden[119]. Die These, daß Beihilfen per se wettbewerbsverfälschender Wirkung seien, greife in Situationen zu kurz, in denen es in der Union kein konkurrierendes Unternehmen gebe. Sie werde auch der Situation nicht gerecht, in der die Vergünstigung allen Unternehmen auf dem relevanten Markt zugute kommen würde[120].

Würde man der erstgenannten Ansicht folgen, nähme man dem explizit in Art. 87 Abs. 1 EG genannten Erfordernis der Wettbewerbsverfälschung jegliche

---

[113] Anstatt vieler Mederer, in: Schröter/Jakob/Mederer, Art. 87, Rn. 42.
[114] Rengeling KSE 32, S. 23 (30).
[115] EuGH, Rs. 173/73, Slg. 1974, S. 709 (720), Rn. 36/40, Italien/Kommission.
[116] Schernthaner, Das materielle Beihilfeaufsichtsrecht, S. 99.
[117] Rawlinson, in: Lenz, Art. 87 EG, Rn. 10; Bleckmann/Koch, in: Bleckmann, Rn. 2059; Schernthanner, Das materielle Beihilfeaufsichtsrecht, S. 100; Müller-Graff, ZHR 152 (1988), S. 403 (431); Schardt, Öffentliche Aufträge und das Beihilferegime, S. 126.
[118] Rawlinson, in: Lenz, Art. 87 EG, Rn. 10; Schardt, Öffentliche Aufträge und das Beihilferegime, S. 124.
[119] EuGH, Rs. 248/84, Slg. 1987, S. 4013 (4041), Rn. 18, Deutschland/Kommission; EuGH, Rs. 296 u. 312/82, Slg. 1985, S. 809 (824), Rn. 24, Niederlande und Leeuwarder Papierwarenfabriek/Kommission; Modlich, S. 102; Cremer, in: Calliess/Ruffert, Art. 87 EG, Rn. 12; v. Wallenberg, in: Grabitz/Hilf -Maastrichter Fassung-, Art. 87 EG , Rn. 24.
[120] Cremer, in: Calliess/Ruffert, Art. 87 EG, Rn. 13.

eigenständige Bedeutung[121]. Hinzu kommt, daß auch die Vertreter dieser Ansicht eingestehen müssen, daß es Ausnahmefälle gibt, wie z.B. bei dem Fehlen eines tatsächlich oder potentiell konkurrierenden Unternehmens, in denen eine per se wettbewerbsverfälschende Wirkung nicht gegeben ist und somit auch nicht von einer automatisch veränderten Konkurrenzsituation ausgegangen werden kann[122]. Dementsprechend obliegt es der Kommission, anhand einer Marktanalyse in jedem einzelnen Fall die Veränderung der Konkurrenzsituation nachzuweisen und dies in der Begründung zu ihrer Entscheidung darzulegen. Ein Erfordernis, welches aber auch bereits aus Gründen der Rechtsstaatlichkeit geboten sein dürfte.

b) Die Beeinträchtigung des Handels zwischen Mitgliedstaaten

Art. 87 Abs. 1 EG erfordert darüber hinaus, daß durch die Beihilfe der Handel zwischen den Mitgliedstaaten beeinträchtigt wird. Dieses Merkmal dient dazu, das Beihilfeverbot nur auf solche Begünstigungen zu beschränken, die Auswirkungen auf den Handel zwischen den Mitgliedstaaten und damit auf die Volkswirtschaft eines anderen Mitgliedsstaates haben[123]. Teilweise wird dieses Erfordernis aufgrund des fortgeschrittenen Stadiums des Integrationsprozesses als anachronistisch[124] oder zumindest als nur in absoluten Ausnahmefällen nicht gegeben angesehen[125]. Trotzdem sind immer noch Sachverhalte insbesondere im Bereich der gemeindlichen Daseinsvorsorge denkbar, wie z.B. die Förderung eines gemeindlichen Schwimmbades, die nur regionale oder nationale Auswirkungen haben und somit lediglich innerstaatlichen Regelungen unterfallen sollen. Allerdings ist der genannten Kritik zuzugestehen, daß sich die Anzahl dieser Sachverhalte aufgrund des fortschreitenden Integrationsprozesses sicherlich verringern wird.

Der Begriff des Handels in Art. 87 Abs. 1 EG beschränkt sich nicht nur auf den Warenhandel, sondern umfaßt auch den Dienstleistungsverkehr[126]. Ebenfalls weit auszulegen ist der Begriff der Beeinträchtigung. Hierunter versteht man jede künstliche Erschwerung der Einfuhren oder Erleichterung der Ausfuhren[127]. Auch wenn der Art. 87 Abs. 1 EG lediglich von „Beeinträchtigung“ spricht, so ist allgemein anerkannt, daß die Möglichkeit bzw. die Eignung einer Beihilfe

---

[121] So auch Modlich, Nationale Infrastrukturmaßnahmen, S. 102.

[122] Generalanwalt Capotorti, Schlußanträge zu EuGH, Rs. 730/79, Slg. 1980, S. 2693 (2698), Philip Morris/ Kommission.

[123] Rengeling, KSE 32, S. 23 (31); Mederer/Strohschneider, in: v.d.Groeben/Schwarze, Art. 87 I EG, Rn. 46.

[124] Müller-Graff, ZHR 152 (1988), S. 403 (433).

[125] Koenig/Kühling, in: Streinz, Art. 87 EG, Rn. 58.

[126] Mederer/Strohschneider, in: Schröter/Jacob/Mederer, Art. 87 Abs.1 EG, Rn. 47.

[127] Allgemeine Ansicht, vgl. Bär-Bouyssière, in: Schwarze, Art. 87 EG, Rn. 39.

zur Handelsbeeinträchtigung zur Annahme dieses Merkmals ausreicht[128]. Umstritten ist allerdings, ob ein bestimmter Grad der Handelsbeeinträchtigung gegeben sein muß oder jede noch so kleine Beeinträchtigung erfaßt werden soll. Anders als im gemeinschaftlichen Kartellrecht, welches nach ständiger Rechtsprechung des EuGH[129], der ständigen Entscheidungspraxis der Kommission[130] und der überwiegenden Ansicht in der Literatur[131] nur auf spürbare Wettbewerbsverfälschungen Anwendung findet, wird dies von der herrschenden Meinung[132] für das Beihilferecht verneint. Zur Begründung wird vorgebracht, daß sich der Art. 87 Abs. 1 EG - anders als das gemeinschaftliche Kartellrecht - nicht an private Unternehmen, sondern an die Mitgliedstaaten wende, welche aufgrund der Verpflichtung aus Art. 5. EG strengen Anforderungen genügen müßten[133]. Weiterhin solle kein Anreiz zu vertragswidrigem Verhalten geschaffen werden, indem unter einer bestimmten Schwelle liegende Beihilfen zugelassen werden würden und die Mitgliedstaaten dadurch versucht sein könnten, diese Schwelle auszureizen[134]. Weiterhin sei Art. 87 Abs. 1 EG den Art. 25, 28 und 90 eher zugehörig als dem Art. 81 EG und diese würden ein entsprechendes Erfordernis bekanntermaßen nicht kennen[135].

Dem ist entgegenzuhalten, daß die Gefahr von mitgliedstaatlichem Fehlverhalten immer gegeben ist und dementsprechend kein Argument für eine bestimmte Auslegung einer Norm darstellen kann[136]. Auch vermag das Argument, daß Art. 87 Abs. 1 EG eher den Art. 25, 28 und 90 zugehörig sei als dem Art. 81 EG, nicht zu überzeugen. Beide Vorschriften sind Bestandteile des Wettbewerbsrechts und darüber hinaus fast gleichlautend formuliert. Daß Art. 87 Abs. 1 EG den genannten Vorschriften „näher" steht, nur weil sich diese Vorschriften ebenfalls an die Mitgliedstaaten richten, vermag insoweit nicht zu überzeugen.
An dieser Stelle muß daher erneut auf den Sinn und Zweck des Art. 87 Abs. 1 EG rekurriert werden, welcher darin besteht, Wettbewerbsverzerrungen möglichst effektiv zu verhindern. Mit dieser Auslegung läßt sich ein Spürbarkeitserfordernis nicht vereinbaren. Sicherlich läßt sich hier der Grundsatz „de minimis

[128] EuGH, Rs. 730/79, Slg. 1980, S. 2671 (2688), Rn. 11, Philip Morris/Kommission.
[129] EuGH, Rs. 28/77, Slg. 1978, S. 1391 (1415), Rn. 46/47, Tepea/Kommission; EuGH, Rs. 56/65, Slg. 1966, S. 282 (304), Rn. 8, Sociéte Technique Minière/ Maschinenbau Ulm GmbH.
[130] Entscheidung d. Kommission vom 21.03.1991, Abl. EG 1991 Nr. L 75/57, Rn. 46; Entscheidung der Kommission vom 22.05.1969, Abl. EG 1969 Nr. L 122/8, Rn. 8.
[131] Siehe hierzu Schröter, in: Schröter/Jacob/Mederer, Art. 81 Abs.1 EG, Rn. 209 ff m.w.N.
[132] Auch der EuGH tendierte bisher dazu, keine besondere Intensität der Handelsbeeinträchtigung zu verlangen, hat sich bisher aber noch nicht eindeutig geäußert. Allerdings sprach er in der Rs. C-310/99, Slg. 2002, S. I-2289 (2349), Rn. 89, Italien/Kommission von einem „spürbaren Vorteil".
[133] Lefèvre, Staatliche Ausfuhrförderung, S. 125 f.
[134] Müller-Graff, ZHR 152 (1988), S. 403 (432).
[135] Schardt, Öffentliche Aufträge und das Beihilferegime, S. 185.
[136] So auch Mederer/Strohschneider, in: v.d. Groeben/Schwarze, Art. 87 EG I, Rn. 49.

non curat praetor“ entgegenhalten und es ist sicherlich auch richtig, daß diese „kaum spürbaren“ Wettbewerbsverzerrungen regelmäßig eine nur unbedeutende Marktbeeinflussung mit sich bringen. Hier zeigt aber nicht zuletzt die Möglichkeit der Kumulation einzelner, nicht spürbarer Beihilfen[137], daß mit einem solchen Erfordernis Gefahren verbunden sind, welche dem oben genannten Sinn und Zweck der Beihilfeaufsicht zuwider laufen. Weiterhin wird auch völlig zu Recht auf die Möglichkeit der Kommission verwiesen, ein ausreichendes Maß an Praktikabilität dadurch zu erreichen, daß bestimmte Beihilfen pauschal gemäß Art. 87 Abs. 3 EG als mit dem Gemeinsamen Markt vereinbar angesehen werden[138]. Insgesamt ist daher auf eine durch die Beihilfe hervorgerufene spürbare Wettbewerbsverzerrung als notwendige Voraussetzung einer Beihilfe zu verzichten, weil dieses Erfordernis dem Sinn und Zweck der Vorschrift aus den genannten Gründen nicht genügt.

c) Zusammenfassung

Auch bei der Auslegung des Merkmals der Wettbewerbsverfälschung und bei dem der Handelsbeeinträchtigung zeigt sich die Notwendigkeit einer weiten, der Dynamik des Marktes gerecht werdenden Auslegung des Art. 87 Abs.1 EG. Dies ergibt sich nicht zuletzt deswegen, da nicht nur der bestehende, sondern auch der potentielle Wettbewerb geschützt wird.

Aufgrund des Wortlautes des Art. 87 Abs.1 EG muß aber darauf verzichtet werden, von einer per se wettbewerbsverfälschenden Wirkung von Beihilfen auszugehen. Eine weite Auslegung ist aber wiederum bei der Frage notwendig, ob ein gewisser Grad der Handelsbeeinträchtigung erforderlich ist oder jegliche Beeinträchtigung erfaßt wird. Gerade aufgrund eines Verweises auf den Sinn und Zweck des Art. 87 Abs.1 EG, die effektive Verhinderung von Wettbewerbsverzerrungen zu garantieren, ist auf ein solches Spürbarkeitskriterium zu verzichten.

4. Ergebnis

Sowohl nach dem Wortlaut als auch nach Sinn und Zweck muß der Beihilfebegriff im Sinne des Art. 87 Abs. 1 EG weit ausgelegt werden. Dies führt auch dazu, daß für die Beurteilung einer Beihilfe lediglich ihre Wirkung und nicht ihre Form, Gründe oder Ziele maßgeblich sind. Um den Beihilfebegriff nicht unnötig einzuengen, wird heute darüber hinaus weitestgehend auf eine Definition verzichtet. Vielmehr wird vorgeschlagen, auf die Denkform des Typus zurückzu-

---

[137] Siehe hierzu die Mitteilung der Kommission über die Kumulierung von Beihilfen unterschiedlicher Zielsetzung vom 05.01.1985, Abl. EG 1985 Nr. C 3/2f..

[138] Modlich, Nationale Infrastrukturmaßnahmen, S. 87.

greifen, bei dem die einzelnen Merkmale nicht zwingend gegeben sein müssen, wodurch eine gewisse Offenheit und Flexibilität erreicht wird.
Sachgerechter erscheint es allerdings, einen Mittelweg zu gehen und den Beihilfebegriff als einen Typus mit Begriffskern anzusehen. Den Begriffskern bildet eine zu einer Wettbewerbsverfälschung führende auf staatlicher Initiative beruhende Begünstigung bestimmter Unternehmen oder Produktionszweige. Diese Merkmale sind für das Vorliegen einer Beihilfe zwingend. Weitere Merkmale, wie z.B. die staatliche Herkunft der Beihilfe oder die Beeinträchtigung des Handels zwischen den Mitgliedstaaten, sind hingegen ein Indiz für das Vorliegen einer Beihilfe und bei einer solchen auch typischerweise gegeben; sie sind aber für die Bejahung einer Beihilfe nicht zwingend erforderlich.

IV. Die Daseinsvorsorge

1. Allgemeines

Nachdem geklärt wurde, wann eine Beihilfe i.S.d. Art. 87 Abs. 1 EG vorliegt, muß nun der Begriff der Daseinsvorsorge untersucht werden, damit auf Grundlage dieser Ergebnisse die Vereinbarkeit von Ausgleichsleistungen für Leistungen der Daseinsvorsorge mit dem Beihilferecht untersucht werden kann.
Der Begriff der Daseinsvorsorge ist in den letzten Jahren immer stärker in die europarechtliche Debatte eingeführt worden und steht in zunehmendem Maße für ein Ringen zwischen den Mitgliedstaaten bzw. ihren Untergliederungen und der Union um die Zuständigkeit in einem Bereich, welcher zwar anerkanntermaßen einen festen Bereich des europäischen Gesellschaftsmodells darstellt, über dessen inhaltliche Weite eine größere Unklarheit aber kaum bestehen könnte.
Bevor man sich der Frage widmen kann, ob und unter welchen Umständen eine bestimmte, dem Ausgleich dienende Leistung des Staates mit dem Wettbewerbsrecht der EG vereinbar ist, muß man zunächst versuchen, diesem Begriff der Daseinsvorsorge Konturen zu verleihen. Es ist daher zu klären, welche Merkmale den Begriff der Daseinsvorsorge auf nationaler Ebene kennzeichnen. Dann muss untersucht werden, ob auf gemeinschaftsrechtlicher Ebene ein inhaltlich identischer oder ähnlicher Begriff existiert, um im Anschluß daran darlegen zu können, ob Gemeinsamkeiten oder Unterschiede bestehen, welche für die folgende Frage nach der Vereinbarkeit mit dem Beihilferecht entscheidend sein könnten.

2. Historische Entwicklung

Neben der Untersuchung der historischen Entwicklung der Daseinsvorsorge in Deutschland, ist ebenfalls eine Darstellung der Entwicklung in Frankreich erforderlich, da hier Leistungen der Daseinsvorsorge unter dem Begriff des service public eine lange Tradition haben und in großem Umfang bestehen und es somit naheliegt, daß die französische Tradition Auswirkungen auf die europäische Entwicklung gehabt haben könnte bzw. immer noch hat.

a) Frankreich

Der rechtliche Rahmen für die öffentliche Versorgung ist in Frankreich untrennbar mit dem Begriff des *service public* verbunden, der im Verlauf seiner knapp hundertjährigen Geschichte zahlreiche Schattierungen und Ausprägungen erfahren hat[139].

Das 19. Jahrhundert war geprägt vom wirtschaftlichen und politischen Liberalismus und einer sich beschleunigenden Industrialisierung. Die gerade im Zusammenhang mit dem fortschreitenden Liberalismus erhobene Forderung nach der Bindung der Verwaltung an die Gesetze machte es erforderlich, zwischen einzelnen Entscheidungen der Staatsgewalt stärker zu differenzieren und die Handlungen der öffentlichen Gewalt in die Zuständigkeit der Verwaltungsgerichte und damit unter deren unabhängige richterliche Kontrolle zu stellen[140]. Folge dieser Unterscheidung war, daß Handlungen zur Führung eines service public den Hoheitsakten der öffentlichen Gewalt zugeordnet wurden. Bereits zu diesem Zeitpunkt umfaßte ein service public zwar auch eine Tätigkeit im allgemeinen Interesse, der Schwerpunkt lag allerdings auf dieser Zuordnung zur öffentlichen Gewalt[141].

In der Folgezeit veränderten sich durch die zunehmende Industrialisierung die wirtschaftlichen Gegebenheiten, woraus eine zunehmende Abhängigkeit der Menschen von staatlichen Leistungen resultierte. Um den reibungslosen Ablauf des täglichen Lebens zu gewährleisten, stand der Staat in verstärktem Maße in der Pflicht, die Gewährleistung der menschlichen Grundbedürfnisse zu sichern, indem er sie entweder selbst erbrachte oder zumindest deren Erbringung überwachte[142]. Gleichzeitig bildete sich im Zusammenhang mit zunehmenden rechtsstaatlichen und republikanischen Vorstellungen die Überzeugung heraus, daß der Staat seine Legitimation einzig aus der Aufgabe beziehe, die Gleichheit aller in einem sozialen, solidarischen Gemeinwesen sicherzustellen und zu fördern[143]. Aus beiden Aspekten resultierte somit die staatliche Pflicht bzw. die Notwendigkeit, bestimmte service public zu betreiben.

Zu einer verstärkten Verbreitung und Dominanz des Begriffs des service public kam es, als die Rechtsprechung das Konzept aufgriff und schließlich die Gesamtheit des öffentlichen Rechts von diesem Begriff erfaßt wurde. Ein service public stand somit für eine Zugehörigkeit zum Verwaltungsrecht. Der Begriff gewährleistete damit eine klare Trennung zwischen öffentlicher und privater Tätigkeit[144].

---

139 Eine ausführliche Darstellung der Geschichte des service public findet sich im französischen Schrifttum bei Chevallier, Le service public; Pielow, Grundstrukturen öffentlicher Verwaltung, S. 111 ff; ebenso Keller, Service public, S. 32 ff.

140 Pielow, Grundstrukturen öffentlicher Verwaltung, S. 123 f.; Keller, Service public, S. 35 f.

141 Chevallier, Le service public, S.13 f.; Keller, Service public, S. 35 f.

142 Keller, Service public, S. 39 und 45.

143 Celestine/Felsner, RIW 1997, S. 105 (107); Pielow, Grundstrukturen öffentlicher Versorgung, S. 119 ff.; Chevallier, Le service public, S. 21; Keller, Service public, S. 37 ff.

144 Pielow, Grundstrukturen öffentlicher Versorgung, S. 123 ff.; Keller, Service public, S. 44.

Mit der immer weiter fortschreitenden Industrialisierung, der Demokratisierung der Gesellschaft sowie durch das Aufkommen der sozialistischen Idee veränderten sich in Frankreich auch die wirtschaftlichen und gesellschaftlichen Rahmenbedingungen in immer stärkerem Maße. Insbesondere der enorme Bedarf im Bereich der Infrastruktur und der netzgebundenen Leistungen nahm in einem Maße zu, daß sich der Staat zunehmend in die Pflicht genommen sah, die Versorgung mit diesen volkswirtschaftlich wichtigen Gütern, sowie die Grundversorgung der Bevölkerung zu erschwinglichen Preisen sicherzustellen[145]. Neben dieser notwendigen staatlichen Intervention in die Wirtschaft erfolgte aber auch ein verstärktes Engagement in typisch privatwirtschaftlichen Bereichen, sowie eine verstärkte Zusammenarbeit mit Privaten[146]. Diese Zusammenarbeit mit Privaten mündete schließlich darin, daß Private soweit in den service public einbezogen wurden, daß der Betrieb eines service public nicht mehr zwangsläufig durch die Verwaltung erfolgen mußte, sondern bis heute auch durch Private erfolgen kann[147]. Der Betrieb eines service public ist nun in verschiedensten Variationen möglich. Die häufigsten Betriebsformen sind der direkte Betrieb unmittelbar durch eine Gebietskörperschaft (régie) oder durch eine andere juristische Person des öffentlichen Rechts (établissement public) sowie der Betrieb durch eine natürliche oder juristische Person des öffentlichen oder privaten Rechts, die dies in Form einer Konzession von einer Person des öffentlichen Rechts übertragen bekommen hat[148]. Voraussetzung des Betriebs eines service public, welcher nicht unmittelbar von der Gebietskörperschaft erbracht wird, ist allerdings, daß der Leistungserbringer durch einen Hoheitsakt mit dem Betrieb betraut wurde[149].

Die Folge dieser Entwicklung sind zunehmende Schwierigkeiten, die Grenze zwischen den privaten und den öffentlichen Tätigkeiten des Staates zu ziehen, so daß der Begriff des service public zunehmend an Schärfe verloren hat[150]. Durch diese Entwicklung hat sich in zunehmendem Masse die Notwendigkeit herauskristallisiert, einen service public, unabhängig von seiner Organisationsform, rein inhaltlich bestimmen zu können. Diese Notwendigkeit resultiert auch nicht zuletzt daraus, daß bei dem Betrieb eines service public bestimmte Prinzipien, wie das Prinzip der continuité, der adaptation und der égalité eingehalten werden müssen[151], während diese bei der Erbringung anderen Dienstleistungen, die keinen service public darstellen, nicht zu beachten sind.

145 Keller, Service public, S. 45 f.
146 Chevallier, Le service public, S. 105 ff.; Keller, Service public, S. 45.
147 Pielow, Grundstrukturen öffentlicher Versorgung, S. 138; Keller, Service public, S. 48 ff.
148 Siehe zu den einzelnen Betriebsformen Keller, service public, S. 70 ff.
149 Celestine/Felsner, RIW 1997, S. 105 (107); Keller, service public, S. 72.
150 Pielow, Grundstrukturen der öffentlichen Versorgung, S. 135.
151 Siehe zu diesen Prinzipien, Keller, Service public, S. 59 ff.

Eine solche Definition muß aber berücksichtigen, daß einerseits eine Einbeziehung Privater möglich ist, andererseits die Verwaltung aber die entsprechende Leistungserbringung gewährleisten muß und daß unter den service public eine Fülle unterschiedlichster Leistungen fallen können. Genau diese Heterogenität der Leistungen und der mit ihr verfolgten Ziele, sowie die unterschiedlichen Möglichkeiten, die Leistungen selbst oder durch andere zu erbringen bzw. erbringen zu lassen, macht eine exakte Definition aber geradezu unmöglich[152]. Daraus resultiert, daß lediglich eine Umschreibung möglich ist, welche die unstreitigen Elemente wiedergibt. Danach ist ein service public eine Leistung, die vom Staat bzw. dessen Unternehmen oder Gebietskörperschaften unmittelbar oder unter ihrer Aufsicht deshalb durchgeführt wird, weil nach Ansicht der ausübenden Organe ein aus dem öffentlichen Interesse entspringendes Bedürfnis befriedigt werden muß[153].
Hieraus resultiert allerdings abschließend noch die Frage, wann ein entsprechendes Organ zu der Ansicht kommen kann, daß ein solches öffentliches Interesse zu bejahen ist. Hier ist seitens des Staates ein großer Ermessensspielraum festzustellen. Ein öffentliches Interesse ist nicht von einer unzureichenden privaten Initiative oder von dem Vorliegen einer Mangelsituation abhängig. Selbst in Bereichen, in denen eine solche Voraussetzung für das staatliche Tätigwerden gesetzlich vorgegeben ist, sind zahlreiche Ausnahmen festzustellen[154].

b) Deutschland

Die Wurzeln der Daseinsvorsorge in Deutschland reichen bis zu dem Beginn des 19. Jahrhunderts zurück. Zu dieser Zeit kam es zu den ersten Gründungen kommunaler Pfandleihanstalten und Sparkassen, die als erster Bereich kommunaler Wirtschaftstätigkeit zur Daseinsvorsorge genannt werden können[155]. Gegen Mitte des 19. Jahrhunderts nahm das technisch-industriell geprägte Engagement der Kommunen im Bereich der Daseinsvorsorge ihren Anfang in der Gas und Wasserversorgung, gefolgt von zentralen Wasserversorgungsanstalten. In dieser Zeit wurde aber z.B. die Gasversorgung nicht von den Kommunen direkt erbracht, sondern durch private, primär englische Unternehmen gewährleistet, da ein Mangel an Erfahrung und Fachkräften seitens der Kommunen bestand[156].
Basierend auf den Veränderungen, welche mit der Industrialisierung und insbesondere der damit verbundenen Verstädterung sowie den sozialen Verwerfungen und Abhängigkeiten einhergingen, verstärkte sich schließlich das Bedürfnis

---

[152] Chevallier, Le service public, S. 4; Pielow, Grundstrukturen öffentlicher Versorgung, S. 141; Keller, Service public, S. 58.
[153] Keller, Service public, S. 58.
[154] Carbajo, Droit des services publics, S. 26 ff; de Soto, Droit administrative, S. 45 f.
[155] Hellermann, Örtliche Daseinsvosoge, S. 18.
[156] Hellermann, Örtliche Daseinsvorsorge, S. 18 f.

einer Versorgung der Bürger mit bestimmten staatlichen Leistungen[157]. Hier sind insbesondere die Abfallentsorgung, eine Ausweitung der Elektrizitäts- und Gasversorgung, sowie ein Ausbau des städtischen Personennahverkehrs zu nennen, welche mit Ausnahme des öffentlichen Personennahverkehrs nun überwiegend von den Kommunen selbst erbracht wurden[158].

Das Engagement im Bereich der Daseinsvorsorge nahm in der Weimarer Republik weiter zu, wobei auch hier die Schwerpunkte in der sozialen Vorsorge und in Infrastrukturverbesserungen für die private Wirtschaft lagen, aber auch erste Ansätze für erwerbsorientierte Betätigungen der Kommunen, z.B. durch die Gründung kommunaler Banken, zur Verbesserung ihrer Haushaltslage bestanden[159]. Bereits zu dieser Zeit wurde somit eine Fülle von Leistungen durch wirtschaftliche Betätigungen des Staates erbracht, woran sich auch im Dritten Reich nichts grundlegendes änderte[160].

Im Jahr 1938 wurde schließlich der Begriff der Daseinsvorsorge, als Bezeichnung für diese staatliche Leistungserbringung, erstmals von *Ernst Forsthoff* verwendet. Er verstand darunter all jene Leistungen, welche der aufgrund der Einschränkung seines beherrschten Raums (unter Ausweitung seines effektiv nutzbaren Raums) nicht mehr autarke, sozial bedürftige Bürger nicht mehr durch Nutzung eigener Sachen, sondern lediglich im Wege der Appropriation erhalten kann[161]. Eine Beschränkung auf bestimmte Güter wurde bereits von Forsthoff abgelehnt. Er gibt zwar diverse Beispiele für solche Leistungen (Versorgung mit Wasser, Gas und Elektrizität, Bereitstellung von Verkehrsmitteln jeder Art, Kommunikationswesen, hygienische Sicherung, Vorsorge für bestimmte Lebenslagen), erklärt diese Beispiele aber für nicht abschließend[162]. Wesentliche Kriterien seien in diesem Zusammenhang zwar die Zweiseitigkeit des Leistungsverhältnisses und das Angewiesensein des Einzelnen auf den Bestand des Leistungsverhältnisses, die gesamte Daseinsvorsorge sei von diesen Kriterien aber nicht erfaßt[163]. Anfänglich waren für ihn auch nur solche Leistungen von dem Begriff der Daseinsvorsorge erfaßt, welche lebensnotwendig oder lebenswichtig seien[164]. Diese Ansicht wurde von ihm aber später aufgegeben und die Daseinsvorsorge auf jegliche nützliche Leistungen erweitert[165]. Dementspre-

---

[157] Siehe hierzu die ausführliche Darstellung bei Gröttrup, Die kommunale Leistungsverwaltung, S. 7 ff..
[158] Hellermann, Örtliche Daseinsvorsorge, S. 21 f.
[159] Hellermann, Örtliche Daseinsvorsorge, S. 31 f.
[160] Hellermann, Örtliche Daseinsvorsorge, S. 33 f.
[161] Forsthoff, Die Verwaltung als Leistungsträger, S. 4 f..
[162] Forsthoff, Die Verwaltung als Leistungsträger, S. 7.
[163] Forsthoff, Die Verwaltung als Leistungsträger, S. 42.
[164] Forsthoff, Die Verwaltung als Leistungsträger, S. 42.
[165] Forsthoff, Lehrbuch des Verwaltungsrecht, S. 370.

chend kommt Forsthoff zu der Definition, daß Daseinsvorsorge all jenes sei, was von Seiten der Verwaltung geschieht, um die Allgemeinheit oder nach objektiven Merkmalen bestimmte Personenkreise in den Genuß nützlicher Leistungen zu versetzen[166].
Als Träger dieser Daseinsvorsorge kam für Forsthoff ursprünglich lediglich der Staat in Betracht. Die Übernahme der Daseinsvorsorge durch private Unternehmen erschien ihm undenkbar[167]. Aber auch diese Ansicht wandelte sich, so daß für ihn später auch private Unternehmen als Erbringer der Daseinsvorsorge in Betracht kamen, welche allerdings zuvor seitens der Verwaltung indienstgenommen werden müßten[168].

Nach dem Ende des Zweiten Weltkrieges war die staatliche Leistungserbringung zwar durch die Kriegsfolgen eingeschränkt, konnte aber im Zuge des wirtschaftlichen Aufschwungs schnell das Vorkriegsniveau erreichen bzw. übertreffen, so daß auch in der Bundesrepublik zahlreiche Leistungen für die Bürger seitens des Staates erbracht wurden[169]. Der von Forsthoff entwickelte Grundgedanke der Daseinsvorsorge erlebte nach dem Zweiten Weltkrieg zwar Kritik, blieb aber im Grundsatz unverändert. So ist *Püttner* bei seinen Feststellungen zuzustimmen, daß sich eine größere Klarheit darüber, was von dem Begriff der Daseinsvorsorge erfaßt ist, im Laufe der Jahre nicht herausgebildet habe, sondern ganz im Gegenteil sogar festgestellt werden müsse, daß der Begriff der Daseinsvorsorge z.B. im Zusammenhang mit gemeindlichen Versorgungsunternehmen immer häufiger verwendet werde, ohne daß die Bedeutung des Begriffs zu Tage treten würde. Dies sei nicht zuletzt daran zu sehen, daß alle gängigen Verwaltungsrechtslehrbücher den Begriff der Daseinsvorsorge entweder nur kurz zur Kennzeichnung gemeindlicher Aufgaben nennen oder sich sogar nur auf eine Nennung des Begriffes an sich beschränken würden[170].

3. Aktuelle Bedeutung der Daseinsvorsorge auf nationaler Ebene

Aufgrund der Tatsache, daß es im Laufe der Jahre nicht gelungen ist, dem Begriff der Daseinsvorsorge stärkere Konturen zu verleihen und aufgrund seiner fast beliebigen Verwendbarkeit, wurde, entgegen der ursprünglichen Intention Forsthoffs[171], diesem nicht die Qualität eines Rechtsbegriffes zuerkannt[172]. Wor-

---

[166] Forsthoff, Lehrbuch des Verwaltungsrecht, S. 370.
[167] Forsthoff, Die Verwaltung als Leistungsträger, S. 49.
[168] Forsthoff, Lehrbuch des Verwaltungsrecht, S. 372.
[169] Hellermann, Öffentliche Daseinsvorsorge, S. 42.
[170] Püttner, in: Hrbek/Nettesheim, S. 35.
[171] Gröttrup, Die kommunale Leistungsverwaltung, S. 66.
[172] Mombaur, in: Festgabe v. Unruh, S. 503 (505); Ossenbühl, DÖV 1971, S. 513 (517); Scheidemann, Der Begriff der Daseinsvorsorge, S. 233; Gröttrup, Die kommunale Leistungsverwaltung, S. 75.

an es ihm nach wie vor fehle, seien grenzziehende Kriterien. Dementsprechend wird zwar seine problemverdeutlichende Funktion allgemein anerkannt, ihm aber keine problemlösende Funktion zugesprochen[173].

a) Inhalt und Umfang der Daseinsvorsorge

Gewisse Kriterien, welche unter die Daseinsvorsorge fallende Sachverhalte kennzeichnen, sind aber trotz allem gegeben. Die heutige Bedeutung läßt sich dann besser verstehen, wenn man sich den Ansatz Forsthoffs noch einmal vergegenwärtigt.
Dieser basiert auf der sozialen Bedürftigkeit des Einzelnen, hervorgerufen durch den Verlust des ihm als eigen zugeordneten Lebensraums. Er ging davon aus, daß der Bürger nicht mehr in der Lage sei, mittels Ausnutzung der Möglichkeit, welche ihm die Privatautonomie bot, seine Bedürfnisse zu befriedigen. Hieraus resultierte für ihn eine Abhängigkeit des Bürgers vom Staat einerseits und anderseits die staatliche Verpflichtung (Daseinsverantwortung) diese Bedürftigkeitslücke zu schließen (Daseinsvorsorge).
Diese Ansicht war geprägt von den durch Industrialisierung und Verstädterung hervorgerufenen sozialen Verwerfungen, welche zu einer Einschränkung des Einzelnen im Bereich der Individualsicherung führten und durch eine enorme Bedeutungszunahme des öffentlichen Sektors (der Anteil des öffentlichen Sektors am Sozialprodukt wird von Forsthoff mit 29 % im Jahr 1913 angegeben und sei laut seinen Angaben auf etwa 53 % im Jahr 1930 angestiegen), wodurch natürlich auch der Anteil des Staates bei der Versorgung der Bevölkerung mit nützlichen Gütern automatisch zunahm.

Gegenwärtig erkennen wir aber sowohl auf nationaler Ebene als auch auf europäischer Ebene eine andere Entwicklung. Die Liberalisierung erfaßt immer mehr Bereiche. Betroffen sind auch solche Bereiche, in welchen bisher klassischerweise ausschließlich der Staat die Versorgung der Bürger mit nützlichen Leistungen erbracht hat. Diese Versorgung wird immer stärker von privaten Unternehmen übernommen. In dieser Entwicklung wird nun zumindest für Teilbereiche eine Existenzbedrohung des Konzepts der Daseinsvorsorge gesehen[174].

Diese Aussage ist aber sprachlich unpräzise und in dieser Form falsch. Wäre diese Aussage in dieser Form richtig, würde das bedeuten, daß eine Art Konkurrenz zwischen dem Konzept der Marktwirtschaft auf liberalisierten Märkten und dem Konzept der Daseinsvorsorge besteht. Dies ist aber nicht richtig. Forsthoff sah als Voraussetzung seines Konzepts der Daseinsvorsorge nur dort den Staat in der Pflicht, wo die Voraussetzung für eine individuelle Daseinsverantwor-

---

[173] Ossenbühl, DÖV 1971, S. 513 (517).
[174] Püttner, in: Hrbek/Nettesheim, S. 37.

tung, die Sicherung des Daseins mittels des beherrschten Lebensraums oder durch die reibungslos funktionierende Appropration der Lebensgüter, nicht gewährleistet war[175]. Nur in dem Maße, in dem Privatautonomie eingeschränkt sei, wachse auch die soziale Bedürftigkeit des Einzelnen[176]. Mit anderen Worten, dort wo eine Daseinssicherung des Individuums durch die rechtsgeschäftliche Privatautonomie gesichert ist, sind bereits die Voraussetzungen für die Daseinsvorsorge nicht gegeben und dementsprechend auch deren Notwendigkeit zu verneinen. Das heißt nichts anderes, als daß all jene Bereiche aus dem Begriff der Daseinsvorsorge herausfallen, in denen die Bedürfnisbefriedigung ausschließlich durch private Unternehmen erbracht wird oder in denen private und öffentliche Leistungserbringer in Konkurrenz stehen[177]. In diesen Bereichen wäre ein Konzept der Daseinsvorsorge, wie es Forsthoff entwickelte, mangels unbefriedigter Nachfrage überflüssig.
Es ist somit nicht von einer Konkurrenzsituation zwischen Daseinsvorsorge und Marktwirtschaft in liberalisierten Märkten auszugehen, sondern von einem Exklusivverhältnis. Nur dort, wo der Markt nicht in der Lage ist, ein Gut in ausreichender Menge zu einem angemessenen Preis (so daß der Bürger in der Lage ist, seine Bedürfnisse im Wege der Privatautonomie zu befriedigen) anzubieten, ist der Staat mittels des Konzepts der Daseinsvorsorge in der Pflicht, einzugreifen.

Zusammengefaßt sollte also nur dann von Daseinsvorsorge gesprochen werden, wenn eine Nachfrage des Bürgers nach nützlichen Leistungen besteht, welche nicht ausschließlich von privaten Unternehmen erbracht werden kann, sondern zumindest teilweise durch staatliche Leistung gedeckt werden muß, sei es durch die Erbringung der Leistung durch den Staat selbst oder durch eine Ausgleichsleistung an das/die leistende/n Unternehmen.

Dem Konzept Forsthoffs muß somit auch aktuell noch eine große Bedeutung zuerkannt werden. Prinzipiell hat sich nichts geändert, es gibt nach wie vor Bereiche, in denen der Staat seiner Verantwortung, die Bürger mit Gütern zu versorgen, die ohne sein Eingreifen zu diesen Konditionen nicht verfügbar wären, nachkommen sollte. Lediglich der Umfang dieser Pflicht hat sich seit der Entwicklung dieses Konzepts verringert. Sowohl die extremen sozialen Verwerfungen als auch die Unfähigkeit des Einzelnen, seine Bedürfnisse mittels der ihm durch die Privatautonomie zur Verfügung stehenden Mittel zu befriedigen, sind in dieser Form sicher nicht mehr gegeben.

---

175 Forsthoff, Die Verwaltung als Leistungsträger, S. 6.
176 Forsthoff, Die Verwaltung als Leistungsträger, S. 39.
177 So auch Klein, Die Teilnahme des Staates, S. 18.

b) Daseinsvorsorge als Rechtsbegriff

Nachdem man den Inhalt und Umfang nun zumindest teilweise begrenzen konnte, stellt sich als nächstes die Frage, ob der Begriff der Daseinsvorsorge einen Rechtsbegriff darstellen könnte. Um ein Rechtsbegriff sein zu können, müßte er einer Definition zugänglich sein, welche bezüglich der Art der Leistung präzisere Aussagen treffen könnte. Eine solche Definition wäre sinnvoll, um im Vorfeld der Frage nach einer eventuellen Vereinbarkeit einer Ausgleichsleistung für die Erbringung einer bestimmten Leistung mit dem Beihilferecht, abklären zu können, ob es sich bei dieser Leistung überhaupt um eine Leistung der Daseinsvorsorge handelt. Nach dem Verzicht auf das eingrenzende Kriterium der Lebensnotwendigkeit oder Lebenswichtigkeit hat sich eine schärfere Abgrenzung der zu erfassenden Staatsaufgaben aber als nicht möglich erwiesen. Ein Abgrenzungskriterium zu finden, welches die Leistungen, die von dem Begriff erfaßt werden sollen, von denen abtrennt, welche nicht erfaßt werden sollen, erscheint vor dem Hintergrund der Fülle und Verschiedenartigkeit der Leistungen nach wie vor unmöglich. Allein die Nützlichkeit der Leistung ist hier keineswegs ausreichend. Erschwerend kommt noch hinzu, daß auch eine starke politische Komponente in diesem Gebiet gegeben ist[178]. Letztendlich lag und liegt ein Großteil der Entscheidungen, welche Leistungen vom Staat erbracht werden sollen, bei den politisch Verantwortlichen auf der jeweiligen staatlichen Ebene. Diese politische Komponente stellt daher eine unbekannte Variable dar und entzieht den Begriff der Daseinsvorsorge einer genaueren Definition, ebenso wie das bereits für den französischen Begriff des service public festgestellt wurde. Ein Rechtsbegriff ist der Begriff der Daseinsvorsorge dementsprechend nicht.

4. Die Daseinsvorsorge auf europäischer Ebene

a) Europäisches Verständnis der Daseinsvorsorge

Stellt es sich auf nationaler Ebene bereits als problematisch dar, den Begriff der Daseinsvorsorge zu definieren, erscheint ein solches Unterfangen auf europäischer Ebene noch diffiziler. Eine Definition dieses oder eines ähnlichen Begriffes sucht man im EG-Vertrag vergebens.

Erschwerend kommt hinzu, daß die Bedeutung von Gemeinwohlaufgaben zwar regelmäßig seitens der Staats- und Regierungschefs herausgestellt und als gemeinsame Wertvorstellung der europäischen Staaten hervorgehoben wird, die einzelnen europäischen Staaten auf diesem Gebiet jedoch unterschiedlichste nationale Traditionen aufweisen. Während die romanischen Länder über ein stark ausgeprägtes Modell der öffentlichen Daseinsvorsorge verfügen, ist eine staatliche Daseinsvorsorge in den Niederlanden oder Großbritannien nur in sehr geringem Maße vorhanden und die Bedürfnisbefriedigung der Bevölkerung fast

178 So auch Wimmer, in: Schroeder/Weber, S. 64 (65).

ausschließlich Aufgabe privater Unternehmen[179]. Von einem europaweit einheitlichen Verständnis des Begriffs der Daseinsvorsorge, welches man auf europäischer Ebene übernehmen könnte, kann daher nicht gesprochen werden.

Kompliziert wird dieses Problem durch die Verwendung unterschiedlicher Termini. Verwendet wird neben dem Begriff der Daseinsvorsorge[180] zusätzlich die in Art. 16 EG verwendete Formulierung der „Dienste von allgemeinem wirtschaftlichen Interesse“ bzw. die in Art. 86 Abs. 2 EG verwendete ähnliche Formulierung der „Dienstleistungen von allgemeinem wirtschaftlichen Interesse“. Obwohl wörtlich nicht ganz identisch, sind beide Formulierungen aber nach allgemeiner Ansicht als inhaltlich identisch anzusehen[181]. Neben diesen Begriffen findet sich schließlich der ebenfalls auf europäischer Ebene verwendete Begriff des Universaldienstes[182]. Zu keinem der im EG-Vertrag verwendeten Begriffe existiert aber eine entsprechende Definition.

Es bleibt festzuhalten, daß von einem einheitlichen, aus der Tradition der Mitgliedstaaten entspringenden Verständnis der Daseinsvorsorge nicht gesprochen werden kann. Ebensowenig ist eine Definition im EG-Vertrag enthalten. Erschwerend kommt hinzu, daß innerhalb des EG-Vertrages verschiedene, diesen Bereich betreffende Termini verwendet werden, deren Definition sich ebenfalls nicht aus dem EG-Vertrag selbst ergibt.

b) Ansatz der Kommission

Es eröffnet sich somit nicht nur die Frage nach dem Inhalt des Begriffs der Daseinsvorsorge. Neben dieser Frage ist auch das Verhältnis zu den anderen auf europäischer Ebene verwendeten Begrifflichkeiten sowie deren Inhalt unklar. Diese Probleme wurden von der Kommission erkannt. In ihrer Mitteilung über die Leistungen der Daseinsvorsorge in Europa vom 26.09.1996 werden diese einzelnen Termini zu Beginn aufgeführt und definiert.

aa) Leistungen der Daseinsvorsorge

Leistungen der Daseinsvorsorge werden definiert als *marktbezogene oder nichtmarktbezogene Tätigkeiten*, die im Interesse der Allgemeinheit erbracht

---

179 Schwarze, in: ders., Daseinsvorsorge im Lichte des Wettbewerbsrechts, S. 9 (13).

180 Siehe hierzu z.B. Mitteilung der Kommission über Leistungen der Daseinsvorsorge in Europa vom 26.09.96, Abl. EG. 1996, Nr. C 281/3ff.; Mitteilung der Kommission über Leistungen der Daseinsvorsorge in Europa vom 19.01.2001, Abl. EG. 2001, Nr. C 17/4ff..

181 Jung, in: Calliess/Ruffert, Art. 16 EG, Rn. 8.

182 Mitteilung der Kommission über Leistungen der Daseinsvorsorge in Europa vom 26.09.1996, Abl. EG. 1996, Nr. C 281/3.

und daher von den Behörden mit spezifischen Gemeinwohlverpflichtungen verknüpft werden[183].

Dienstleistungen von allgemeinem wirtschaftlichen Interesse seien hingegen *marktbezogene Tätigkeiten*, die im Interesse der Allgemeinheit erbracht und daher von den Mitgliedstaaten mit besonderen Gemeinwohlverpflichtungen verbunden werden. Als Beispiele seien insbesondere Verkehrs-, Energieversorgungs- und Telekommunikationsdienste zu nennen[184].

Betrachtet man diese ersten beiden Definitionen, fällt auf, daß sich diese inhaltlich nur insofern unterscheiden, als unter den erstgenannten Begriff sowohl marktbezogene, als auch nichtmarktbezogene Tätigkeiten fallen, während der zweitgenannte Begriff ausschließlich marktbezogene Tätigkeiten umfaßt. Im Blickpunkt der europarechtlichen Debatte stehen aber ohnehin nur solche Leistungen, die einen Marktbezug haben, da andere auf nationaler Ebene erbrachte Leistungen gar nicht in den Anwendungsbereich des Europarechts fallen[185]. Diese fallen wie oben bereits erläutert wurde, bereits begrifflich aus dem Beihilfebegriff heraus[186]. Insofern sind für die aktuelle Debatte nur solche Leistungen relevant, welche die Kommission nach ihrem Begriffsverständnis mit Dienstleistungen von allgemeinem wirtschaftlichem Interesse umschreibt.

Daher fallen die Aufgaben, die per se dem Staat vorbehalten sind, wie z.B. die Wahrung der äußeren und inneren Sicherheit, die Justiz, die Pflege der auswärtigen Beziehungen und andere hoheitliche Aufgaben wie die Luftverkehrssicherung und die Überwachung der Umweltverschmutzung grundsätzlich aus dem Anwendungsbereich des Wettbewerbsrechts heraus[187]. Weiterhin werden generell all jene Tätigkeiten ausgenommen, die weitgehend soziale Aufgaben ohne Gewinnabsicht erfüllen und deren Zweck nicht die Ausübung einer gewerblichen Tätigkeit darstellt. Hierunter fallen diverse nichtwirtschaftliche Tätigkeiten von Einrichtungen wie Gewerkschaften, politischen Parteien, Kirchen und religiöse Gemeinschaften, Verbraucherverbänden, wissenschaftlichen Gesellschaften, Wohlfahrtseinrichtungen sowie Schutz- und Hilfsorganisationen, solange diese bei der Erfüllung ihrer Gemeinwohlaufträge keine wirtschaftlichen Tätigkeiten aufnehmen[188].

---

[183] Mitteilung der Kommission über Leistungen der Daseinsvorsorge in Europa vom 26.09.1996, Abl. EG. 1996, Nr. C 281/3.

[184] Mitteilung der Kommission über Leistungen der Daseinsvorsorge in Europa vom 26.09.1996, Abl. EG 1996, Nr. C 281/3.

[185] Schwarze, EuZW 2001, S. 334 (339).

[186] Siehe dazu unter III, 2, d, aa.

[187] Mitteilung der Kommission über Leistungen der Daseinsvorsorge in Europa vom 19.01.2001, ABl. EG 2001, Nr. C 17/9, Rn. 28.

[188] Mitteilung der Kommission über Leistungen der Daseinsvorsorge in Europa vom 19.01.2001, ABl. EG 2001, Nr. C 17/9, Rn. 30.

bb) Universaldienst

Ebenfalls definiert wird der Begriff des Universaldienstes. Dieser sei ein von den Gemeinschaftsinstitutionen entwickelter, noch ausgestaltungsfähiger Begriff, welcher eine Reihe gemeinwohlorientierter Voraussetzungen bezeichne, welche die Tätigkeiten in den Bereichen Telekommunikation und Postwesen gemeinschaftsweit erfüllen sollten. Durch diese sich daraus ergebenden Verpflichtungen solle der Zugang aller Bürger zu qualitativ hochwertigen Grundversorgungsleistungen gegen ein vertretbares Entgelt gesichert werden[189].

Bei der Definition des Universaldienstes fällt auf, daß er insoweit Ähnlichkeit mit dem ursprünglichen Forsthoff'schen Konzept der Daseinsvorsorge aufweist, als er sich im Gegensatz zu den beiden erstgenannten Begriffen lediglich auf Grundversorgungsleistungen bezieht. Bei Gegenüberstellung der beiden letztgenannten Begriffe und des Begriffs des Universaldienstes ist festzustellen, daß sowohl der Begriff der Daseinsvorsorge als auch der Begriff der Dienstleistungen von allgemeinem wirtschaftlichen Interesse weiter reichen als der Begriff des Universaldienstes, da diese sich nicht auf Grundversorgungsleistungen beschränken.

cc) Bestimmung der Art der Leistung und des Leistungserbringers

Zu zwei Fragen findet sich in den Definitionen selbst jedoch keine Antwort. Zunächst wird (ebenso wie auf nationaler Ebene) offen gelassen, welche Leistungen nach Ansicht der Kommission unter die einzelnen Begrifflichkeiten fallen und weiterhin wird über den Initiator und Erbringer der Leistungen ebenfalls keine Aussage getroffen. In den sich an die Definitionen anschließenden Erläuterungen finden sich aber auch auf diese Fragen Antworten.

aaa) Die Leistung

Hinsichtlich der Frage nach den unter diesen Begriff fallenden Leistungen führt die Kommission aus, daß diese bewußt ausgeklammert worden seien, da die Gestaltungsfreiheit bezüglich der Art und des Umfanges der Leistungen im Verantwortungsbereich der Mitgliedstaaten liege und von diesen genau zu definieren sei. Hierbei stehe den Mitgliedstaaten ein großer Spielraum zu. Dies gelte in besonderem Maße für Bereiche, in denen gemeinschaftsrechtliche Vorschriften fehlen würden. Hinzu komme noch, daß diese Definition der Art und des Umfangs der Leistungen von der Kommission nur auf offenkundige Fehler überprüft werde[190]. Ein solcher offenkundiger Fehler dürfte zunächst immer dann

---

[189] Mitteilung der Kommission über Leistungen der Daseinsvorsorge in Europa vom 26.09.1996, Abl. EG 1996, Nr. C 281/3.

[190] Mitteilung der Kommission über die Leistungen der Daseinsvorsorge in Europa vom 19.01.2001, Abl. EG. 2001, Nr. C 17/4; bestätigt wurde das sowohl durch die Rechtsprechung des EuGH, wie auch des EuG, siehe Generalanwalt Tizzano, Schlußanträge zu EuGH, Rs. C-

gegeben sein, wenn es sich lediglich um die Wahrnehmung von privaten Einzelinteressen handelt. Immer dann, wenn hingegen zumindest das Interesse eines Teils der Bevölkerung – und sei es auch nur eine relativ kleiner – betroffen ist, muß man ein allgemeines wirtschaftliches Interesse bejahen[191]. Weiterhin dürfte die mitgliedstaatliche Gestaltungsfreiheit auch dort an ihre Grenzen stoßen, wo die staatliche Gestaltung gegen Ziele oder Interessen der Union verstoße[192].

bbb) Der Leistungserbringer

Des Weiteren hebt die Kommission ihre Neutralität im Hinblick auf die Art der Wirtschaftsordnung hervor. Damit einher geht insbesondere die Neutralität bezüglich des Leistungserbringers. Zwar spricht die Kommission davon, daß Dienstleistungen von allgemeinem wirtschaftlichen Interesse auch in Bereichen erbracht werden müßten, in denen der Markt unter Umständen zu wenig Anreize zur Erfüllung dieser Leistungen biete; es gebe aber auch genügend Bereiche, in denen die Bereitstellung solcher Leistungen ausschließlich seitens eines normalen Marktgeschehens erfolge. Im Grünbuch der Kommission zu Dienstleistungen von allgemeinem Interesse geht die Kommission sogar so weit, daß lediglich **manche** Dienstleistungen von allgemeinem Interesse durch die Märkte allein nicht voll befriedigt werden könnten[193]. In solchen Bereichen findet die Gestaltungsfreiheit des Staates wohl seine Grenzen, da die Marktkräfte ebenso effizient tätig sind, wie es ein besonders betrautes Unternehmen wäre[194]. Hierin liegt ein eindeutiger Unterschied zu dem deutschen Verständnis der Daseinsvorsorge, in welchem diese Konstellationen niemals erfaßt würden. Entgegen den nationalen Begriffsbestimmungen kann somit auf europäischer Ebene auch dann von Dienstleistungen von allgemeinem wirtschaftlichem Interesse (marktbezogene Daseinsvorsorge) gesprochen werden, wenn die Leistungserbringung ausschließlich seitens privater Unternehmen erfolgt und der Staat lediglich die Gemeinwohlverpflichtung näher bestimmt oder sogar völlig untätig bleibt[195].

Darüberhinaus ist aber auch ein Unterschied zu dem französischen Verständnis eines service public gegeben, da nach diesem die Gestaltungsfreiheit des Staates nicht dort enden muß, wo die Marktkräfte effizient tätig sind und auch nur dann

---

53/00, Slg. 2001, S. 9067 (9085), Rn. 51, Ferring; EuG, Rs. T-106/95, Slg. 1997, S. II-229 (265), Rn.108, FFSA.

[191] So auch Hochbaum, in: Schröder/Jacob/Mederer, Art. 86, Rn. 51.

[192] Nettesheim, EWS 2002, S. 253 (255).

[193] Grünbuch der Kommission zu Dienstleistungen von allgemeinem Interesse, KOM (2003), 270, Rn. 22.

[194] Ebenso Nettesheim, EWS 2002, S. 253 (255).

[195] Mitteilung der Kommission über Leistungen der Daseinsvorsorge in Europa vom 19.01.2001, Abl. EG. 2001, Nr. C 17/7; diese Entwicklung wird auch von Ennuschat nach einer Untersuchung der entsprechenden Mitteilung der Kommission besonders hervorgehoben, RdE 2001, S.46 (47ff.).

von einem service public gesprochen werden kann, wenn der Staat die Tätigkeit selbst ausführt oder sie aber zumindest überwacht.

5. Zusammenfassung

Zusammenfassend muß daher festgehalten werden, daß auf europäischer Ebene Leistungen der Daseinsvorsorge marktbezogene (Dienstleistungen von allgemeinem wirtschaftlichem Interesse) und nichtmarktbezogene Tätigkeiten sind, deren Art und Umfang von den einzelnen Nationalstaaten zu bestimmen sind, welche im Interesse der Allgemeinheit erbracht und daher von den Behörden mit spezifischen Gemeinwohlverpflichtungen verknüpft werden. Relevant ist in der rechtlichen Debatte allerdings lediglich der Begriff der *Dienstleistungen von allgemeinem wirtschaftlichen Interesse*, da nur dieser Leistungen umfaßt, die einen Marktbezug aufweisen und nur diese in den Anwendungsbereich des Europarechts fallen. Übereinstimmung besteht zwischen dem traditionellen deutschen Verständnis der Daseinsvorsorge und dem europäischen Verständnis von Dienstleistungen von allgemeinem wirtschaftlichen Interesse insoweit, als beide von einer weiten Auslegung des jeweiligen Begriffs ausgehen und lediglich die Wahrnehmung rein privater oder auf kleine Kreise beschränkter Interessen als nicht mehr erfaßt ansehen.

Anders als nach deutschem Verständnis ist es auf europäischer Ebene aber irrelevant, ob die Leistung zumindest teilweise von Seiten des Staates oder ausschließlich durch private Unternehmen erfolgt. Der grundlegende Unterschied zwischen dem deutschen, auf Forsthoff zurückzuführenden Verständnis der Daseinsvorsorge und dem europäischen liegt somit darin, daß nach dem deutschen Verständnis Daseinsvorsorge nur dort gegeben ist, wo der Markt (z.B. auf Grund von Marktversagen) die Bedürfnisse der Bürger nicht befriedigen kann, während der europäische Ansatz bezüglich des Leistungserbringers sogar so weit geht, daß auch von Dienstleistungen von allgemeinem wirtschaftlichen Interesse gesprochen werden kann, wenn die Befriedigung der Bedürfnisse innerhalb des normalen Marktgeschehens erfolgt und ohne jegliche staatliche Beeinflussung stattfindet[196].
Hier liegt auch der grundlegende Unterschied zu dem französischen Ansatzes des service public, da auch von diesem ein normales Marktgeschehen ohne jegliche staatliche Beeinflussung nicht erfaßt ist.

Auf den ersten Blick erscheinen die unterschiedlichen Ansätze nebensächlich. Verdeutlicht man sich aber, daß im Mittelpunkt der Diskussion die Frage steht, ob die nationale Daseinsvorsorge mit europäischen Wettbewerbsregeln verein-

---

196 Anders Schebstadt, Der Kostenausgleich für Daseinsvorsorgeverpflichtungen, S. 737 (738).

bar ist, erscheint es sehr wohl relevant, ob unter Daseinsvorsorge lediglich die Versorgung der Bürger mit Leistungen von Seiten des Staates für den Fall eines Marktversagens verstanden wird oder wie nach französischem Verständnis nur dann von Daseinsvorsorge gesprochen werden kann, wenn ein öffentliches Organ ein entsprechendes öffentliches Interesse an einer Leistung ausmacht, oder ob sogar die normale Versorgung von Bürgern durch Private im Rahmen eines funktionierenden Marktes ebenfalls unter diesen Begriff fällt.
Geht man von der letzten Annahme aus, ist die Daseinsvorsorge zumindest teilweise normaler Bestandteil des Marktgeschehens. Hieraus folgt, daß die Kommission gerade mittels der Anwendung der Vertragsbestimmungen sicherstellen möchte, daß die Daseinsvorsorge bestmöglich erfüllt wird und darüber hinausgehend durch die Erzwingung einer Ausweitung der Deregulierungspolitik auf andere Bereiche insgesamt eine bessere Versorgung des Bürgers ermöglichen möchte.

V. Daseinsvorsorge und ihre Vereinbarkeit mit dem europäischen Beihilferecht

Die Diskussion um die Vereinbarkeit der nationalen Daseinsvorsorge mit dem europäischen Wettbewerbsrecht und speziell mit dem Beihilferecht ist deutlich geprägt von diesen beiden konträren Positionen. Die Bestrebungen der Kommission, die Daseinsvorsorge gerade durch die Anwendung der Wettbewerbsregeln sicherzustellen, stoßen aber auf starke Kritik vieler nationaler, bisher mit Aufgaben der Daseinsvorsorge betrauter Interessengruppen, nach deren Verständnis eine Leistungserbringung im Bereich der Daseinsvorsorge klassischerweise eine Aufgabe des Staates ist und regelmäßig die Reaktion auf ein Marktversagen darstellt. Für diese ist die konsequente Anwendung des Wettbewerbsrechts - speziell des Beihilferechts - eine Gefahr für die traditionell gewachsenen Strukturen der Daseinsvorsorge. Aber auch wenn man dieser Ansicht folgen und davon ausgehen würde, daß die konsequente Anwendung der Wettbewerbsregeln auf die Daseinsvorsorgeleistungen negative Auswirkungen hätte, darf man nicht übersehen, daß die Wettbewerbsregeln und damit auch das Beihilferecht auf den hier in Frage stehenden Bereich Anwendung finden.

Innerhalb dieser Diskussion zeigen sich die verschiedenen Ansichten darin, daß unterschiedliche Positionen vertreten werden, wie ein Tatbestand auszulegen sei, inwieweit ein bestimmtes Verhalten gerechtfertigt werden kann oder inwieweit Ausnahmen von allgemeinen Grundsätzen gelten können. Im Mittelpunkt der Diskussion stehen dabei sowohl die Fälle, in denen der Staat selbst die Leistung erbringt, als auch jene, in denen der Staat die Leistungen von privaten oder öffentlichen Unternehmen erbringen läßt und für die damit verbundenen Lasten und die daraus resultierenden Defizite Ausgleichsleistungen gewährt. Die folgenden Ausführungen beschäftigen sich mit dem letztgenannten Fall, also der Leistungserbringung durch öffentliche und private Unternehmen gegen Ausgleichsleistungen und untersuchen diese Ausgleichsleistungen auf ihre Vereinbarkeit mit dem europäischen Beihilferecht.

Für diesen Ausgleich von mit dem Allgemeinwohl verbundenen Lasten steht den Mitgliedstaaten ein breites Instrumentarium zur Verfügung. Grob unterteilen lassen sich diese Ausgleichsleistungen in direkte oder indirekte Subventionen und in die Verleihung von Monopolrechten.

1. Die Vereinbarkeit von direkten oder indirekten Subventionen als Ausgleichsleistung für die Erbringung von Dienstleistungen von allgemeinem wirtschaftlichen Interesse mit dem europäischen Beihilferecht

Eine Möglichkeit des Ausgleiches entsprechender Lasten besteht in der Vergabe einer direkten Subvention. Das betraute Unternehmen erhält von staatlicher Seite einen Vorteil, welcher die zuvor bei der Erfüllung der Aufgabe entstandenen Defizite kompensieren soll. Dies ist z.B. der Fall, wenn ein Busunternehmen eine Geldzahlung für die Bedienung einer unrentablen Buslinie erhält. Eine weitere Möglichkeit des Ausgleichs entsprechender Lasten kann aber auch auf indirektem Wege erfolgen. Das betroffene Unternehmen wird von einer zu erbringenden Leistung z.B. einer Abgabe befreit, welche andere auf dem Markt tätige Unternehmen erbringen müssen. Der dem Unternehmen zuvor entstandene Nachteil wird durch die Belastung der konkurrierenden Unternehmen bzw. durch die eigene Entlastung kompensiert[197].

Diese Art des Ausgleichs ist vor dem Hintergrund einer möglichen Unvereinbarkeit mit Art. 87 Abs. 1 EG vermehrt in das Blickfeld der Kommission und in die öffentliche Diskussion geraten. Gegenstand dieser Diskussion ist die Frage, ob die Ausgleichsleistungen den Tatbestand einer Beihilfe erfüllen. Sollte man dies verneinen wollen, schließt sich die Frage an, unter welchen Umständen die Beihilfeeigenschaft entfällt. Sollten die Ausgleichsleistungen jedoch den Tatbestand der Beihilfe erfüllen, muß man untersuchen, unter welchen Umständen eine solche Beihilfe gerechtfertigt sein könnte.
Bevor man einen Vorschlag zur Lösung dieser Problematik entwickeln kann, ist es unerläßlich, sich zunächst mit den bisherigen Ansätzen sowohl in der europäischen Rechtsprechung als auch in den Veröffentlichungen der Kommission und der einschlägigen europarechtlichen Literatur auseinanderzusetzen.

a) Die ältere Rechtsprechung des EuGH

aa) Rs.240/83 Procureur de la République/ADBHU

Das erste Mal mußte sich der EuGH mit der Frage der Vereinbarkeit des Ausgleichs von auferlegten Dienstleistungen mit dem Europarecht im Jahr 1985 in der Rechtssache 240/83 Procureur de la République gegen Association de défense des bruleurs d´huiles usagées (ADBHU)[198] auseinandersetzen.
Dem Urteil lag ein Sachverhalt[199] zugrunde, bei dem sich unter anderem die Frage nach der Gültigkeit einer Richtlinie über die Altölbeseitigung[200] stellte.

---

[197] Siehe exemplarisch zu diesen Möglichkeiten, Ausgleichsleistungen zu gewähren: Leitlinien der Gemeinschaft für staatliche Beihilfen im Seeverkehr, Abl. EG 1997, Nr. C 205/5.
[198] EuGH, Rs. 240/83, Slg. 1985, S. 531 ff., Procureur de la République/ADBHU.
[199] EuGH, Rs. 240/83, Slg. 1985, S. 539 ff., Procureur de la République/ADBHU.
[200] ABl. EG 1975, L 194/31.

Art. 5 dieser Richtlinie sah vor, daß bestimmten Unternehmen Verpflichtungen auferlegt werden können, um sicherzustellen, daß Altöl ordnungsgemäß gesammelt und entsorgt wird. Für diese auferlegten Verpflichtungen konnten gemäß Art. 13 und 14 der Richtlinie Zuschüsse, also direkte Subventionen, an die mit der Dienstleistung betrauten Unternehmen geleistet werden. Hiergegen wurde seitens ADBHU vorgebracht, daß diese Möglichkeit der Zahlung von Ausgleichsleistungen nicht mit dem freien unverfälschten Wettbewerb vereinbar sei, sondern vielmehr einen Verstoß gegen das Beihilferecht darstelle[201].

Diesem Vortrag wurde von Generalanwalt Lenz in seinen Schlußanträgen[202] widersprochen. Er berief sich hierbei auf die Kommission, welche zuvor festgestellt hatte, daß es sich bei dem Beihilfeverbot nicht um ein absolutes Verbot handele, sondern daß, wie die Art. 92 und 94 zeigten, Abweichungen zulässig seien. Daraus folge, daß in den nach Art. 13 und 14 der Richtlinie gewährten Zuschüssen keine verbotenen Beihilfen zu sehen seien[203]. Diese stellten lediglich eine Gegenleistung für die Verpflichtungen dar, welche den Unternehmen im öffentlichen Interesse auferlegt würden. Die Höhe dieser Zuschüsse sei durch Art. 13 insofern begrenzt, als sie nicht über die tatsächlich festgestellten jährlichen Kosten unter Berücksichtigung eines angemessenen Gewinns hinaus gehen dürften[204].
Ein weiteres Argument gegen die Annahme einer verbotenen Beihilfe sei auch darin zu sehen, daß Art. 13 bestimme, daß es durch die Ausgleichsleistungen nicht zu nennenswerten Wettbewerbsverzerrungen kommen dürfe[205].

Dieser Argumentation des Generalanwaltes schloß sich der EuGH an. Bei den Zuschüssen handele es sich tatsächlich lediglich um die Gegenleistungen für die von den Abhol- oder Beseitigungsunternehmen erbrachten Leistungen und nicht um eine Beihilfe im Sinne von Art. 87 Abs. 1 EG[206]. Ein Verstoß gegen den Grundsatz des freien Wettbewerbs durch die Artikel 13 und 14 der Richtlinie sei aber auch nicht zuletzt deswegen abzulehnen, weil Art. 13 Abs. 2 explizit verbiete, daß es aufgrund der Zuschüsse zu nennenswerten Wettbewerbsverzerrungen oder künstlichen Handelsströmen kommen dürfe[207].

---

[201] EuGH, Rs. 240/83, Slg.1985, S. 531 (543), Procureur de la République/ADBHU.
[202] Generalanwalt Lenz, Schlußanträge zu EuGH, Rs. 240/83, Slg. 1985, S. 531 ff., Procureur de la République/ADBHU.
[203] Generalanwalt Lenz, Schlußanträge zu EuGH, Rs. 240/83, Slg. 1985, S. 531 (536), Procureur de la République/ADBHU.
[204] Generalanwalt Lenz, Schlußanträge zu EuGH, Rs. 240/83, Slg. 1985, S. 531 (536), Procureur de la République/ADBHU.
[205] Generalanwalt Lenz, Schlußanträge zu EuGH, Rs. 240/83, Slg. 1985, S. 531 (536), Procureur de la République/ADBHU.
[206] EuGH, Rs. 240/83, Slg. 1985, S. 531 (550), Rn. 18, Procureur de la République/ADBHU.
[207] EuGH, Rs. 240/83, Slg. 1985, S. 531 (550), Rn. 19, Procureur de la République/ADBHU.

bb) Rs.C-53/00 Ferring SA/Agence centrale des organismes de sécurité sociale (ACOSS)

Als nächstes hatte sich der EuGH in RS.C-53/00 Ferring/ACOSS[208] mit Ausgleichsleistungen für die von einem Unternehmen übernommenen gemeinwirtschaftlichen Aufgaben auseinanderzusetzen.

Im Mittelpunkt des zu entscheidenden Streits standen Artikel des französischen Code de la santé publique, welche auf dem Arzneimittelsektor tätigen Großhändlern besondere Verpflichtungen bezüglich der Lagerung von Arzneimitteln und der Versorgung bestimmter Gebiete auferlegten[209]. Dies galt allerdings nur für Großhändler und nicht für Pharmahersteller, die ihre Erzeugnisse im Direktverkauf entweder eigenständig oder unter Einsatz von Ad-hoc-Beauftragten absetzten[210]. Um diesen Wettbewerbsnachteil der Großhändler gegenüber den Pharmaherstellern auszugleichen, wurden nun Direktverkäufe der Pharmahersteller mit einer Abgabe belegt, welche allerdings nicht für die (bereits mit der gemeinwirtschaftlichen Verpflichtung beschwerten) Großhändler gelten sollte[211].

Die mit einer solchen Abgabe belegte Ferring SA hielt eine solche Abgabe jedoch für rechtswidrig, da sie in ihr eine verbotene, nicht bei der Kommission beantragte Beihilfe zugunsten der davon ausgenommenen Großhändler und darüber hinaus eine gegen den freien Dienstleistungsverkehr verstoßende Behinderung sah[212]. ACOSS hingegen dementierte, daß es sich bei dieser streitigen Maßnahme um eine Beihilfe handele. Selbst wenn man die streitige Maßnahme jedoch als Beihilfe einstufe, wäre sie in jedem Fall gerechtfertigt. Darüber hinaus würde sich eine solche Rechtfertigung aber auch aus der Ausnahmevorschrift 90 Abs. 2 (86 Abs. 2) EG ergeben[213].

Das mit diesem Fall betraute Gericht legte dem EuGH mehrere Fragen zur Vorabentscheidung vor. Zunächst wollte das vorlegende Gericht wissen, ob die im vorliegenden Fall eingeführte Abgabe grundsätzlich eine Beihilfe gemäß Art. 87 EG darstellen könnte. Falls dies zu bejahen sei, wurde dann nach einer möglichen Verneinung der Beihilfeeigenschaft der streitigen Maßnahme aufgrund des inneren Aufbaus des französischen Systems gefragt. Das Gericht fragte weiterhin, ob die den Großhändlern auferlegten Leistungen Dienstleistungen von allgemeinem wirtschaftlichen Interesse darstellten. Sollten sie solche darstellen und zusätzlich auch noch die Beihilfeeigenschaft erfüllen, stellte sich für das

[208] EuGH, Rs. C-53/00, Slg. 2001, S. I-9067 ff., Ferring/ACOSS.
[209] EuGH, Rs. C-53/00, Slg. 2001, S. I.-9067 (9070), Rn. 4, Ferring/ACOSS.
[210] EuGH, Rs. C-53/00, Slg. 2001, S. I.-9067 (9070), Rn. 6, Ferring/ACOSS.
[211] EuGH, Rs. C-53/00, Slg. 2001, S. I.-9067 (9070), Rn. 7-9, Ferring/ACOSS.
[212] EuGH, Rs. C-53/00, Slg. 2001, S. I-9067 (9074), Rn. 13 u.14, Ferring/ACOSS.
[213] EuGH, Rs. C-53/00, Slg. 2001, S. I-9067 (9075), Rn. 15, Ferring/ACOSS.

vorlegende Gericht weiterhin die Frage, ob sie nur dann unter die Ausnahme des Art. 86 Abs. 2 EG fallen würden, wenn lediglich die zusätzlichen Kosten der Großhändler aus den ihnen auferlegten Verpflichtungen ausgeglichen werden würden[214].

Generalanwalt Tizzano nahm in seinen Schlußanträgen zu den gestellten Fragen ausführlich Stellung. Er führte aus, daß jede Abgabe, die zu Lasten einer bestimmten Kategorie von Wirtschaftsteilnehmern eingeführt wird, als Vorteil für alle der Abgabe nicht unterworfenen Wirtschaftsteilnehmer betrachtet werden könne, welche zu den Erstgenannten mehr oder weniger eng in Wettbewerb stehen[215]. Grundsätzlich bejahen oder verneinen lasse sich diese Frage aber nicht. Die Lösung müsse daher von Fall zu Fall gefunden werden, wobei die für den jeweiligen Sachverhalt typischen Merkmale und insbesondere die Wettbewerbsbeziehung zwischen den betreffenden Wirtschaftsteilnehmern, der Geltungsgrund der Abgabe und ihre Wirkungen Berücksichtigung finden müßten.

Betrachte man im vorliegenden Fall die Wettbewerbsbeziehungen zwischen den betreffenden Wirtschaftsteilnehmern, könne man feststellen, daß das Wachstum der Direktverkäufe unterbrochen und sich die Tendenz geradezu umgedreht habe, die Großhändler somit Marktanteile zurückgewonnen hätten. Dies sei auch gerade die Intention gewesen, das streitige Gesetz zu erlassen[216]. Zusammenfassend könne daher festgehalten werden, daß die Nichterhebung der Abgabe den Großhändlern einen Vorteil zukommen lassen würde, der als eine wirkliche Steuerbefreiung betrachtet werden könne[217].

Nach dieser Prüfung warf Generalanwalt Tizzano die Frage auf, ob dieser festgestellte Vorteil aus staatlichen Mitteln gewährt wurde[218]. Obwohl er feststellte, daß zwar keine unmittelbare Übertragung von Mitteln an die Großhändler stattgefunden habe, sah er in der Nichterhebung der streitigen Abgabe trotzdem einem Verzicht der französischen Behörden auf die Erzielung von Steuereinnahmen zugunsten der Großhändler. Dies könne man nur mit der Zuwendung eines wirtschaftlichen Vorteils gleichsetzen. Zwangsläufig müsse man dann aber auch zu dem Schluß kommen, daß dieser Vorteil aus staatlichen Mitteln gewährt

---

[214] EuGH, Rs. C-53/00, Slg. 2001, S. I-9067 (9074), Rn. 16, Ferring/ACOSS.

[215] Generalanwalt Tizzano, Schlußanträge zu EuGH, Rs. C-53/00, Slg. 2001, S. I-9067 (9080), Rn. 36, Ferring/ACOSS.

[216] Generalanwalt Tizzano, Schlußanträge zu EuGH, Rs. C-53/00, Slg. 2001, S. I-9067 (9081 f.), Rn. 40 f., Ferring/ACOSS.

[217] Generalanwalt Tizzano, Schlußanträge zu EuGH, Rs. C-53/00, Slg. 2001, S. I-9067 (9082), Rn. 42, Ferring/ACOSS.

[218] Nach der hier vertretenen Ansicht wäre eine solche Prüfung ohnehin überflüssig, da wie bereits ausgeführt nur der Initiator und nicht die Herkunft der Beihilfe relevant sind - siehe III, 2, b, aa, ccc.

worden sei[219]. Nachdem er dann die weiteren Merkmale einer Beihilfe durchgeprüft hatte, kam Tizzano zu dem Ergebnis, daß die Nichterhebung der Abgabe grundsätzlich als Beihilfe eingestuft werden könne.

An diese Feststellung schloß er allerdings die Prüfung an, ob die Maßnahme dadurch gerechtfertigt sein könnte, daß sie lediglich die gemeinwirtschaftlichen Lasten ausgleiche und deswegen ihrer Natur nach nicht als Beihilfe anzusehen sei. In dieser Prüfung kam er ebenso, wie bereits der EuGH in dem Urteil ADBHU, zu dem Ergebnis, daß der Beihilfecharakter zu verneinen sei. Dies sei deswegen der Fall, da durch die Ausgleichsleistung die Mehrkosten für den gemeinwirtschaftlichen Dienst ausgeglichen und damit eine Benachteiligung gegenüber anderen Wettbewerbern sowie eine mögliche Wettbewerbsverzerrung verhindert werden könne. Der Ausgleich der auferlegten Dienste sei somit nicht nur der Grund und das Ziel der Leistung, sondern schlage sogar auf die Wirkung des staatlichen Eingriffes durch. Anders formuliert sorge gerade die Ausgleichsleistung dafür, daß der Eingriff der öffentlichen Behörden neutral und damit beihilferechtlich irrelevant sei. Diese gelte allerdings nur für den Fall, daß die Ausgleichsleistung lediglich die zusätzlichen Nettokosten der gemeinwirtschaftlichen Pflichten ausgleiche.

Aufgrund dieses Ergebnisses wurden die weiteren Fragestellungen von Generalanwalt Tizzano nur noch hilfsweise geprüft. Zunächst stellte er fest, daß es unzweifelhaft sei, daß die Großhändler eine Dienstleistung im allgemeinen wirtschaftlichen Interesse erbrächten. Dies ergebe sich schon aus der eigenständigen Befugnis der Mitgliedstaaten zur Festlegung der gemeinwirtschaftlichen Aufgaben[220]. Dementsprechend müsse es dann auch grundsätzlich möglich sein, daß eine solche Beihilfe mit Art. 86 Abs. 2 EG vereinbar sei[221].

Abschließend befaßte sich der Generalanwalt mit der Notwendigkeit, eine solche Ausgleichsleistung bei der Kommission zu notifizieren. Er kam hier zu dem Schluß, daß selbst wenn der Gerichtshof zu dem Ergebnis käme, daß eine Beihilfe vorliegen würde, welche aber nach Art. 86 Abs. 2 EG gerechtfertigt werden könnte und welche lediglich die Nettomehrbelastung des Unternehmens ausgleiche, diese nicht aufgrund der fehlenden Notifizierung als rechtswidrig angesehen werden sollte[222]. Im Unterschied zu den Ausnahmen des Art. 87 EG

[219] Generalanwalt Tizzano, Schlußanträge zu EuGH, Rs. C-53/00, Slg. 2001, S. I-9067 (9082 f.), Rn. 43-45, Ferring/ACOSS.

[220] Generalanwalt Tizzano, Schlußanträge zu EuGH, Rs. C-53/00, Slg. 2001, S. I-9067 (9089), Rn. 66, Ferring/ACOSS.

[221] Generalanwalt Tizzano, Schlußanträge zu EuGH, Rs. C-53/00, Slg. 2001, S. I-9067 (9090), Rn. 68, Ferring/ACOSS.

[222] Generalanwalt Tizzano, Schlußanträge zu EuGH, Rs. C-53/00, Slg. 2001, S. I-9067 (9095), Rn. 84, Ferring/ACOSS.

bestehe bei der Rechtfertigungsmöglichkeit des Art. 86 Abs. 2 EG die Überprüfung der Kommission nicht in einer Ermessensausübung mit konstitutiver Wirkung, sondern in der Feststellung, daß die nationalen Behörden diese Ausnahme nicht mißbräuchlich angewandt haben[223]. Eine solche Feststellung läge aber auch ohnehin in der Zuständigkeit jedes nationalen Gerichts. Eine Verletzung von Zuständigkeiten, wie sie im Fall der Ausnahmen des Art. 87 EG gegeben wäre, sei somit in diesem Fall nicht zu befürchten[224].

Der EuGH schloß sich in seinem Urteil den Ausführungen des Generalanwalts Tizzano an. Eine Beihilfe sei nur dann gegeben, wenn der Vorteil, welcher gewährt werden würde, die zusätzlichen Kosten übersteige, die durch die auferlegten gemeinwirtschaftlichen Pflichten entstehen. Ansonsten sei kein Vorteil i.S.d Art. 87 EG gegeben[225]. Die Ausgleichsleistung sorge dann tatsächlich nur dafür, daß es gerade nicht zu unterschiedlichen Wettbewerbsbedingungen komme[226]. Zu Art. 86 Abs. 2 EG führte der EuGH ebenfalls in Übereinstimmung mit Tizzano aus, daß ein Vorteil, welcher die tatsächlich entstandenen Zusatzkosten übersteigt, nicht durch Art. 86 Abs. 2 EG gedeckt sei, da die von diesem geforderte Notwendigkeit jedenfalls zu verneinen sei[227].

cc) Bewertung

In den beiden vorstehenden Fällen kamen sowohl die Generalanwälte als auch der Gerichtshof in seinen Urteilen zu dem Ergebnis, daß keine rechtswidrige Beihilfe vorläge. In beiden Urteilen wurde diese Entscheidung jeweils damit „gerechtfertigt", daß die Ausgleichsleistungen nur eine Gegenleistung für die zuvor auferlegten Dienstleistungen im allgemeinen wirtschaftlichen Interesse darstellte.

In der Rechtssache ADBHU wurde lediglich erklärt, daß die Mehrkosten für den auferlegten Dienst kompensiert worden seien. Zu Art. 86 Abs. 2 EG wurde ausgeführt, daß in den Fällen, in denen nur die Nettomehrbelastung des Unternehmens kompensiert werden würde, auch eine Rechtfertigung gemäß Art. 86 Abs. 2 EG in Betracht käme.

In der Rechtssache Ferring haben sich Generalanwalt Tizzano und der EuGH hingegen ausführlicher mit dieser Problematik beschäftigt. Hier erklärte Generalanwalt Tizzano, daß gerade die Ausgleichsleistungen dafür sorgen würden, daß eine Benachteiligung und eine damit verbundene Wettbewerbsverzerrung durch die Auferlegung der Leistungen nicht erfolge. Mit anderen Worten beab-

---

223 Generalanwalt Tizzano, Schlußanträge zu EuGH, Rs. C-53/00, Slg. 2001, S. I-9067 (9094), Rn. 80, Ferring/ACOSS.

224 Generalanwalt Tizzano, Schlußanträge zu EuGH, Rs. C-53/00, Slg. 2001, S. I-9067 (9092 f.), Rn. 77 f., Ferring/ACOSS.

225 EuGH, Rs. C-53/00, Slg. 2001, S. I-9067 (9111), Rn. 29, Ferring/ACOSS.

226 EuGH, Rs. C-53/00, Slg. 2001, S. I-9067 (9111), Rn. 27, Ferring/ACOSS.

227 EuGH, Rs. C-53/00, Slg. 2001, S. I-9067 (9112), Rn. 32 f., Ferring/ACOSS.

sichtigen die Ausgleichsleistungen somit nicht nur dem Grunde und dem Ziele nach die Kompensation der auferlegten Leistungen, sondern darüber hinaus gehend sogar auf deren Wirkung durchschlage, mit dem Ergebnis, daß diese dadurch beihilferechtlich neutral seien. Verwirrend ist allerdings, daß er in diesem Zusammenhang von einer Rechtfertigung durch die Kompensationswirkung spricht. Hierdurch ist es unklar, ob er von einem Tatbestandsausschluß oder von einer Rechtfertigung spricht, zumal er hilfsweise auch die Möglichkeit einer Rechtfertigung mittels Art. 86 Abs. 2 EG in Betracht zieht und dem EuGH für den Fall des Vorliegens einer Beihilfe sogar noch vorschlägt, auf die sonst erforderliche Notifizierung zu verzichten.
Ähnlich wie von Generalanwalt Tizzano geht auch der EuGH in seiner Prüfung vor. Dieser kommt zu dem Ergebnis, daß die streitigen Leistungen eine Beihilfe sein könnten und prüft dann im Anschluß die Möglichkeit einer Rechtfertigung. Hier kommt er dann zu dem Ergebnis, daß keine Beihilfe vorläge. Weiterhin bejaht er aber auch die Möglichkeit einer Rechtfertigung gemäß Art. 86 Abs. 2 EG.

Sowohl die Prüfung der Generalanwälte, als auch die Prüfungen des EuGH offenbaren eine Vermischung der Tatbestands- und der Rechtfertigungsebene. Sie bringen weiterhin keine Klarheit bezüglich des Verhältnisses zwischen Art. 86 Abs. 2 und Art. 87 Abs.1 EG und tragen daher zu keiner allgemeingültigen Lösung des Problems der Ausgleichsleistungen bei. Neben der Möglichkeit des Tatbestandsausschlusses und einer Lösung auf der Rechtfertigungsebene wird durch Generalanwalt Tizzano sogar noch angeregt, einen vermittelnden Weg einzuschlagen und eine Beihilfe zwar tatbestandlich zu bejahen, die fehlende Notifizierung aber nicht zur Rechtswidrigkeit führen zu lassen.

b) Die Rechtsprechung des EuG

Neben dem EuGH hatte sich auch das EuG mit Ausgleichsleistungen für gemeinwirtschaftliche Dienste zu beschäftigten.

aa) Rs. T-106/95 Fédération francaise des sociétés d'assurances (FFSA) u.a./Kommission

Das erste Mal wurde das EuG in der Rs. T-106/95 FFSA/Kommission mit dieser Problematik konfrontiert. Die FFSA klagte gegen eine Entscheidung der Kommission[228], in welcher Steuervergünstigungen für die französische Post als mit dem Vertrag, und insbesondere mit dem Beihilferecht, vereinbar erklärt worden sind. Das Ziel der Klage war, diese Entscheidung für nichtig erklären zu lassen[229].

---

[228] ABl. EG 1995, C 262/11ff..
[229] EuG, Rs. T-106/95, Slg. 1997, S. II-229 (245), Rn. 30, FFSA/Kommission.

Dieser Forderung kam das EuG in seinem Urteil nicht nach. Es widersprach zwar zunächst der Annahme der Kommission, daß es sich bei den fraglichen Ausgleichsleistungen nicht um Beihilfen i.S.d. Art. 87 Abs. 1 EG handele. Bei der streitigen Steuervergünstigung handele es sich vielmehr um eine staatliche Beihilfe, da sie die französische Post finanziell besserstelle, als die übrigen Steuerpflichtigen[230]. Grundsätzlich seien diese auch mit dem Gemeinsamen Markt unvereinbar. Für Beihilfen, die an ein mit Dienstleistungen von allgemeinem wirtschaftlichem Interesse betrautes Unternehmen gezahlt würden, stelle Art. 86 Abs. 2 EG allerdings, wenn dessen Voraussetzungen vorlägen, eine Ausnahme dar. Es handele sich zwar dann immer noch um eine staatliche Beihilfe, die Anwendung der Wettbewerbsregeln könne aber aufgrund von Art. 86 Abs. 2 EG beschränkt werden[231]. Diese Vorschrift sei zwar insoweit grundsätzlich eng auszulegen, als die Anwendung der Vorschriften des Vertrages die Aufgabenerfüllung des Unternehmens verhindern würde und die Interessen der Gemeinschaft nicht beeinträchtigt werden dürften[232]. Dies sei aber im vorliegenden Fall seitens der Kommission geschehen[233]. Gegenteiliges könne auch von dem Kläger nicht vorgebracht werden. Dementsprechend sei die Klage als unbegründet abzuweisen[234].

bb) Rs. T-46/97 SIC-Sociedad Independente de Comunicacao SA/Kommission

In der zweiten Entscheidung, in der sich das EuG mit Ausgleichsleistungen für im öffentlichen Interesse auferlegte gemeinwirtschaftliche Dienste zu befassen hatte, ging es um die Zulässigkeit von Zuschüssen des portugiesischen Staates an den Betreiber des öffentlich-rechtlichen Fernsehdienst RTP[235].

In seiner Entscheidung kam das Gericht - ebenso wie bereits in der Rechtssache FFSA/Kommission - zu dem Ergebnis, daß auch Ausgleichsleistungen, welche nur die Mehrkosten für die zu leistende gemeinwirtschaftliche Aufgabe ausgleichen sollten, als Beihilfe i.S.d. Art. 87 Abs. 1 EG zu qualifizieren seien[236]. In diesen Fällen gelte zwar, wie in der Rechtssache FFSA/Kommission ausgeführt, daß eine Abweichung von den Vertragsvorschriften aufgrund von Art. 86 Abs. 2 EG möglich sei (was im vorliegenden Fall aber nicht geltend gemacht wurde)[237], an der Qualifikation als Beihilfe ändere das jedoch nichts. Habe die Kommission in der Vorprüfungsphase Zweifel an der Vereinbarkeit von Leis-

---

230 EuG, Rs. T-106/95, Slg. 1997, S. II-229 (279 f.), Rn. 166 f., FFSA/Kommission.
231 EuG, Rs. T-106/95, Slg. 1997, S. II-229 (280 f.), Rn. 170-172, FFSA/Kommission.
232 EuG, Rs. T-106/95, Slg. 1997, S. II-229 (281), Rn. 173, FFSA/Kommission.
233 EuG, Rs. T-106/95, Slg. 1997, S. II-229 (287), Rn. 196, FFSA/Kommission.
234 EuG, Rs. T-106/95, Slg. 1997, S. II-229 (288), Rn. 200, FFSA/Kommission.
235 EuG, Rs. T-46/97, Slg. 2000, S. II-2125 ff., SIC/Kommission.
236 EuG, Rs. T-46/97, Slg. 2000, S. II-2125 (2155 f.), Rn. 82-84, SIC/Kommission.
237 EuG, Rs. T-46/97, Slg. 2000, S. II-2125 (2155 f.), Rn. 84, SIC/Kommission.

tungen mit dem Beihilferecht, muß diese jedenfalls das Verfahren nach Art. 88 Abs. 2 EG einleiten[238].

cc) Bewertung

Das Europäische Gericht hob in beiden Entscheidungen, entgegen der Rechtsprechung des EuGH, hervor, daß, auch wenn eine Ausgleichsleistung lediglich die Mehrkosten für einen auferlegten gemeinwirtschaftlichen Dienst kompensieren soll, grundsätzlich eine Beihilfe gemäß Art. 87 Abs. 1 EG gegeben sei, auf die das Verfahren des Art. 88 uneingeschränkt Anwendung finde. Als Begründung stellte es darauf ab, daß es sich bei dem Beihilfebegriff um einen objektiven Begriff handele, welcher sich nur danach richten würde, ob eine staatliche Maßnahme einem oder einigen Unternehmen einen Vorteil verschaffen würde. Für Leistungen der Daseinsvorsorge sehe Art. 86 Abs. 2 EG dann schließlich eine Rechtfertigung vor, welche bei Vorliegen der Tatbestandsvoraussetzungen Anwendung finden könne.

c) Die neuere Rechtsprechung des EuGH

aa) Rs. C-280/00 Altmark Trans und Regierungspräsidium Magdeburg/Nahverkehrsgesellschaft Altmark GmbH

Angesichts des bestehenden Dissenses zwischen dem EuGH (und der auch durch seine eigene Rechtsprechung aufgeworfenen Unklarheiten) und dem EuG über die Qualifikationen der Ausgleichsleistungen wurde die im Plenum getroffene Entscheidung des EuGH in der Rechtssache *Altmark Trans*[239] mit großem Interesse erwartet.

In dem Ausgangsverfahren ging es um die Erteilung von Genehmigungen von Liniendiensten mit Omnibussen im Landkreis Stendal durch das Regierungspräsidium Magdeburg an das Unternehmen Altmark Trans. Gleichzeitig mit der Erteilung lehnte das Regierungspräsidium die Anträge der Nahverkehrsgesellschaft Altmark zur Bedienung dieser Linien ab[240]. Neben Fragen, welche nationale Regelungen des öffentlichen Personennahverkehrs und deren Vereinbarkeit mit europäischen Vorgaben betrafen, warf dieser Fall, welcher durch alle Instanzen ging und schließlich in einer Vorlage des Bundesverwaltungsgerichts beim EuGH mündete, auch die Frage nach der Qualifikation von öffentlichen Zuschüssen an die besagten Linienbetriebe auf. Mit anderen Worten, war hier er-

[238] EuG, Rs. T-46/97, Slg. 2000, S. II-2125 (2162), Rn. 108, SIC/Kommission.
[239] EuGH, Rs. C-280/00, Slg. 2003, S. I-7747 ff., Altmark Trans/Nahverkehrsgesellschaft Altmark.
[240] EuGH, Rs. C-280/00, Slg. 2003, S. I-7747 (7755), Rn. 20-22, Altmark Trans/Nahverkehrsgesellschaft Altmark.

neut die Qualifikation von Ausgleichsleistungen für Dienste im allgemeinen wirtschaftlichen Interesse umstritten[241].

Das Bundesverwaltungsgericht fragte in seiner Vorlage, ob Zuschüsse zum Defizitausgleich im öffentlichen Personennahverkehr überhaupt dem Beihilfeverbot des Art. 87 Abs. 1 EG unterlägen oder ihnen bereits wegen ihrer regionalen Bedeutung von vornherein die Eignung fehle, den zwischenstaatlichen Handel zu beeinträchtigen[242].

In seinen Schlußanträgen beschränkte sich Generalanwalt Léger nicht auf den von Verfahrensbeteiligten vorgebrachten Aspekt der möglicherweise ausschließlich regionalen Bedeutung und der damit verbundenen möglichen Untauglichkeit der Zuschüsse, den zwischenstaatlichen Handel zu beeinträchtigen. Er befaßte sich umfassend mit der Qualifikation der streitigen Ausgleichsleistungen. Seine Ausführungen begann er mit einer ausführlichen Würdigung des vorherigen Urteils des EuGH in der Rechtssache Ferring/ACOSS[243]. Nach Ansicht von Léger führe die vom EuGH hier vertretene Lösung zu einer Vermischung von zwei rechtlich zu unterscheidenden Fragen. Das Urteil vermenge die Frage nach der Qualifizierung der Maßnahme als staatliche Beihilfe einerseits und einer möglichen Rechtfertigung einer solchen staatlichen Beihilfe andererseits, indem es beides im Rahmen des Art. 87 Abs. 1 EG prüfe[244]. Diesbezüglich verwies er auf die Rechtsprechung des EuG in der Rechtssache SIC/Kommission, in welcher das Gericht ausgeführt habe, daß der Beihilfebegriff ein objektiver sei und die Qualifizierung als Beihilfe somit allein von der Frage abhinge, ob sie einem oder mehreren Unternehmen einen Vorteil verschaffe. Ziele der staatlichen Maßnahme könnten dementsprechend erst in dem sich an die Beihilfeprüfung anschließenden Schritt, der möglichen Rechtfertigung aufgrund einer Ausnahmebestimmung des Vertrages beachtet werden und nicht, wie es der EuGH getan hatte, bereits bei der Prüfung des Art. 87 Abs. 1 EG[245].

Generalanwalt Léger kritisierte weiterhin, daß diese Vorgehensweise des EuGH dem Art. 86 Abs. 2 EG einen großen Teil seiner Nützlichkeit nehme[246]. Ein den Kosten der gemeinwirtschaftlichen Verpflichtung entsprechender oder geringe-

---

241 EuGH, Rs. C-280/00, Slg. 2003, S. I-7747 (7756), Rn. 27, Altmark Trans/Nahverkehrsgesellschaft Altmark.

242 EuGH, Rs. C-280/00, Slg. 2003, S. I-7747 (7757), Rn. 29, Altmark Trans/Nahverkehrsgesellschaft Altmark.

243 Generalanwalt Léger, Schlußanträge vom 19.03.2002 zu EuGH, Rs. C-280/00, Slg. 2003, S. I-7751 (7766 ff.), Rn. 61 ff., Altmark Trans/Nahverkehrsgesellschaft Altmark.

244 Generalanwalt Léger, Schlußanträge vom 19.03.2002 zu EuGH, Rs. C-280/00, Slg. 2003, S. I-7751 (7770 f.), Rn. 76 u. 78., Altmark Trans/Nahverkehrsgesellschaft Altmark.

245 Generalanwalt Léger, Schlußanträge vom 19.03.2002 zu EuGH, Rs. C-280/00, Slg. 2003, S. I-7751 (7770), Rn. 77., Altmark Trans/Nahverkehrsgesellschaft Altmark.

246 Generalanwalt Léger, Schlußanträge vom 19.03.2002 zu EuGH, Rs. C-280/00, Slg. 2003, S. I-7751 (7771), Rn. 79, Altmark Trans/Nahverkehrsgesellschaft Altmark.

rer Vorteil würde keine Beihilfe darstellen; ein die Kosten übersteigender Vorteil hingegen könne nicht gerechtfertigt werden, da er zur Erfüllung der gemeinwirtschaftlichen Aufgaben nicht notwendig sei[247]. Das Ergebnis sei somit eine Unanwendbarkeit des Art. 86 Abs. 2 EG im Bereich der staatlichen Beihilfen[248]. Das Gleiche gelte im übrigen auch im Bereich des öffentlichen Personennahverkehrs für den Art. 73 EG und die zu seiner Durchführung erlassenen Vorschriften[249]. Die vom EuGH entwickelten Kriterien würden aber nicht nur zu einer Unanwendbarkeit des Art. 86 Abs. 2 EG bzw. zu einer Hinfälligkeit von Art. 77 EG nebst der zu seiner Durchführung erlassenen Vorschriften führen, sondern auch eine größere Flexibilität beinhalten[250]. Ein Teil der Prüfungspunkte, welche grundsätzlich im Rahmen des Art. 86 Abs. 2 EG zu prüfen seien, seien nach dem Ferring-Ansatz nicht mehr vorgesehen[251]. Es werde somit nicht mehr geprüft, ob:

- *die Anwendung der Vertragsvorschriften die Erfüllung der Aufgabe des Unternehmens verhindere,*
- *die auferlegte Verpflichtung mit dem Ziel der Dienstleistung in Zusammenhang stehe und unmittelbar zur Befriedigung dieses Interesses beitrage,*
- *die Verpflichtung für das Unternehmen hinreichend spezifisch und konkret festgelegt sei und*
- *inwieweit die Leistung Auswirkungen auf den Handel zwischen den Mitgliedstaaten habe.*

Die Prüfung dieser Kriterien sei aber erforderlich, da die Überwachung ansonsten massiv eingeschränkt werden würde. Noch gravierender wirke sich aber aus, daß der Kommission die Kontrolle über entsprechende Ausgleichsleistungen sogar de facto entzogen werden würde, da sie nun keine Beihilfen i.S.d. Art. 87 Abs. 1 EG mehr darstellten. Dementsprechend müßten sie nicht mehr gemäß Art. 88 Abs. 3 EG notifiziert werden und unterlägen damit nicht mehr der Prüfung gemäß Art. 88 Abs. 1 und 2 EG[252].
Aufgrund der genannten Erwägungen forderte Generalanwalt Léger den Gerichtshof auf, die im Ferring-Urteil vorgenommene Auslegung zu überdenken

[247]Generalanwalt Léger, Schlußanträge vom 19.03.2002 zu EuGH, Rs. C-280/00, Slg. 2003, S. I-7751 (7771 f.), Rn. 81, Altmark Trans/Nahverkehrsgesellschaft Altmark.
[248] Generalanwalt Léger, Schlußanträge vom 19.03.2002 zu EuGH, Rs. C-280/00, Slg. 2003, S. I-7751 (7772), Rn. 82, Altmark Trans/Nahverkehrsgesellschaft Altmark.
[249] Generalanwalt Léger, Schlußanträge vom 19.03.2002 zu EuGH, Rs. C-280/00, Slg. 2003, S. I-7751 (7772 f.), Rn. 84 f., Altmark Trans/Nahverkehrsgesellschaft Altmark.
[250] Generalanwalt Léger, Schlußanträge vom 19.03.2002 zu EuGH, Rs. C-280/00, Slg. 2003, S. I-7751 (7774), Rn. 89, Altmark Trans/Nahverkehrsgesellschaft Altmark.
[251] Generalanwalt Léger, Schlußanträge vom 19.03.2002 zu EuGH, Rs. C-280/00, Slg. 2003, S. I-7751 (7774), Rn. 89, Altmark Trans/Nahverkehrsgesellschaft Altmark.
[252] Generalanwalt Léger, Schlußanträge vom 19.03.2002 zu EuGH, Rs. C-280/00, Slg. 2003, S. I-7751 (7775 f.), Rn. 91-93., Altmark Trans/Nahverkehrsgesellschaft Altmark.

und sich dem EuG anzuschließen, indem der Gerichtshof die Ausgleichsleistungen als Beihilfen gemäß Art. 87 Abs. 1 EG einstuft und eine mögliche Rechtfertigung über die entsprechenden Ausnahmevorschriften des Vertrages vornehme[253].

Nachdem die mündliche Verhandlung nach diesen Schlußanträgen bereits abgeschlossen war, wurde sie durch Beschluß des EuGH vom 18.06.2002 wiedereröffnet, um den Verfahrensbeteiligten erneut die Gelegenheit zu geben, ihre Ansichten vorzutragen bzw. diese argumentativ zu untermauern, da zwischenzeitlich das Ferring-Urteil[254] ergangen war.
Die Verfahrensbeteiligten um Altmark Trans bestehend aus Deutschland, Dänemark, Spanien, Frankreich, Niederlande und Großbritannien trugen nun vor, daß Ausgleichsleistungen nur dann als Beihilfen i.S.d. Art. 87 Abs. 1 EG angesehen werden sollten, wenn sie die verursachten Kosten übersteige (Ferring-Ansatz)[255]. Als Argument für diesen Ansatz wurde zunächst ein Vergleich mit dem Einkauf von Waren oder Dienstleistungen seitens des Staates vorgebracht. In einer solchen Situation sei die vom Staat erbrachte Gegenleistung nur dann als Beihilfe anzusehen, wenn sie den Marktpreis übersteige. Dementsprechend könne auch ein staatliches Verhalten, welches nur auf den Ausgleich entstandener Kosten gerichtet sei, nicht als Beihilfe angesehen werden, da dem oder den entsprechenden Unternehmen hierdurch kein finanzieller Vorteil zukomme. Folge man diesem Ansatz nicht, müßte jegliche Ausgleichsleistung als Beihilfe notifiziert werden, was dann wiederum dazu führen könnte, den gesamten Betrieb entsprechender Dienste zum Erliegen zu bringen[256].

Eine zweite Gruppe von Verfahrensbeteiligten, bestehend aus den Niederlanden, Dänemark und Großbritannien, schlug einen anderen Ansatz vor. Gebe es einen unmittelbaren und offensichtlichen Zusammenhang zwischen der staatlichen Leistung und der klar definierten Verpflichtung des öffentlichen Dienstes, so sei keine Beihilfe gegeben; fehle es jedoch an diesen Kriterien, so müsse eine Beihilfe bejaht werden[257].

Neben den anderen Verfahrensbeteiligten erhielt auch der Generalanwalt die Gelegenheit, seine Schlußanträge zu ergänzen. Der Generalanwalt äußerte sich

---

[253] Generalanwalt Léger, Schlußanträge vom 19.03.2002 zu EuGH, Rs. C-280/00, Slg. 2003, S. I-7751 (7777), Rn. 98, Altmark Trans/Nahverkehrsgesellschaft Altmark.
[254] EuGH, Rs. C-53/00, Slg. 2001, S. I-9067 ff., Ferring.
[255] EuGH, Rs. C-280/00, Slg. 2003, S. I-7751 (7789), Rn. 7, Altmark Trans/Nahverkehrsgesellschaft Altmark.
[256] EuGH, Rs. C-280/00, Slg. 2003, S. I-7751 (7789 f.), Rn. 8, Altmark Trans/Nahverkehrsgesellschaft Altmark.
[257] EuGH, Rs. C-280/00, Slg. 2003, S. I-7751 (7790), Rn. 10, Altmark Trans/Nahverkehrsgesellschaft Altmark.

zunächst zu dem von der ersten Gruppe von Verfahrensbeteiligten vorgebrachten Vergleich. Das Kriterium des Vergleichs mit einem privaten Kapitalgeber (private investor test) könne nur dann angewandt werden, wenn die Tätigkeit des Staates wirtschaftlichen Charakter habe und nicht, wenn sie zu den Hoheitsakten zähle. Die Finanzierung der öffentlichen Dienstleistungen sei aber eine Tätigkeit, die üblicherweise zu den Hoheitsakten zählen würde[258]. Demzufolge beruhe dieses Vorbringen der Verfahrensbeteiligten auf einem unzutreffenden Vergleich und sei aufgrund der Unterschiedlichkeit der Materien abzulehnen[259].

Ebenfalls ablehnend stand der Generalanwalt dem Vorbringen der ersten Gruppe von Verfahrensbeteiligten gegenüber, daß die Ausgleichsleistungen sich lediglich darauf beschränkten, die Kosten der Verpflichtung des öffentlichen Dienstes auszugleichen und dementsprechend die betreffenden Unternehmen nicht begünstigt werden würden. Diesem Vorbringen läge ein Beihilfeverständnis zugrunde, in welchem der staatlich gewährte Vorteil und die obliegende Pflicht zusammen geprüft werden würden[260]. Das Vorliegen einer Gegenleistung dürfe aber bei der Frage nach der Beihilfeeigenschaft einer Maßnahme keine Rolle spielen, sondern dürfe erst im Rahmen der Beurteilung, ob eine Beihilfe mit dem Gemeinsamen Markt vereinbar sei, beachtet werden[261]. Im Rahmen von Art. 87 Abs. 1 EG entspreche die Beihilfe nicht dem Unterschied zwischen dem Betrag der staatlichen Vergünstigungen und dem Wert der von dem Begünstigten eingegangenen Verpflichtung, sondern allein dem Betrag der staatlichen Vergünstigung[262].

Eine andere Lösung dieser Problematik könne darin bestehen, daß der vorgeschlagene Ausgleichsansatz nur im Bereich der öffentlichen Dienstleistungen anzuwenden sei. Dies liefe dann aber auf zwei unterschiedliche, nebeneinander existierende Beihilfebegriffe hinaus[263]. Zwei solche nebeneinander existierende Begriffe seien aber im Hinblick auf die Rechtssicherheit abzulehnen, da nicht

258 Generalanwalt Léger, Schlußanträge zu EuGH, Rs. C-280/00, Slg. 2003, S. I-7751 (7793 f.), Rn. 22 u. 23, Altmark Trans/Nahverkehrsgesellschaft Altmark.

259 Generalanwalt Léger, Schlußanträge vom 14.01.2003 zu EuGH, Rs. C-280/00, Slg. 2003, S. I-7751 (7794), Rn. 27, Altmark Trans/Nahverkehrsgesellschaft Altmark.

260 Generalanwalt Léger, Schlußanträge vom 14.01.2003 zu EuGH, Rs. C-280/00, Slg. 2003, S. I-7751 (7795), Rn. 32, Altmark Trans/Nahverkehrsgesellschaft Altmark.

261 Generalanwalt Léger, Schlußanträge vom 14.01.2003 zu EuGH, Rs. C-280/00, Slg. 2003, S. I-7751 (7796), Rn. 34, Altmark Trans/Nahverkehrsgesellschaft Altmark.

262 Generalanwalt Léger, Schlußanträge vom 14.01.2003 zu EuGH, Rs. C-280/00, Slg. 2003, S. I-7751 (7797 f.), Rn. 43, Altmark Trans/Nahverkehrsgesellschaft Altmark.

263 Generalanwalt Léger, Schlußanträge vom 14.01.2003 zu EuGH, Rs. C-280/00, Slg. 2003, S. I-7751 (7798), Rn. 47, Altmark Trans/Nahverkehrsgesellschaft Altmark.

mehr eindeutig festzustellen sei, welche Maßnahmen bei der Kommission notifiziert werden müßten und welche nicht[264].

Ebenfalls abzulehnen sei auch das letzte vorgebrachte Argument der Verfahrensbeteiligten um Altmark Trans, daß eine Pflicht zur vorherigen Anmeldung einerseits dazu führe, die entsprechenden Dienstleistungen massiv zu erschweren oder teilweise gar unmöglich zu machen und andererseits, auch aufgrund der hohen Zahl der getroffenen Maßnahmen, die Kapazitäten der Kommission im Bereich der Beihilfeaufsicht übersteige. Die Kommission sei bei der Bearbeitung der Anmeldungen an klare Fristen gebunden und müsse z.B. ihre Vorprüfung nach spätestens zwei Monaten abgeschlossen haben[265]. Die Verfahrenspflichten würden weiterhin nur solche Maßnahmen betreffen, welche die Voraussetzungen des Art. 87 Abs. 1 EG erfüllten, wodurch Maßnahmen ohne wirtschaftlichen Charakter, wie z.B. hoheitliche Befugnisse oder Maßnahmen mit rein regionalem Charakter, dieser Pflicht nicht unterlägen[266]. Aus dem Bereich fielen ebenfalls jene Beihilfen heraus, die den für De-minimis-Beihilfen festgelegten Schwellenwert von 100.000 Euro nicht überstiegen[267]. Darüber hinaus bestehe auch die Möglichkeit, Systeme für Ausgleichsleistungen anzumelden bzw. mittels Gruppenfreistellung zu erreichen[268].

Abschließend setzte sich Generalanwalt Léger mit dem Vorschlag der zweiten Gruppe von Verfahrensbeteiligten auseinander. Dieser Vorschlag sei ebenfalls abzulehnen, da er darauf hinauslaufe, andere – und anerkanntermaßen irrelevante – Merkmale als die Wirkung der Maßnahme zu berücksichtigen[269]. Das geforderte Kriterium des unmittelbaren und offensichtlichen Zusammenhangs sei rein form- oder verfahrensbezogen. Dies laufe darauf hinaus, daß ein und dieselbe Maßnahme anders qualifiziert würde, obwohl sie die gleichen Auswirkungen auf den Wettbewerb zeige. Einziger Unterschied wäre nur der, daß in dem einen Fall eine vertragliche oder andere rechtliche Regelung zugrunde liegt und in dem anderen nicht[270]. Die geforderten Kriterien seien auch weiterhin zu vage,

---

[264] Generalanwalt Léger, Schlußanträge vom 14.01.2003 zu EuGH, Rs. C-280/00, Slg. 2003, S. I-7751 (7799), Rn. 51, Altmark Trans/Nahverkehrsgesellschaft Altmark.

[265] Generalanwalt Léger, Schlußanträge vom 14.01.2003 zu EuGH, Rs. C-280/00, Slg. 2003, S. I-7751 (7802 f.), Rn. 65, Altmark Trans/Nahverkehrsgesellschaft Altmark.

[266] Generalanwalt Léger, Schlußanträge vom 14.01.2003 zu EuGH, Rs. C-280/00, Slg. 2003, S. I-7751 (7801 f.), Rn. 63, Altmark Trans/Nahverkehrsgesellschaft Altmark.

[267] Generalanwalt Léger, Schlußanträge vom 14.01.2003 zu EuGH, Rs. C-280/00, Slg. 2003, S. I-7751 (7803), Rn. 69, Altmark Trans/Nahverkehrsgesellschaft Altmark.

[268] Generalanwalt Léger, Schlußanträge vom 14.01.2003 zu EuGH, Rs. C-280/00, Slg. 2003, S. I-7751 (7803 f.), Rn. 70, Altmark Trans/Nahverkehrsgesellschaft Altmark.

[269] Generalanwalt Léger, Schlußanträge vom 14.01.2003 zu EuGH, Rs. C-280/00, Slg. 2003, S. I-7751 (7806), Rn. 82, Altmark Trans/Nahverkehrsgesellschaft Altmark.

[270] Generalanwalt Léger, Schlußanträge vom 14.01.2003 zu EuGH, Rs. C-280/00, Slg. 2003, S. I-7751 (7806), Rn. 84, Altmark Trans/Nahverkehrsgesellschaft Altmark.

um eine eindeutige, der Rechtssicherheit genügende Auslegung zu erlauben. Die Mitgliedstaaten seien somit nicht mehr in der Lage, genau festzustellen, wann eine Anmeldung erfolgen müsse und wann nicht[271]. Eine Entscheidung müsse somit in jedem Einzelfall getroffen und eine ausreichende Rechtssicherheit wahrscheinlich erst durch eine sehr umfangreiche Judikatur des Gerichtshofes sichergestellt werden[272].

Aufgrund dieser Kritik an den von den Verfahrensbeteiligten vorgebrachten Argumenten forderte der Generalanwalt, wie bereits in seinen ersten Schlußanträgen, den EuGH auf, sich für eine Lösung auf der Rechtfertigungsebene zu entscheiden[273].

Der EuGH schloß sich in seinem Urteil den Schlußanträgen von Generalanwalt Léger nicht an. Eine Beihilfe stelle eine Ausgleichsleistung nur dann dar, wenn sie als ein Vorteil für die/das begünstigte(n) Unternehmen angesehen werden könne[274]. Dementsprechend seien Ausgleichsleistungen, die an mit gemeinwirtschaftlichen Verpflichtungen betraute Unternehmen geleistet würden, um deren mit der Verpflichtung entstehenden Kosten zu kompensieren, grundsätzlich keine Beihilfen gemäß Art. 87 Abs. 1 EG[275]. Eine solche Kompensation sei im konkreten Fall jedoch nur dann gegeben, wenn vier Voraussetzungen erfüllt seien:

- *Erstens müsse das begünstigte Unternehmen tatsächlich mit der Erfüllung gemeinwirtschaftlicher Verpflichtungen betraut und diese Verpflichtungen klar definiert worden sein*[276].
- *Zweitens müssen die Parameter, anhand derer der Ausgleich berechnet werde, zuvor objektiv und transparent aufgestellt worden sein*[277].
- *Drittens dürfe der Ausgleich nicht über das hinausgehen, was erforderlich sei, um die entstandenen Kosten, unter Berücksichtigung der dabei erzielten*

---

[271] Generalanwalt Léger, Schlußanträge vom 14.01.2003 zu EuGH, Rs. C-280/00, Slg. 2003, S. I-7751 (7807), Rn. 89, Altmark Trans/Nahverkehrsgesellschaft Altmark.
[272] Generalanwalt Léger, Schlußanträge vom 14.01.2003 zu EuGH, Rs. C-280/00, Slg. 2003, S. I-7751 (7807), Rn. 90, Altmark Trans/Nahverkehrsgesellschaft Altmark.
[273] Generalanwalt Léger, Schlußanträge vom 14.01.2003 zu EuGH, Rs. C-280/00, Slg. 2003, S. I-7751 (7809), Rn. 97, Altmark Trans/Nahverkehrsgesellschaft Altmark.
[274] EuGH, Rs. C-280/00, Slg. 2003, S. I-7751(7838), Rn. 83, Altmark Trans/Nahverkehrsgesellschaft Altmark.
[275] EuGH, Rs. C-280/00, Slg. 2003, S. I-7751(7839), Rn. 87, Altmark Trans/Nahverkehrsgesellschaft Altmark.
[276] EuGH, Rs. C-280/00, Slg. 2003, S. I-7751(7839), Rn. 89, Altmark Trans/Nahverkehrsgesellschaft Altmark.
[277] EuGH, Rs. C-280/00, Slg. 2003, S. I-7751(7840), Rn. 90, Altmark Trans/Nahverkehrsgesellschaft Altmark.

Einnahmen und eines angemessenen Gewinns, ganz oder teilweise zu decken[278].

- *Viertens habe die Höhe des Ausgleiches auf Grundlage einer Analyse der Kosten zu erfolgen, die in einem durchschnittlichen, gut geführten Unternehmen, welches so mit angemessen (Transport)Mitteln ausgestattet ist, daß es den gestellten gemeinwirtschaftlichen Anforderungen genügen könne, anfallen würden. Dies gelte nur dann nicht, wenn die Auswahl des Unternehmens nach einem Verfahren zur Vergabe öffentlicher Aufträge erfolge*[279].

Erfülle eine entsprechende staatliche Maßnahme eine oder mehrere dieser Voraussetzungen jedoch nicht, stelle sie eine Beihilfe gemäß Art. 87 Abs. 1 EG dar[280].

bb) Rs.C-126/01 Ministre de l'Économie, des Finances et de l'Industrie/Gemo SA

Etwa zeitgleich mit der Entscheidung in der Rechtssache Altmark Trans mußte sich der EuGH in der Rechtssache Ministre de l'Economie gegen Gemo SA[281] ebenfalls mit der Problematik der Einstufung von Ausgleichsregelungen für gemeinwirtschaftliche Dienste auseinandersetzen. Streitig waren hier die durch ein französisches Gesetz eingeführten Regelungen, welche die unentgeltliche Beseitigung und Behandlung von nicht zum menschlichen Verzehr bestimmtem Tiermaterial vorsahen[282]. Die hierdurch entstehenden Kosten sollten nach diesem Gesetz durch eine Abgabe auf die Fleischkäufe von Einzelhändlern finanziert werden[283]. Neben der primär aufgeworfenen Frage, ob es sich bei der unentgeltlichen Beseitigung des Tiermaterials um eine staatliche Beihilfe zugunsten von Viehhaltern und Schlachthofbetreibern handele, wurde auch nach der Einstufung der Zahlungen des Staates an die Erbringer der Beseitigung gefragt[284].

Generalanwalt Jacobs führte hierzu zunächst aus, daß weder die grundsätzliche Einstufung als Beihilfe noch die grundsätzliche Ablehnung der Beihilfeeigen-

---

278 EuGH, Rs. C-280/00, Slg. 2003, S. I-7751(7840), Rn. 92, Altmark Trans/Nahverkehrsgesellschaft Altmark.

279 EuGH, Rs. C-280/00, Slg. 2003, S. I-7751(7840), Rn. 93, Altmark Trans/Nahverkehrsgesellschaft Altmark.

280 EuGH, Rs. C-280/00, Slg. 2003, S. I-7751(7841), Rn. 94, Altmark Trans/Nahverkehrsgesellschaft Altmark.

281 EuGH, Rs. C-126/01, Slg. 2003, S. I-13769 ff., Ministre de l'Économie/GEMO.

282 EuGH, Rs. C-126/01, Slg. 2003, S. I-13769 (13773), Rn. 5, Ministre de l'Économie/ GEMO.

283 EuGH, Rs. C-126/01, Slg. 2003, S. I-13769 (13776), Rn. 21, Ministre de l'Économie/ GEMO.

284 EuGH, Rs. C-126/01, Slg. 2003, S. I-13769 (13778 f.), Rn. 32, Ministre de l'Économie/ GEMO.

schaft eine ideale Lösung bieten würden[285]. Seine Argumentation gegen eine grundsätzliche Einstufung als Beihilfe deckte sich weitestgehend mit der Argumentation der Verfahrensbeteiligten um Altmark Trans[286]. Seine Argumentation gegen eine grundsätzliche Ablehnung der Beihilfeeigenschaft deckte sich hingegen weitestgehend mit der Argumentation von Generalanwalt Léger[287]. Die Argumente, welche für den Beihilfeansatz vorgebracht worden wären, seien ebenso stichhaltig, wie die, die gegen diesen Ansatz vorgebracht worden seien.

Eine adäquate Lösung könne dementsprechend nur darin bestehen, einzelne Fallkategorien zu bilden, welche nach zwei Kriterien bestimmt werden sollten. Erstens müsse zunächst danach gefragt werden, ob ein Zusammenhang zwischen der gewährten Leistung und der auferlegten Verpflichtung bestehe und zweitens, ob diese Verpflichtung klar definiert worden sei. Seien diese Kriterien erfüllt, sei die Beihilfeeigenschaft zu verneinen. Klassisches Beispiel hierfür stellten Verträge über die Erbringung von Dienstleistungen in öffentlichem Auftrag dar, denen ein Verfahren über die Vergabe öffentlicher Aufträge vorausgegangen sei[288]. Komme man jedoch zu dem Ergebnis, daß eines oder beide Kriterien nicht offensichtlich gegeben sind, müsse man eine Beihilfe bejahen[289].
Diese Unterscheidung hätte den Vorteil, daß sie mit der ständigen Rechtsprechung des EuGH in Einklang stehen würde, wonach zweiseitige Vereinbarungen oder komplexere Geschäfte, bei denen gegenseitige Rechte und Pflichten festgelegt werden, als Ganzes zu beurteilen seien[290]. Darüberhinaus würde diese Unterscheidung auch zu einem Ausgleich zwischen der den Dienstleistungen von allgemeinem wirtschaftlichen Interesse durch Art. 16 EG und Art. 36 EU-Grundrechtecharta zuerkannten Bedeutung einerseits und der Gefahr einer Umgehung der Beihilfevorschriften andererseits führen[291]. Eine solche Lösung böte für die Mitgliedstaaten außerdem einen Anreiz, transparentere Vereinbarungen

[285] Generalanwalt Jacobs, Schlussanträge zu EuGH, Rs. C-126/01, Slg. 2003, S. I-13769 (13796), Rn. 114, Ministre de l'économie/GEMO.
[286] Generalanwalt Jacobs, Schlussanträge zu EuGH, Rs. C-126/01, Slg. 2003, S. I-13769 (13797), Rn. 115, Ministre de l'économie/GEMO.
[287] Generalanwalt Jacobs, Schlussanträge zu EuGH, Rs. C-126/01, Slg. 2003, S. I-13769 (13797 f.), Rn. 116, Ministre de l'économie/GEMO.
[288] Generalanwalt Jacobs, Schlussanträge zu EuGH, Rs. C-126/01, Slg. 2003, S. I-13769 (13799), Rn. 118 f., Ministre de l'économie/GEMO.
[289] Generalanwalt Jacobs, Schlussanträge zu EuGH, Rs. C-126/01, Slg. 2003, S. I-13769 (13799), Rn. 120, Ministre de l'économie/GEMO.
[290] Generalanwalt Jacobs, Schlussanträge zu EuGH, Rs. C-126/01, Slg. 2003, S. I-13769 (13799 f.), Rn. 121 f., Ministre de l'économie/GEMO.
[291] Generalanwalt Jacobs, Schlussanträge zu EuGH, Rs. C-126/01, Slg. 2003, S. I-13769 (13800) Rn. 124, Ministre de l'économie/GEMO.

zu treffen, um jegliche Zweifel an der Vereinbarkeit mit dem Beihilferecht zu zerstreuen[292].

Der EuGH urteilte, daß die unentgeltliche Beseitigung als Beihilfe gemäß Art. 87 Abs. 1 EG einzustufen sei, da durch sie den Viehzüchtern und Schlachthöfen ein wirtschaftlicher Vorteil entstehe[293]. Zu der Frage der Bewertung von Ausgleichsleistungen für Dienste von allgemeinem wirtschaftlichen Interesse und den umfangreichen Ausführungen von Generalanwalt Jacobs mußte der EuGH dementsprechend in diesem Urteil keine Stellung mehr nehmen.

cc) Rs. C-34/01 bis C-38/01 Enirisorse/Ministero delle Finanze

Etwa zeitgleich hatte sich der EuGH in der Rechtssache C-34/01 bis C-38/01 Enirisorse/Ministero delle Finanze[294] mit der Frage der Einstufung von Ausgleichsleistungen für Dienste von allgemeinem wirtschaftlichen Interesse auseinanderzusetzen.
Generalanwältin Stix-Hackl schloß sich in ihren Schlußanträgen dem von Generalanwalt Jacobs entwickelten Ansatz an. Eine Beihilfe sei somit jedenfalls dann zu verneinen, wenn ein „unmittelbarer und offensichtlicher" Zusammenhang zwischen den eingegangenen Verpflichtungen gegeben sei. Fehle ein solcher, sei eine Beihilfe grundsätzlich gegeben[295].

Der EuGH hingegen folgte auch hier nicht dem Ansatz der Generalanwältin, sondern schloß sich in seinem Urteil der Entscheidung in der Rechtssache Altmark Trans gegen die Verkehrsgesellschaft Altmark an. Eine entsprechende Leistung könne dann nicht als Beihilfe beurteilt werden, wenn die vom EuGH bereits in dem früheren Urteil aufgestellten Kriterien erfüllt seien[296]. Im vorliegenden Fall sei das zweite Kriterium – die vorherige Festlegung der Ausgleichsparameter in objektiver und transparenter Weise – nicht erfüllt[297]. Vorausgesetzt, es läge eine Beeinträchtigung des Handels zwischen den Mitgliedstaaten vor, sei damit auch eine Beihilfe gemäß Art. 87 Abs. 1 EG gegeben[298].

---

[292] Generalanwalt Jacobs, Schlussanträge zu EuGH, Rs. C-126/01, Slg. 2003, S. 13769 (13801) Rn. 129, Ministre de l'économie/GEMO.
[293] EuGH, Rs. C-126/01, Slg. 2003, S. I-13769 (13819), Rn. 44, Ministre de l'économie/ GEMO.
[294] EuGH, Rs. C-34/01 bis C-38/01, Slg. 2003, S. 14243 ff., Enirisorse/Ministero delle Finanze.
[295] Generalanwältin Stix-Hackl, Schlußanträge zu EuGH, Rs. C-34/01 bis C-38/01, Slg. 2003, S. I-14243 (14280), Rn. 154 f., Enirisorse/Ministero delle Finanze.
[296] EuGH, Rs. C-34/01 bis C-38/01, Slg. 2003, S. I-14243 (14300), Rn. 31, Enirisorse/ Ministero delle Finanze.
[297] EuGH, Rs. C-34/01 bis C-38/01, Slg. 2003, S. I-14243 (14302), Rn. 39, Enirisorse/ Ministero delle Finanze.
[298] EuGH, Rs. C-34/01 bis C-38/01, Slg. 2003, S. I-14243 (14304), Rn. 47, Enirisorse/ Ministero delle Finanze.

dd) Bewertung

Im Zusammenhang mit der neueren Rechtsprechung des EuGH fällt auf, daß gerade zwischen den Generalanwälten, die mit diesen Fällen betraut waren, eine große Uneinigkeit darüber bestand, wie diese Problematik zukünftig zu lösen sei. Einigkeit bestand aber insofern, daß der Linie des EuGH in seiner früheren Rechtsprechung, speziell in der Ferring-Entscheidung, nicht zu folgen sei. Während Generalanwalt Léger in der Rechtsache Altmark Trans/Nahverkehrsgesellschaft Altmark vorschlug, sich der Linie des EuG anzuschließen, forderten Generalanwalt Jacobs und Generalanwältin Stix-Hackl, einen vermittelnden Weg einzuschlagen. Nur dann, wenn ein unmittelbarer und offensichtlicher Zusammenhang zwischen der Verpflichtung und der staatlichen Leistung gegeben sei, solle eine Beihilfe verneint werden, anderenfalls hingegen müsse Entsprechendes bejaht werden.

Der EuGH schloß sich keiner der geforderten Lösungen an. Während er sich in der Rechtssache GEMO SA/Ministre de l'Économie zu dieser Problematik nicht äußern mußte, entwickelte er in der Rechtsprechung in der Sache Altmark Trans/Nahverkehrsgesellschaft Altmark einen eigenen, vermittelnden Ansatz. Hierzu stellte er vier Kriterien auf, bei deren Vorliegen eine Beihilfeeigenschaft zu verneinen sei. Diese Rechtsprechung kann man als erweiterte oder qualifizierte Tatbestandslösung bezeichnen. Bestätigung fand diese Rechtsprechung, trotz gegenteiliger Schlußanträge, in der Rechtssache Enirisorce/Ministero delle Finanze. Hier wurde seitens des Gerichts explizit auf die Altmark-Rechtsprechung verwiesen.

d) Zwischenergebnis

Die Rechtsprechung des EuG und des EuGH weisen ebenso wie die Schlußanträge der Generalanwälte eine breite Palette von Lösungsmöglichkeiten für die Probleme im Zusammenhang mit den Ausgleichsleistungen auf. Bei der älteren Rechtsprechung des EuGH bleibt es letztlich aufgrund der Vermischung von Tatbestandsausschluß und Rechtfertigung unklar, wie eine solche grundsätzliche Lösung aussehen soll. Das EuG kommt in seinen Urteilen ebenso wie Generalanwalt Léger zu dem tatbestandlichen Vorliegen einer Beihilfe und der Möglichkeit einer Rechtfertigung mittels Art. 86 Abs. 2 EG. Die Generalanwälte Jacobs und Stix-Hackl suchten hingegen eine Lösung auf der Tatbestandsebene, indem sie Kriterien entwickelten, bei deren Vorliegen eine Beihilfe zu verneinen sei. Diesen Vorgaben schloß sich der EuGH in seiner neueren Rechtsprechung zwar nicht an, er übernahm aber den Ansatz, daß bei dem Vorliegen bestimmter, von ihm aufgestellter Kriterien eine Beihilfe zu verneinen sei. Nicht zuletzt da dieser in der Altmark-Entscheidung entwickelte Ansatz im Plenum beschlossen und diese Entscheidung kurze Zeit später bestätigt wurde, kann man insgesamt davon ausgehen, daß dies die zukünftige Rechtsprechung der europäischen Gerichte sein wird[299].

e) Die Kommission

Auch die Kommission hatte sich schon früh mit der Problematik der Ausgleichsleistungen für gemeinwirtschaftliche Dienste auseinanderzusetzen. Bereits im Vorfeld der EuGH-Entscheidung in der Rs. 244/83 Procureur de la Republique/ADBHU entschied die Kommission, daß Ausgleichsleistungen für auferlegte Dienstleistungen von allgemeinem wirtschaftlichen Interesse dann lediglich eine Gegenleistung für diese auferlegten Dienstleistungen darstellen, wenn sie nicht über die tatsächlich festgestellten Kosten der Dienstleistungen hinausgehen. Das Beihilfeverbot des EG-Vertrages sei schließlich nicht absolut, sondern ließe durchaus Abweichungen zu[300].

Diese Ansicht wurde von der Kommission in ihrer Entscheidung vom 08.02.1995 bezüglich der Zulässigkeit von Steuervergünstigungen seitens des französischen Staates zu Gunsten der französischen Post bestätigt[301]. Die Frage, ob die Steuervergünstigungen für die französische Post eine Beihilfe gemäß Art. 87 Abs. 1 EG darstellten, wurde von der Kommission verneint. Der Betrag, den die Post aufzuwenden habe, um die auferlegten Dienstleistungen zu erbringen, übersteige den Betrag des Steuervorteils und gehe nicht über das Maß hinaus, welches gerechtfertigt sei, um die Ausführung der Aufgaben im öffentlichen Interesse sicherzustellen. Die Kommission kam daher zu dem Ergebnis, daß keine staatliche Beihilfe im Sinne des Art. 87 Abs. 1 EG gegeben sei[302]. Bis zu diesem Zeitpunkt ging die Kommission offensichtlich davon aus, daß eine Beihilfe gemäß Art. 87 Abs. 1 EG bereits tatbestandlich nicht gegeben sei.

Vor dem Hintergrund der Rechtsprechung des EuG scheint die Kommission diese eindeutige Aussage aber geändert zu haben. Wurde noch in der Mitteilung über die Leistungen der Daseinsvorsorge in Europa vom 26.09.1996 die Klassifizierung von Ausgleichsleistungen unerwähnt gelassen[303], scheint die Kommission in der Mitteilung zu den Leistungen der Daseinsvorsorge in Europa vom 19.01.2001 ihre bisherigen eindeutigen Aussagen relativieren zu wollen. Bezug nehmend auf die Rechtsprechung des EuG in den Rechtssachen T-106/95 und T-46/97 erklärt die Kommission in dieser Mitteilung, daß, falls ein solcher Ausgleich im Anschluß an ein offenes, transparentes und nicht diskriminierendes

---

[299] So auch Gärtner, ZeuS 2005, S. 239 (247).

[300] Kommission, zitiert durch Generalanwalt Lenz, Schlußanträge zu EuGH, Rs. 240/83, Slg. 1985, S. 531 (536), Procureur de la République/ADBHU.

[301] ABl. EG 1995, C 262/11ff..

[302] ABl. EG 1995, C 262/11 (15).

[303] ABl. EG 1996, C 281/3ff.

Verfahren erfolgen würde, diese staatliche Hilfe dann mit den beihilferechtlichen Bestimmungen des Vertrages im Einklang stehen würde[304]. Diese Aussage ließ immer noch zweifeln, ob die Kommission ihre Ansichten über das tatbestandliche Vorliegen einer Beihilfe tatsächlich geändert hatte.
Ein weiterer Hinweis ergibt sich diesbezüglich aber auch aus dem von der Kommission vorgelegten Bericht über die Leistungen der Daseinsvorsorge für den Europäischen Rat in Laeken. In diesem Bericht erklärte die Kommission:

„....bestätigt das Gericht erster Instanz, daß finanzielle Vorteile, die von Behörden einem Unternehmen gewährt werden, um die Kosten für die Verpflichtung zur Erbringung öffentlicher Dienstleistungen auszugleichen, als Beihilfen im Sinne von Art. 87 Abs. 1 EG gelten. Vorbehaltlich einer möglichen Entwicklung der Rechtsprechung des Gerichtshofs sind auf Ausgleichszahlungen daher die Regelungen für staatliche Beihilfen anzuwenden, falls die übrigen Bedingungen von Art. 87 Abs. 1 EG gegeben sind. Auch wenn Ausgleichszahlungen unter das allgemeine Verbot staatlicher Beihilfen gemäß Art. 87 Abs. 1 EG fallen, können sie trotzdem mit dem Gemeinschaftsrecht vereinbar sein.“[305].

Die Formulierung, daß die Ausgleichsleistungen unter das allgemeine Verbot staatlicher Beihilfen fielen, deutet darauf hin, daß diese Ausgleichsleistungen tatbestandlich eine Beihilfe darstellen. Daß sie trotzdem mit dem Gemeinschaftsrecht vereinbar sein könnten, spricht für eine Lösung dieser Problematik auf der Rechtfertigungsebene. Bestätigt wird diese Annahme in dem gleichen Dokument durch eine weitere Aussage der Kommission:

„Wurde die Erbringung einer Dienstleistung von allgemeinem wirtschaftlichen Interesse aufgrund eines fairen, transparenten und nicht diskriminierenden Verfahrens vergeben....., so wird üblicherweise davon ausgegangen, daß der Betrag der Ausgleichsleistung mit den Anforderungen von Art. 86 Abs. 2 EG vereinbar ist.....“[306].

Inhaltlich ähnlich sind die Stellungnahmen der Kommission zu den Rechtssachen Ferring[307], GEMO[308] und Enirisorse[309]. In allen drei Fällen sprach sich die Kommission für die Anwendung des Beihilfeansatzes und die grundsätzliche Möglichkeit einer Rechtfertigung aus. Es bleibt somit festzuhalten, daß die Kommission in ihrer Einstufung von Ausgleichsleistungen für gemeinwirt-

---

[304] ABl. EG 2001. C 17/4 (9).
[305] Bericht der Kommission für den Europäischen Rat in Laeken über die Leistungen der Daseinsvorsorge vom 17.10.2001, KOM (2001) 598 endgültig, S. 7, Rn. 14 u. 15.
[306] Bericht der Kommission für den Europäischen Rat in Laeken über die Leistungen der Daseinsvorsorge vom 17.10.2001, KOM (2001) 598 endgültig, S. 7, Rn. 14 u. 15.
[307] Kommission, zitiert durch Generalanwalt Tizzano, Schlußanträge zu EuGH, Rs. C-53/00, Slg. 2001, Rn. 18, 74, 75, Ferring/ACOSS.
[308] Kommission, zitiert durch Generalanwalt Jacobs, Schlußanträge zu EuGH, Rs. C-126/01, Rn. 107, Ministre de l'Économie/GEMO.
[309] Kommission, zitiert durch Generalanwältin Stix-Hackl, Schlußanträge zu EuGH, Rs. C-34/01 bis C-38/01, Rn. 114 ff., Enirisorse/Ministero delle Finanze.

schaftliche Dienste gewissen Schwankungen unterworfen war. Diese Schwankungen waren primär abhängig von der Rechtsprechung des EuGH und des EuG. In den letzten Jahren hingegen hat sich die Kommission für die Einstufung der Ausgleichsleistungen als Beihilfen ausgesprochen, welche gerechtfertigt sein könnten. Allerdings stellt die Kommission diese Ansicht selbst unter den Vorbehalt einer möglichen Änderung der Rechtsprechung des EuGH. Eine solche Änderung ist spätestens mit der Entwicklung der Kriterien der Altmark-Rechtsprechung gegeben. Es ist somit davon auszugehen, daß auch die Kommission zukünftig auf die Linie des EuGH schwenken und auf der Grundlage dieser neuen qualifizierten Tatbestandslösung handeln wird[310].

Eine solche Übernahme der Altmark Trans-Kriterien läßt sich schon in der Entscheidung der Kommission in Sachen United Kingdom BBC Digital Curriculum erkennen[311]. Hier bejahte die Kommission das Vorliegen eines Beihilfetatbestand, weil der Erbringer der Dienstleistung weder mittels Vergabeverfahren ausgesucht wurde, noch das Kriterium eines durchschnittlich gut geführten Unternehmens bejaht werden konnte, und mithin das vierte Kriterium der Altmark Trans-Rechtsprechung als unerfüllt angesehen werden mußte[312]. Nach der Prüfung der Altmark Trans-Kriterien wurde die Prüfung aber von der Tatbestands- auf die Rechtfertigungsebene verlagert, wo schließlich eine Vereinbarkeit der Ausgleichsleistungen aufgrund von Art. 86 Abs. 2 EG festgestellt wurde[313]. Die Kommission kam somit zu dem Ergebnis, daß, obwohl die Altmark Trans-Kriterien nicht gegeben waren, eine Rechtfertigung nach Art. 86 Abs. 2 EG möglich sein sollte.
Insgesamt muß man somit festhalten, daß die Kommission die Altmark Trans-Kriterien zwar anwendet und damit ebenfalls eine Lösung auf der Tatbestandsebene wählt, diese darüber hinaus aber gegebenenfalls mit einer möglichen Rechtfertigung durch Art. 86 Abs. 2 EG kombiniert.

f) Literatur

Die Behandlung von Ausgleichsleistungen für die von Unternehmen erbrachte Daseinsvorsorge durch die Rechtsprechung und die Kommission stieß auch in der europarechtlichen Literatur auf eine breite Behandlung.

---

310 Zu den von der Kommission als Reaktion auf die Altmark-Trans-Entscheidung getroffenen Maßnahmen siehe Thyri, EWS 2004, S. 444 ff.

311 Entscheidung der Kommission über die staatliche Beihilfe Nr. 37/2003 vom 01.10.2003, BBC Digital Curriculum, C(2003) 3371 endg.. Anders Kube, der noch im März 2004 davon ausgeht, daß die Kommission noch nicht auf die neue Rechtsprechungslinie reagiert habe, EuR 2004, S. 230 (236).

312 Entscheidung der Kommission über die staatliche Beihilfe Nr. 37/2003 vom 01.10.2003, BBC Digital Curriculum, C (2003) 3371 endgültig, Rn. 22.

313 Entscheidung der Kommission über die staatliche Beihilfe Nr. 37/2003 vom 01.10.2003, BBC Digital Curriculum, C (2003) 3371 endgültig, Rn. 37 ff..

Vor der Ferring-Entscheidung des EuGH bezog die Literatur nur vereinzelt Stellung zu dieser Problematik. So wurde das Problem der Daseinsvorsorge im Lichte des europäischen Wettbewerbsrechts primär dargestellt und ein Interessenausgleich zwischen der nationalen Daseinsvorsorge einerseits und dem europäischen Wettbewerbsrecht andererseits für notwendig erachtet. So wurde z.B. die Übernahme des Prinzips der „praktischen Konkordanz" bzw. die Vornahme eines „möglichst schonenden Ausgleichs"[314] oder eine „tiefergehende Reflexion" über das Thema Daseinsvorsorge[315] gefordert, ohne daß jedoch konkretere Vorschläge gemacht wurden, wie diese Problematik zu handhaben sei.
Erst die Ferring-Entscheidung sorgte für eine lebhafte Diskussion, welche ihren Höhepunkt in den vielen Reaktionen auf das Altmark Trans-Entscheidung fand. Teilweise sprach man sich in diesen Stellungnahmen für eine bestimmte Entscheidung des EuGH oder für einen Ansatz der Kommission aus bzw. ergänzte diese durch weitere Argumente. Zum Teil wurden aber auch neue Lösungsansätze gefordert und entwickelt.

aa) Lösungsansätze in der Literatur vor der Altmark Trans-Rechtsprechung

aaa) Rechtfertigungslösung

Entsprechend der Rechtsprechung des EuG und der Kommissionspraxis der letzten Jahre sprach sich ein Teil der Literatur für eine grundsätzliche Einstufung der Ausgleichsleistungen als Beihilfen aus[316]. Die Tatbestandslösung ließe den Beihilfecharakter zu Unrecht aufgrund des Kompensationszwecks entfallen. Dies führe dazu, daß neben der Prüfung der Wirkung der Maßnahme auch anerkanntermaßen nicht zu berücksichtigende Ziele in die Prüfung des Art. 87 Abs. 1 EG einfließen[317].
Die Rechtfertigungslösung sei aber auch aus systematischen Gründen zu bevorzugen. Die zentrale Frage, ob eine marktgerechte Gegenleistung gegeben sei, würde von dem Tatbestand des Art. 87 Abs. 1 EG auf die Rechtfertigungsebene verlagert, in welchem ohnehin ein Ermessensspielraum gegeben sei und der dementsprechend für eine solche Prüfung geeigneter erscheine[318]. Es sei auch regelmäßig der Fall, daß die von den Unternehmen zu erbringende Gegenleistung nicht eine konkret greifbare Leistung sei, sondern nur ein Bereithalten von

[314] Schwarze, EuZW 2001, S. 334 (339).
[315] Albin, DÖV 2001, S. 890 (898).
[316] Britz, DVBl. 2000, S. 1641 ff.; Magiera, Gefährdung der öffentlichen Daseinsvorsorge, S. 269 (281); Faber, DVBl. 1992, S. 1346 (1354); wohl auch Jennert, ZKF 2002, S. 266 ff.; Frenz, EuZW 1999, S. 616 (617).
[317] Jennert, ZKF 2002, S. 266 (266); Britz, DVBl. 2000, S. 1641 (1644).
[318] Magiera, Gefährdung der öffentlichen Daseinsvorsorge, S. 269 (281).

speziellen Angeboten (häufig nur Infrastrukturangeboten) darstelle, bei denen eine marktübliche Gegenleistung kaum feststellbar sein dürfte[319].
Die weiteren Ausführungen griffen die Argumentation von Generalanwalt Léger auf. Eine entsprechende Prüfung der Gegenleistung auf der Tatbestandsebene würde dazu führen, die unterschiedlichen Fragen nach der Qualifizierung einer Maßnahme als Beihilfe und die Frage nach dem Vorliegen eines Rechtfertigungsgrundes zu vermischen. Gravierende Folge einer solchen Vermischung sei zunächst die Tatsache, daß der Kommission die Prüfungskompetenz in diesem Bereich vollständig entzogen worden wäre. Eine bereits auf der Tatbestandsebene vorliegende Verneinung einer Beihilfe, ließe zunächst die Pflicht zur Notifikation der Ausgleichsleistung gemäß Art. 88 Abs. 3 EG, darüber hinaus aber auch die fortlaufenden Kontrollen nach Art. 88 Abs. 1 EG entfallen. Die Maßnahme fiele somit insgesamt aus dem Anwendungsbereich des Wettbewerbsrechts heraus[320].
Eine weitere Systemwidrigkeit läge aber nicht zuletzt darin, daß der Art. 86 Abs. 2 EG seines kompletten Anwendungsbereichs im Bereich der Ausgleichsleistungen beraubt würde. Jegliche, den Kosten der gemeinwirtschaftlichen Verpflichtung entsprechende oder geringere, Leistung stelle nach der Tatbestandslösung bereits tatbestandlich keine Beihilfe im Sinne des Art. 87 Abs. 1 EG dar und fiele somit nicht in den Anwendungsbereich des Art. 86 Abs. 2 EG. Darüber hinaus seien aber auch die Leistungen, die über die eigentlichen Kosten hinausgehen würden, zur Erfüllung der gemeinwirtschaftlichen Verpflichtung nicht erforderlich und würden dementsprechend auch nicht dem Anwendungsbereich des Art. 86 Abs. 2 EG unterliegen. Es müsse daher festgehalten werden, daß weder in dem einen noch in dem anderen Fall Art. 86 Abs. 2 EG einschlägig sein könne. Das führe allerdings dazu, daß Art. 86 Abs. 2 EG in diesem Bereich bedeutungslos werden würde[321]. Aus diesen Gründen seien Ausgleichsleistungen für Dienste von allgemeinem wirtschaftlichen Interesse grundsätzlich als Beihilfe einzustufen, welche dann nach Art. 86 Abs. 2 EG oder nach Art. 87 Abs. 1 bzw. Abs. 2 EG gerechtfertigt werden könnten[322].

Zu dem gleichen Ergebnis kommt *Koenig* in seiner Untersuchung (über die *Funktionen des Bietverfahrens im EG-Beihilfenrecht)*. Im Mittelpunkt der Untersuchung steht die Frage, ob ein nach bestimmten Kriterien durchgeführtes Bietverfahren die Begünstigung eines mit entsprechenden Dienstleistungen betrauten Unternehmens, welches Ausgleichsleistungen erhält, grundsätzlich entfallen lassen könnte. Dies wurde von ihm deswegen abgelehnt, weil auch die Durchführung eines Bietverfahrens nicht verhindern könne, daß es zu Überkom-

---

[319] Ross, CMLR 2000, S. 401 (411); Magiera, Gefährdung der öffentlichen Daseinsvorsorge, S. 269 (280).
[320] Jennert, ZKF 2002, S. 266 (267).
[321] Jennert, ZKF 2002, S. 266 (267).
[322] Ruge, EuZW 2002, S. 50 (52), Jennert, ZKF 2002, S. 266 (267).

pensationseffekten kommen könnte und mehr als lediglich die Nettokosten ausgeglichen werden würden. Die dem Zuschlag folgende Verbindung von hoheitlichem Betrauungsakt mit der Zuwendung eines Nettomehrkostenausgleichs durch die öffentliche Hand entziehe sich einem privat market economy test und erlaube somit keinen Referenzvergleich zu privaten Märkten. Im Vergleich zu einer bedingungsfeindlichen Veräußerung von z.B. beweglichen oder unbeweglichen Sachen könne im Fall der Vergabe von Dienstleistungen von allgemeinem wirtschaftlichen Interesse die Art und Weise der Aufgabenerfüllung zu einem ausschlaggebenden Zuschlagskriterium gemacht werden[323].

Lediglich ein auf der Rechtfertigungsebene im Rahmen von Art. 86 Abs. 2 EG durchgeführtes Bietverfahren könne in Verbindung mit der Durchführung des Beihilfekontrollverfahrens, welches bei dem tatbestandlichen Vorliegen einer Beihilfe zu erfolgen habe, verhindern, daß es zu Überkompensationen und wettbewerbswidrigen Absprachen kommen könnte[324].
Es bleibt somit festzuhalten, daß nach dieser Ansicht eine Lösung auf der Rechtfertigungsebene zu suchen ist. Nach *Koenig* soll dies sogar dann notwendig sein, wenn der Vergabe ein ordnungsgemäß durchgeführtes Vergabeverfahren vorausgegangen ist.

bbb) Qualifizierte Tatbestandslösung

Andere Stimmen in der Literatur lehnten die von den Vertretern der Rechtfertigungslösung grundsätzlich vorgenommene Einstufung der Ausgleichsleistungen als Beihilfen ebenso ab, wie die Lösung des EuGH in der Ferring Rechtsprechung. Ähnlich wie später der EuGH in seiner Altmark Trans-Entscheidung versuchten diese Stimmen, einen Mittelweg zwischen diesen beiden Extrempositionen zu finden und Kriterien zu entwickeln, welche es jeweils im Einzelfall ermöglichen sollten, zu entscheiden, ob eine Ausgleichsleistung den Tatbestand einer Beihilfe erfüllt oder nicht.

Nach *Schebstadt* sei eine Beihilfe bereits tatbestandlich zu verneinen, wenn eine Saldierung der gewährten Mittel mit den durch den Gemeinwohlverpflichtung verursachten Kosten auf Null hinausliefe bzw. gar zu einem negativen Saldo führen würde. Sei dies der Fall, verbleibe dem Unternehmen kein Vorteil[325].
Gundel schlug vor, eine Beihilfe, entgegen dem Ansatz von Koenig, bereits dann tatbestandlich zu verneinen, wenn der Empfänger der Leistung eine hinreichend faßbare Gegenleistung – gegebenenfalls auch nur für Dritte – erbringt und der Vergabe ein offenes, transparentes und nicht diskriminierendes Verfahren, also im Zweifel eine Ausschreibung, vorausgegangen ist. Ein „normaler Markt“

---

[323] Koenig, EuZW 2001, S. 741 (744).
[324] Koenig, EuZW 2001, S. 741 (744 f.).
[325] Schebstadt, DVBl. 2004, S. 737 (742).

bestehe zwar nicht, die Ausschreibung könne aber am ehesten marktnahe Verhältnisse herstellen und zugleich Aufschluß über die anfallenden Kosten geben. Können diese Voraussetzungen allerdings nicht erfüllt werden, sei auch dann eine Beihilfe anzunehmen, wenn dem Aufgabenträger bei der Erfüllung kein Gewinn verbleibe. In diesen Fällen könne man dann immer noch auf die Möglichkeit einer Rechtfertigung gemäß Art. 86 Abs. 2 EG zurückgreifen[326].

Diesem Ansatz stimmte *Jennert* teilweise zu. *Koenig* sei zwar insoweit zuzustimmen, als die Nachfrage der öffentlichen Hand im Hinblick auf das nachgefragte Produkt und die zu beachtenden rechtlichen Normen nicht mit einem privatem Nachfrager verglichen werden könne. Allerdings führe diese Unanwendbarkeit des privat market economy test nicht gleichzeitig zu einer fehlenden Eignung der Ausschreibungsverfahrens. *Koenig* verkenne, daß eine öffentliche Ausschreibung der benötigten Daseinsvorsorge gerade dazu geeignet sei, einen Markt und einen marktüblichen Preis erst zu schaffen. Dies hätte dann aber auch zur Folge, daß eine Angemessenheit der Gegenleistung im Sinne des Beihilfetatbestandes gegeben sei und das Begünstigungsmerkmal entfalle[327].

Als einen weiteren verfahrensrechtlichen Kompromiß schlug *Gundel* ähnlich der von Generalanwalt Tizzano in seinen Schlußanträgen formulierten Position vor, die Notifikationspflicht für Ausgleichsleistungen zwar beizubehalten, um der Kommission die Möglichkeit zur Überwachung dieser Leistungen weiterhin zu eröffnen, das mit ihr verbundene Durchführungsverbot aber entfallen zu lassen. Dies sei deswegen möglich, da die von der Kommission auf Grundlage des Art. 86 Abs. 2 EG zu treffende Entscheidung eine gebundene sei und deswegen eine Illegalität der Beihilfe, als Rechtsfolge eines Verstoßes gegen die Notifikation, ohnehin unangemessen sei. Die Notifikationspflicht allein führe aber wohl kaum dazu, die Aufgabenerfüllung zu verhindern oder zu erschweren[328]. Diesbezüglich folgte *Jennert Gundel* allerdings nicht. Eine Kombination von Notifikationspflicht und vorherigem Ausschreibungsverfahren sei unzumutbar und würde die Entwicklung des Wettbewerbs unnötig hemmen[329].

Ebenfalls eine Lösung auf der Tatbestandsebene wird von *Nettesheim* angestrebt. Ähnlich der von Generalanwalt Jacobs in seinen Schlußanträgen in der Rechtssache GEMO[330] vertretenen Position, schlug er vor, einen mitgliedstaatlichen Dienstleistungsauftrag dann als beihilferechtlich unbedenklich anzusehen, wenn er in Form einer marktmäßigen geschäftlichen Transaktion erfolgt. Eine

---

326 Gundel, RIW 2002, S. 222 (228).
327 Jennert, WRP 2003, S. 459 (464 f.).
328 Gundel, RIW 2002, S. 222 (229).
329 Jennert, WRP 2003, S. 459 (468).
330 Generalanwalt Jacobs, Schlussanträge zu EuGH, Rs. C-126/01, Slg. 2003, S. I-13769 (13796), Rn. 114 ff., Ministre de l´économie/GEMO.

entsprechende marktmäßige geschäftliche Transaktion sei jedenfalls bei einer vorherigen Ausschreibung anzunehmen. Sie sei aber auch dann zu bejahen, wenn eine Vergütung zum Marktpreis erfolge, beide Vertragspartner rechtlich gleichberechtigt sowie faktisch unabhängig und frei in den Vertragsverhandlungen seien. Eine marktmäßige geschäftliche Transaktion sei daher immer dann abzulehnen, wenn ein Marktpreis nicht existiere oder die Vergütung über dem Marktpreis liegen würde. Ebenfalls immer abzulehnen sei eine marktmäßige geschäftliche Transaktion, wenn dem Unternehmen die Dienstleistungspflicht hoheitlich auferlegt sei[331]. In diesen Fällen könnten die Mitgliedstaaten allerdings immer noch die mit dem Auftrag verbundenen Lasten ausgleichen, ohne daß hierdurch tatbestandlich eine Beihilfe bestehen würde[332].
Diese Tatbestandslösung sei aber nur in den Fällen anzuwenden, in denen die Gemeinwohlverpflichtung im Vorfeld hinreichend eindeutig definiert sei und ein hinreichender Zusammenhang zwischen dem Auftrag und dessen Ausgleich bestehe, der Ausgleich somit offenkundig nur der Kompensation der besonderen Last diene. Dieser hinreichende Zusammenhang sei immer dann zu bejahen, wenn zwischen der Auferlegung der Gemeinwohlverpflichtung und der für sie geleisteten Ausgleichsleistung in personeller, zeitlicher und sachlicher Hinsicht eine Verbindung bestehe.
In personeller Hinsicht bestehe das Erfordernis, daß der Träger öffentlicher Gewalt, welcher die Gemeinwohlverpflichtung auferlegt, identisch wäre mit dem Erbringer der Ausgleichsleistung. In zeitlicher Hinsicht erfordere ein solcher hinreichender Zusammenhang, daß die Ausgleichsleistung nicht vor oder erst längere Zeit nach der Begründung der Gemeinwohlpflicht gewährt wird, sondern erst nach, aber in engem zeitlichem Kontext mit der Begründung der Verbindlichkeit. Abschließend sei in sachlicher Hinsicht zu verlangen, daß die öffentliche Hand bemüht ist, zwischen dem Gewicht der mit der Pflicht verbundenen Last und der Höhe der Ausgleichsleistung eine Relation herzustellen[333].
Erfülle eine Ausgleichsleistung all diese Kriterien, sei eine Lösung auf der Tatbestandsebene vorzugswürdig, und damit verbunden, die Ausgleichsleistung auch nicht anzumelden. Erfülle eine Ausgleichsleistung diese Kriterien jedoch nicht, müsse aufgrund der bestehenden Zweifel am Ausgleichscharakter auf die Rechtfertigungslösung zurückgegriffen werden, mit der Folge, daß die Leistung bei der Kommission zu notifizieren sei[334].

Ein weiterer von *Nettesheim* untersuchter Problemkreis ist die Frage nach der zulässigen Höhe des Ausgleichs. Die Rechtsprechung des EuGH in der Rechtssache Ferring, nach der ein Mitgliedstaat die Kosten ausgleichen dürfe, die

---

[331] Nettesheim, EWS 2002, S. 253 (256).
[332] Nettesheim, EWS 2002, S. 253 (257).
[333] Nettesheim, EWS 2002, S. 253 (261f.).
[334] Nettesheim, EWS 2002, S. 253 (262).

durch die Erfüllung der Dienstleistung tatsächlich anfallen würden, sei unhaltbar, da sie Ineffizienz belohnen und sich nachteilig auf den Markt auswirken würde. Hieraus folge, daß nur der Marktpreis der Leistung und nicht die tatsächlichen Kosten ersetzt werden dürften[335].

ccc) Zwischenergebnis

Die Literatur vor der Altmark Trans Entscheidung tendierte mehrheitlich zu einer Lösung auf der Rechtfertigungsebene. Die Argumentation für diese Lösung ist inhaltlich weitestgehend mit den Schlußanträgen von Generalanwalt Léger in der Rechtssache Altmark identisch. Es wird auf einen Objektivitätsverlust des Beihilfebegriffs und auf einen Bedeutungsverlust des Art. 86 Abs. 2 EG sowie auf einen nicht akzeptablen Kontrollverlust der Kommission abgestellt. Selbst jene Autoren, die eine Lösung auf der Tatbestandsebene suchen, setzen die Bedingungen für das Entfallen des Beihilfetatbestandes sehr hoch an. Entweder verlangen sie wie *Gundel* zwangsläufig die Durchführung eines Vergabeverfahrens oder wie *Nettesheim* das Vorliegen einer Fülle von Kriterien, die aber auch nur in bestimmten Konstellationen zu einem Entfallen des Beihilfetatbestandes führen sollen.

bb) Literatur nach der Altmark Trans-Rechtsprechung

Standen vor der Altmark Trans-Rechtsprechung eigene Lösungsansätze der Literatur im Vordergrund, so wurde die Diskussion nach dieser Entscheidung von der Auseinandersetzung mit diesem Urteil dominiert. Auch wenn die Entscheidung des EuGH auf große Zustimmung innerhalb der Literatur stieß[336] und teilweise aus der Literatur stammende Forderungen aufgriff, erfolgte ebenfalls Kritik an dem Urteil[337] bzw. an einigen der vom EuGH aufgestellten Kriterien[338].

Ein Teil der Literatur begrüßte die Rechtsprechung des EuGH insofern, als erstmalig eine Begrenzung des Ausgleichs auf die Nettokosten eines durchschnittlich gut geführten Unternehmens erfolge und die Möglichkeit des Ersatzes der tatsächlich anfallenden subjektiven Kosten unterbunden worden sei[339].

---

[335] Nettesheim, EWS 2002, S. 253 (262 f.).

[336] Franzius NJW 2003, S. 3029 (3031) spricht von einem Meilenstein, Koenig, BB 2003, S. 2185 (2186 ff.); Kühling/Wachinger, NVwZ 2003, S. 1202 (1203); Sandmann, Kommunale Unternehmen im Spannungsfeld, S. 126, Kube, EuR 2004, S. 230 (240); einschränkend auch Leibenath, EuR 2003, S. 1052 (1059).

[337] Gärtner, ZEuS 2005, S. 239 (247); Kämmerer, NVwZ 2004, S. 28 (34); Jennert, NVwZ 2004, S. 425 (430 f.).

[338] So z.B. Leibenath, EuR 2003, S. 1052 (1061ff.), für den die Kriterien zum Teil zu unklar sind.

[339] Koenig, BB 2003, S. 2185 (2186 ff.); Kühling/Wachinger, NVwZ 2003, S. 1202 (1203); Sandmann, Kommunale Unternehmen im Spannungsfeld, S. 126.

Damit würden ineffiziente Unternehmen nicht mehr durch den Ausgleich ihrer im Vergleich zu hohen Kosten „über Wasser gehalten werden“[340]. Dem EuGH sei auch insofern zu folgen, als mittels eines durchgeführten Vergabe- oder Bietverfahrens die Effizienz der Betrauung und damit die Angemessenheit des Kostenniveaus sicherzustellen sei. Dem EuGH sei damit bei seinem Ansatz grundsätzlich zu folgen[341].
Problematisch sei allerdings, was unter einem gut geführten Unternehmen zu verstehen sei. Der EuGH unterlasse es, diesen Begriff näher zu bestimmen, was zukünftig zu großer Rechtsunsicherheit führen werde[342]. Begrüßenswert sei aber trotz allem, daß diese neue Rechtsprechung die entsprechenden Unternehmen unter einen erheblichen Kostendruck setzen und tendenziell dazu führen werde, daß sie sich den durch Ausschreibung ermittelnden Kosten anpassen würden[343].

Andere Stimmen in der Literatur bestätigten ihren Widerstand gegen die Lösung dieser Problematik auf der Tatbestandsebene[344]. Auch die vom EuGH gewählte qualifizierte Tatbestandslösung entmachte die Kommission als „Gralshüterin des freien Wettbewerbs“[345]. Die Entscheidung des EuGH, in welcher eine Lösung der Problematik allein auf der Tatbestandsebene erfolgen solle, sei dogmatisch fragwürdig und als systematisch inkonsequent abzulehnen. Die mit der quantitativen Angemessenheit des Ausgleichs verbundenen Ermessenserwägungen seien im Bereich der wettbewerbsrechtlichen Ausnahmeregelungen und damit im Bereich des Art. 86 Abs. 2 EG besser angesiedelt[346]. Positiv sei lediglich, daß das Urteil zu einer Stärkung der wettbewerblichen Elemente führen werde[347].

g) Kritik und eigener Ansatz

Bei der Beschäftigung mit der Materie der Ausgleichsleistungen für private Daseinsvorsorge fällt die Fülle an Argumenten auf, die sowohl für den einen als auch für den anderen Lösungsansatz vorgebracht werden. Auffällig ist aber auch, daß die Argumentationen teilweise sehr unsystematisch erfolgen, bzw. systematische und rein praktische Argumente miteinander vermengt werden. Bevor daher ein eigener Lösungsansatz erfolgen kann, muß zunächst der Versuch unternommen werden, die einzelnen Argumentationen zu ordnen und zu

340 Kube, EuR 2004, S. 230 (238).
341 Kube, EuR 2004, S. 230 (240).
342 Werner/Quante, ZEuS 2004, S. 83 (90 f.); van Ysendyck/Zühlke, EWS 2004, S. 16 (18).
343 Kühling/Wachinger, NVwZ 2003, S. 1202 (1203).
344 Stulz-Herrnstadt, Nationale Rundfunkfinanzierung, S.97; Kämmerer, NVwZ 2004, S. 28 (33 f.); Jennert, NVwZ 2004, S. 425 (430 f.).
345 Kämmerer, NVwZ 2004, S. 28 (34).
346 Stulz-Herrnstadt, Nationale Rundfunkfinanzierung, S. 93.
347 Jennert, NVwZ 2004, S. 425 (430 f.); Stulz-Herrnstadt, Nationale Rundfunkfinanzierung, S. 84.

systematisieren, um sich dann mit den einzelnen Argumenten und Argumentationsstrukturen auseinandersetzen zu können. Auf Grundlage dessen wird dann die Entwicklung eines eigenen Lösungsansatzes erfolgen können.

aa) Rechtfertigungs- oder Tatbestandslösung

aaa) Vereinbarkeit der Lösungsansätze mit dem Beihilfebegriff

(1) Die Gegenleistung

Im Mittelpunkt der Diskussion steht die Frage, ob und unter welchen Bedingungen staatliche Leistungen, welche als Ausgleich für die Erbringung von Dienstleistungen von allgemeinem wirtschaftlichen Interesse erbracht werden, eine Begünstigung im Sinne des Art. 87 Abs. 1 EG sind. Eine solche Begünstigung liegt, wie bereits dargestellt, dann vor, wenn ein Unternehmen eine Gegenleistung, in diesem Fall eine Ausgleichsleistung erhält, welche eine nicht marktübliche/marktmäßige Gegenleistung ist. Grundsätzlich müßte man daher zunächst prüfen, ob die entsprechende Gegenleistung lediglich eine marktübliche Kompensation der Dienstleistung von allgemeinem wirtschaftlichen Interesse darstellt[348].

Die Vertreter der Rechtfertigungslösung gehen aber davon aus, daß die Prüfung, ob eine Gegenleistung vorliegt, keine Frage des Tatbestandes und somit des Beihilfebegriffes an sich sei, sondern erst auf der Rechtfertigungsebene ihre Relevanz hätte[349]. Beispielhaft für diese Ansicht sind die oben bereits dargestellten Ausführungen von Generalanwalt Léger, in welchen er wie folgt argumentiert:

> *„Bei diesem Ansatz sind die von staatlichen Stellen gewährten Vorteile und die dem Begünstigten auferlegte Gegenleistung getrennt zu prüfen. Auf das Vorliegen dieser Gegenleistung kommt es für die Feststellung, ob eine staatliche Maßnahme eine Beihilfe im Sinne von Art. 92 Abs. 1 (87 Abs. 1) EG darstellt, nicht an. Sie spielt erst in einer späteren Phase der Prüfung eine Rolle im Rahmen der Beurteilung, ob die Beihilfe mit dem Gemeinsamen Markt vereinbar ist"*[350].

Nach diesen Ausführungen soll also das zentrale Merkmal des Beihilfetatbestandes, die Prüfung der Begünstigung, aus der Tatbestandsprüfung herausgenommen und im Rahmen einer potentiellen Rechtfertigung geprüft werden. Eine solche Vorgehensweise stellt aber eine Abweichung von der oben dargestellten allgemeinen Systematik der Beihilferechts dar, nach welcher Leistung und Gegenleistung auf ihre Marktüblichkeit zu untersuchen sind. Würde man dieser Vorgehensweise folgen, wäre jegliche Gegenleistung des Staates, z.B. für den

---

[348] Siehe dazu unter III, 2, a, bb.

[349] Siehe dazu unter V, 1, f, aa, aaa.

[350] Generalanwalt Léger, Schlußanträge vom 14.01.2003 zu EuGH, Rs. C-280/00, Slg. 2003, S. I-7747 (7796), Rn. 34, Altmark Trans/Nahverkehrsgesellschaft Altmark.

alltäglichen Einkauf von Waren durch den Staat, eine tatbestandliche Beihilfe, da die zugrundeliegende Leistung an den Staat erst als Frage der Rechtswidrigkeit Beachtung finden dürfte.

(2) Objektivitätsverlust durch Beachtung der Gegenleistung?

Für ein solches Vorgehen wird dennoch vorgebracht, daß, sollte man die Gegenleistung auf der Tatbestandsebene beachten, der Beihilfebegriff insofern an Objektivität verlieren würde, als man dann nicht ausschließlich die Wirkung der Gegenleistung beachte, sondern auch Gründe und Ziele in die Beihilfeprüfung mit einfließen würden[351].

Dieser Argumentation ist jedoch zu widersprechen. Gerade die Tatbestandslösung beachtet die Wirkung der entsprechenden Maßnahmen, indem sie die Beihilfeeigenschaft nur dann entfallen läßt, wenn die Ausgleichsleistung gerade keine begünstigende Wirkung hat[352]. Gründe oder Ziele der staatlichen Leistung fließen in diese Prüfung keinesfalls mit ein. Die Rechtfertigungslösung hingegen bejaht grundsätzlich das tatbestandliche Vorliegen einer Beihilfe, unabhängig davon, wie die Ausgleichsleistung beschaffen ist. Dies bedeutet nichts anderes, als daß eine Ausgleichsleistung nur deswegen als Beihilfe eingestuft wird, weil sie das Ziel hat, die durch den gemeinwirtschaftlichen Dienst entstandenen Unkosten zu kompensieren. Eine Untersuchung der Wirkung der Beihilfe entfällt somit völlig und lediglich das Ziel bzw. der Zweck, in diesem Fall die Kompensation der Dienstleistung von allgemeinem wirtschaftlichen Interesse, wird bei dieser Lösung zum Anlaß genommen, das tatbestandliche Vorliegen einer Beihilfe zu bejahen.

Festzuhalten bleibt somit, daß die Anwendung der Rechtfertigungslösung nicht nur ein Abweichen von der grundsätzlichen Systematik des Beihilferechts bedeutet, indem sie der Gegenleistung keine Beachtung auf der Tatbestandsebene schenkt, sondern darüber hinaus auch zu einer Einbeziehung von Faktoren wie Gründen und Zielen der Ausgleichsleistung führt, welche innerhalb der Beihilfeprüfung anerkanntermaßen keine Beachtung finden dürfen[353].

Die Tatbestandslösung hingegen beschränkt sich lediglich auf die Frage nach der Wirkung der Ausgleichsleistung. Dies wird dadurch sichergestellt, daß nur dann eine Begünstigung angenommen wird, wenn, wie in jeder anderen Beihilfeprüfung auch, keine marktgerechte oder marktübliche Gegenleistung vorliegt. Hierin liegt somit ein Argument für eine Lösung auf der Grundlage der Tatbestandslösung.

---

[351] Siehe dazu unter V, 1, f, aa, aaa.

[352] So auch Nettesheim, EWS 2002, S. 253 (260); Leibenath, EuR 2003, S. 1052 (1060); Schebstadt, DVBl. 2004, S. 737 (739).

[353] Siehe dazu unter III, 1.

(3) Schaffung eines zweiten Beihilfebegriffs?

Nach Generalanwalt Léger führe aber eine Anwendung der Tatbestandslösung auch dazu, daß zwei unterschiedliche Beihilfebegriffe nebeneinander bestehen und es damit zu einer Abweichung von der allgemeinen Systematik des Beihilferechts käme[354].

Diese Annahme beruht aber auf dem oben dargestellten Fehler, daß der Gegenleistung im Rahmen der Beihilfeprüfung grundsätzlich keine Bedeutung zukomme. Wie bereits dargestellt, ist dies insofern falsch, als in einer Beihilfeprüfung die Gegenleistung für die staatliche Leistung grundsätzlich zu beachten ist. Die Annahme Légers beruht aber darüber hinaus bereits auf einem unzutreffenden Vergleich. Léger stützt seine Entscheidung auf einen vor dem EuGH verhandelten Fall, in welchem der französische Staat Zahlungen an Unternehmen geleistet hatte, die wahrgenommene Verpflichtungen ausgleichen sollten, welche kraft Vertrages mit einem Dritten, hier einer französischen Gewerkschaft, entstanden waren[355]. In diesen Fällen ist die Leistung, die das jeweilige Unternehmen erbringt, selbstverständlich nicht in den Rahmen der Beihilfeprüfung miteinzubeziehen, da sie nicht zu Gunsten des Staates, sondern lediglich als Folge der vertraglichen Vereinbarungen mit einem Dritten, dem Vertragspartner, erbracht werden. Im Gegensatz zu dem in diesem Fall bestehenden Dreipersonenverhältnis, ist in den hier zu diskutierenden Fällen nur ein Zweipersonenverhältnis gegeben, in welchem die Verpflichtung, die kompensiert werden soll, auch gegenüber dem Staat besteht. Dementsprechend muß auch in diesen Fällen, ebenso wie bei anderen Beihilfeprüfungen, die Gegenleistung berücksichtigt werden. Die Annahme, daß aus einer solchen Berücksichtigung die Gefahr der Entwicklung zweier unterschiedlicher Beihilfebegriffe resultiere, ist somit nicht zuletzt auch aufgrund der fehlenden Vergleichbarkeit der Sachverhalte unbegründet.

(4) Ausnahme für hoheitlich auferlegte Dienstleistungen?

Teilweise wird auch vertreten, daß zumindest dann die Tatbestandslösung keine Anwendung finden könne, wenn die Dienstleistungspflicht hoheitlich auferlegt worden sei. In solchen Konstellationen könne keinesfalls von einer „marktmäßigen, geschäftlichen Transaktion“[356] bzw. von einer mit einer „staatlichen Intervention mit wirtschaftlichem Charakter vergleichbaren Situation“[357] gesprochen werden. Eine Marktüblichkeit der Gegenleistung sei in diesen Fällen daher nicht gewährleistet.

---

[354] Siehe dazu unter V, 1, c, aa, ddd.

[355] EuGH, Rs. C-251/97, Slg. 1999, S. I-6641 (6666), Rn. 40, Frankreich/Kommission.

[356] So Nettesheim, EWS 2002, S. 253 (256).

[357] Generalanwalt Léger, Schlußanträge vom 14.01.2003 zu EuGH, Rs. C-280/00, S. I-7747 (7791 f.), Rn. 15 ff., Altmark Trans/Nahverkehrsgesellschaft Altmark.

Dem ist zwar sicherlich zuzugestehen, daß in den Situationen, in denen eine solche Dienstpflicht hoheitlich auferlegt wird, das Risiko einer Beihilfe größer ist, als wenn durch ein vorhergegangenes Vergabeverfahren eine marktübliche Gegenleistung festgelegt wurde. Verallgemeinern darf man diese Aussage aber keinesfalls. Dies wird besonders deutlich, wenn man die Entscheidung der Kommission[358] betrachtet, welche *Nettesheim* seinem Ansatz zu Grunde legt. In dieser heißt es seitens der Kommission:

„Die dem Unternehmen auferlegte tarifliche Verpflichtung ist mit einer einseitig vom Staat verordneten Verpflichtung vergleichbar und kann nicht als frei zwischen zwei Parteien ausgehandelte vertragliche Verpflichtung angesehen werden. Die portugiesische Regierung hat keine offene Ausschreibung zur Auswahl des für diesen Dienst in Frage kommenden Luftfahrtunternehmens durchgeführt, so daß nicht ausgeschlossen werden kann, daß der an TAP gezahlte Betrag höher ist als der Betrag, der dem anhand einer solchen Ausschreibung ausgewählten Unternehmen hätte gezahlt werden müssen. Ausgleichsleistungen für gemeinwirtschaftliche Verpflichtungen werden von der Kommission als Beihilfe gemäß Artikel 92 Abs. 1 EG angesehen. Damit ist die zu prüfende Ausgleichsleistung eine Beihilfe zugunsten von TAP"[359].

Die Kommission kommt hier zu dem Ergebnis, daß lediglich die Möglichkeit besteht, daß der Ausgleichsbetrag höher sein könnte als der Betrag, der hätte bezahlt werden müssen, wenn vorher eine offene Ausschreibung stattgefunden hätte. Eine nähere Untersuchung der Wirkung der Beihilfe findet im Anschluß jedoch nicht statt. Die Ausgleichsleistung wird nur aufgrund der Handlungsform der portugiesischen Regierung als Beihilfe eingestuft.
Es ist allgemein anerkannt, daß eine Zuwendung oder Entlastung durch staatliche Stellen nicht einer bestimmten Form bedarf, um als Beihilfe gelten zu können[360]. Dies muß aber auch für den umgekehrten Fall gelten. Eine Zuwendung oder Entlastung darf nicht nur deswegen als Beihilfe gelten, weil sie in einer bestimmten „Form" gewährt wird. Würde man nämlich grundsätzlich so wie die Kommission im vorliegenden Fall vorgehen, würde dies dazu führen, daß auch hier die Wirkung der Ausgleichsleistung vernachlässigt werden würde und ein Faktor, nämlich die Handlungsform, in die Beihilfeprüfung mit einbezogen werden würde, welcher ebenso wie Gründe und Ziele keine Beachtung finden dürfte, da ansonsten der Beihilfebegriff an „Objektivität" verlieren würde.
Es verbietet sich somit auch, eine Ausgleichsleistung nur deswegen als Beihilfe einzustufen, weil sie in einer bestimmten Form gewährt wird. Auch in diesen

---

[358] Entscheidung der Kommission vom 06.07.1994 über die Ausgleichsleistungen für die Verluste von TAP im Verkehr zu den Autonomen Regionen Azoren und Madeira, Abl. EG 1994, Nr. L 260/27.
[359] Entscheidung der Kommission vom 06.07.1994 über die Ausgleichsleistungen für die Verluste von TAP im Verkehr zu den Autonomen Regionen Azoren und Madeira, Abl. EG 1994, Nr. L 260/30.
[360] Anstatt vieler, Mederer/van Ysendyck, in: Schröter/Jakob/Mederer, Art. 87 Abs. 1, Rn. 7.

Fällen ist lediglich zu prüfen, ob die Gegenleistung, die für die hoheitlich auferlegte Dienstleistung gewährt wurde, marktgerecht/marktüblich ist.

bbb) Art. 86 Abs. 2 EG

(1) Auswirkungen auf den Anwendungsbereich des Art. 86 Abs. 2 EG

Als Argument gegen die Tatbestandslösung und für eine Lösung auf der Rechtfertigungsebene werden weiterhin die aus der Anwendung der Tatbestandslösung resultierenden Folgen für Art. 86 Abs. 2 EG vorgebracht.
Es seien grundsätzlich zwei Konstellationen denkbar. Zunächst könne bei der Anwendung der Tatbestandslösung bereits tatbestandlich keine Beihilfe vorliegen. In diesen Fällen finde Art. 86 Abs. 2 EG ohnehin keine Anwendung. Die zweite Möglichkeit sei die, daß tatbestandlich eine Beihilfe vorliege. In dieser Konstellation sei Art. 86 Abs. 2 EG aber ebenfalls nicht anzuwenden, da der über die marktübliche/marktmäßige Gegenleistung hinausgehende Teil, welcher die Gegenleistung zu einer Beihilfe mache, nicht notwendig sei, damit das Unternehmen seine besondere Aufgabe erfüllen könne: Ergo würde die Anwendung der Tatbestandslösung zu einer Bedeutungslosigkeit des Art. 86 Abs. 2 EG im Bereich der Beihilfen führen[361].

Bevor man sich mit dieser These auseinandersetzt, muß aber zunächst einmal festgehalten werden, daß eine grundsätzliche Anwendung des Art. 86 Abs. 2 EG nur dann einen Sinn ergäbe, wenn jegliche Ausgleichsleistung tatbestandlich eine Beihilfe wäre. Dies ist aber, wie oben bereits erläutert wurde, nicht der Fall, sondern ist davon abhängig, ob im Einzelfall eine marktgerechte Gegenleistung vorliegt oder nicht[362]. Insofern fehlt es schon an einer grundsätzlichen Voraussetzung zur Anwendung des Art. 86 Abs. 2 EG.
Weiterhin muß festgestellt werden, daß Art. 86 Abs. 2 EG nicht ausschließlich eine Bereichsausnahme zu dem Recht der Beihilfen darstellt, sondern auch Ausnahmen zu den Grundfreiheiten und für die gesamten Wettbewerbsregeln eröffnet[363]. Letztgenannte erfassen aber auch die unternehmensbezogenen Wettbewerbsregeln, so daß dem Art. 86 Abs. 2 EG jedenfalls noch ein großer Anwendungsbereich verbleiben würde. Darüber hinaus muß man aber auch feststellen, daß der Anwendungsbereich des Art. 86 Abs. 2 EG im Bereich der Beihilfen ohnehin nur sehr klein ist. Bevor ein Zurückdrängen von Vertragsvorschriften mittels des Art. 86 Abs. 2 EG überhaupt in Betracht gezogen werden kann, müssen nach allgemeiner Ansicht erst alle anderen Möglichkeiten, z.B. die Möglichkeit einer Sondergenehmigung gemäß Art. 88 Abs. 2 Uabs. 3 EG, ausge-

---

[361] Siehe dazu unter V, 1, c, aa, bbb und V, 1, f, aa, aaa.
[362] Siehe dazu unter, III, 2, a, bb.
[363] So auch Nettesheim, EWS 2002, S. 253 (261); Leibenath, EuR 2003, S. 1052 (1060).

schöpft werden. Art. 86 Abs. 2 EG kommt damit nur als ultima ratio in Betracht[364].

Wenn aber Art. 86 Abs. 2 EG ohnehin nur als ultima ratio dient, der alle anderen Regelungen in den jeweiligen Bereichen vorzuziehen sind, dann ist es gerade sinnvoll, die im Zusammenhang mit den Ausgleichsleistungen für private Daseinsvorsorge auftretenden Fragen im Rahmen des Tatbestandes des Art. 87 Abs. 1 EG zu klären, was, wie oben bereits dargestellt wurde, auch der allgemeinen Systematik des Beihilferechts entspricht. Anders ausgedrückt, es erscheint sinnlos, die allgemeine Systematik des Beihilferechts zu durchbrechen, um einer Vorschrift, die ohnehin nur als ultima ratio dient, einen größeren Anwendungsbereich zu verschaffen.

(2) Umgehung der Voraussetzungen des Art. 86 Abs. 2 EG

Nach Generalanwalt Léger würde die Anwendung der Tatbestandslösung dazu führen, die strengen Tatbestandsvoraussetzungen des Art. 86 Abs. 2 EG zu umgehen.

Dem muß man entgegenhalten, daß man bestimmte Konstellationen nicht der auf sie grundsätzlich anwendbaren Vorschrift entziehen kann, nur um eine vermeintlich effektivere Vorschrift auf diesen anwenden zu können, dessen Tatbestandsvoraussetzungen noch dazu unter Umständen (wie im vorliegenden Fall) gar nicht gegeben sind.

Es ist aber auch bereits abzulehnen, daß der strenge Prüfungsmaßstab des Art. 86 Abs. 2 EG zur Kontrolle der Ausgleichsleistungen geeigneter erscheint, als der vermeintlich inadäquatere Prüfungsrahmen, welcher sich aus der Anwendung der Tatbestandslösung ergeben würde[365]. Dadurch, daß Art. 86 Abs. 2 EG lediglich als ultima ratio dient, ist es sinnvoll, diese wenigen Konstellationen, in welchen tatbestandlich eine Beihilfe vorliegt und welche nach keiner anderen Ausnahme als Art. 86 Abs. 2 EG gerechtfertigt werden können, einem strengen Prüfungsmaßstab zu unterwerfen. Diesen aber auf jegliche Ausgleichsleistung anzuwenden, würde dazu führen, daß die Erfüllung der Daseinsvorsorge unnötig erschwert und in Teilbereichen vielleicht sogar unmöglich gemacht werden könnte. Zu nennen ist hier insbesondere die restriktiv auszulegende Voraussetzung, daß die Aufgabenerfüllung bei Beachtung der Vorschriften des Vertrages unmöglich werden würde. Zu beachten ist schließlich auch, daß dem mit der Aufgabenerfüllung betrauten Unternehmen die Beweislast hierfür obliegt[366].

---

[364] Anstatt vieler, Jung, in: Calliess/Ruffert, Art. 86, Rn. 47.

[365] Siehe dazu unter V, 1, c, aa, bbb.

[366] Siehe zu diesen Voraussetzungen Hochbaum, in: Schröter/Jakob/Mederer, Art. 86, Rn. 59 ff.

(3) Zwischenergebnis

Die Auswirkungen der Anwendung der Tatbestandslösung auf Art. 86 Abs. 2 EG stellen somit kein Argument für die Rechtfertigungslösung dar, sondern sprechen gerade für die Anwendung der Tatbestandslösung.

ccc) Art. 16 EG

Gegen eine Lösung, wie sie von den Vertretern der Rechtfertigungslösung vorgebracht wird, spricht auch der durch den Amsterdamer Vertrag neu in den EG-Vertrag aufgenommene Art. 16 EG.

(1) Bestrebungen im Vorfeld der Vertragsänderung

Im Vorfeld der Verhandlungen über eine Änderung des EG-Vertrages wurden Bestrebungen mehrerer Mitgliedstaaten deutlich, den Bereich der Dienstleistungen von allgemeinem wirtschaftlichen Interesse dem Wettbewerb völlig zu entziehen und dadurch eine flächendeckende und für alle verfügbare Versorgung mit diesen Dienstleistungen sicherzustellen[367]. Unterstützt wurde diese Idee von den verschiedensten Interessenvereinigungen, wobei insbesondere der Vorschlag des europäischen Zentralverbandes für öffentliche Wirtschaft[368] hervorstach, mit welchem ein „ausgewogenes Gleichgewicht" zwischen dem Wettbewerbskonzept einerseits und den Bedingungen für die Erbringung von Dienstleistungen von allgemeinem wirtschaftlichen Interesse andererseits hergestellt werden sollte[369]. Dies sollte dadurch erreicht werden, daß diese Dienstleistungen aus den Wettbewerbsvorschriften herausgenommen werden und in einem eigenen Kapitel neben diese gestellt und von diesen dadurch zumindest teilweise ausgenommen werden sollten[370]. Neben diesem Vorhaben existierten auch Bestrebungen, insbesondere seitens des europäischen Parlaments, den Bürgern der EG ein subjektives Recht auf garantierte Mindest-Leistungsstandards zu geben.

(2) Aktuelle Bedeutung des Art.16 EG

Die oben genannten Bemühungen konnten jedoch nicht vollständig umgesetzt werden. Der durch den Amsterdamer Vertrag eingefügte Art. 16 EG gesteht den

---

[367] Siehe hierzu Blankart, WuW 2002, S. 340 ff.

[368] Europa, Wettbewerb und öffentliche Dienstleistungen – Vorschläge des CEEP zur Änderung des EG-Vertrages und für eine europäische Charta, abgedruckt in ZögU 18 (1995), S. 455 ff.

[369] Europa, Wettbewerb und öffentliche Dienstleistungen – Vorschläge des CEEP zur Änderung des EG-Vertrages und für eine europäische Charta, abgedruckt in ZögU 18 (1995), S. 455 (455).

[370] Europa, Wettbewerb und öffentliche Dienstleistungen – Vorschläge des CEEP zur Änderung des EG-Vertrages und für eine europäische Charta, abgedruckt in ZögU 18 (1995), S. 455 (457).

Bürgern nach allgemeiner Ansicht kein subjektives Recht auf garantierte Mindeststandards zu[371]. Man kann auch nicht von einem ausgewogenen, neu geschaffenen Gleichgewicht zwischen dem Wettbewerbskonzept einerseits und den Dienstleistungen von allgemeinem wirtschaftlichen Interesse andererseits sprechen, wie es im Vorfeld der Änderung gefordert wurde. Hier spricht nicht zuletzt der Wortlaut des Art. 16 EG dagegen, da nach diesem wesentliche Elemente des Wettbewerbsrechts – Art. 73, 86 und 87 EG – von Art. 16 EG unberührt bleiben[372].

Vor diesem Hintergrund kann man bezweifeln, ob Art. 16 EG überhaupt zu einer veränderten Auslegung dieser Vertragsvorschriften führen kann. Zu einer grundsätzlich anderen Auslegung wird man aber aufgrund des klaren Wortlautes des Art. 16 EG nicht gelangen können. Allerdings muß man sehen, daß die Aufnahme des Art. 16 EG zumindest einen politischen Kompromiß darstellt. Die Aufnahme erfolgte nicht zuletzt aufgrund des Drucks von Interessenvereinigungen und denjenigen Mitgliedstaaten, welche das oben beschriebene traditionelle Verständnis von Daseinsvorsorge gefördert sehen wollen, also all jenen, die in der Daseinsvorsorge eine Ausnahme vom normalen Marktgeschehen sehen. Den Dienstleistungen von allgemeinem wirtschaftlichen Interesse ist durch die Aufnahme des Art. 16 in den EG-Vertrag damit zumindest insoweit eine Aufwertung zuteil geworden, als sie nun gemäß dem Wortlaut einen gemeinsamen Wert innerhalb der Union darstellen. Die Bedeutung dessen wird nicht zuletzt dadurch deutlich, daß sie in den Ersten Teil des Vertrages aufgenommen und damit unter den Grundsätzen der Europäischen Gemeinschaft verankert wurden.
Der neu eingefügte Art. 16 EG stellt damit eine Handlungsaufforderung dar, nach welcher die Dienste von allgemeinem wirtschaftlichen Interesse im Rahmen der bestehenden Kompetenzen zu fördern sind[373]. In ihm kommt jedenfalls der Wille der Mitgliedstaaten zum Ausdruck, gemeinwohlorientierte Dienste gegenüber dem marktwirtschaftlichen Modell zumindest zu stärken[374]. Eine solche Stärkung kann aber nur dadurch erfolgen, daß Art. 16 EG bei der Auslegung und Anwendung von Vertragsbestimmungen grundsätzlich zu berücksich-

---

[371] Kämmerer, NVwZ, 2002, S. 1041 (1043); Knauff, Der Gewährleistungsstaat, S. 110 f.; Jung, in: Calliess/Ruffert, Art. 16 EG Rn. 11.
[372] Allgemeine Ansicht, anstatt vieler: Knauf, Der Gewährleistungsstaat, S. 107.
[373] Klotz, in: v.d. Groeben/Schwarze, Art. 16 EG, Rn. 23; Jung, in: Calliess/Ruffert, Art. 16 EG, Rn. 11; das dies von der Kommission mißachtet wird, arbeitet insbesondere Ennuschat heraus, RdE 2001, S. 46 (50)..
[374] Jung, in: Calliess/Ruffert, Art. 16 EG, Rn. 13.

tigen ist[375]. Dies muß trotz des oben Gesagten eingeschränkt auch für die Art. 73, 86 und 87 EG[376] gelten.
Der Wortlaut des Art. 16 EG stellt klar, daß diese Vorschriften grundsätzlich Anwendung finden müssen. Ferner wäre es mit dem Wortlaut des Art. 16 EG auch nicht vereinbar, wenn die Vorschriften in ihrem Gepräge durch den Einfluß des Art. 16 EG eine grundsätzliche Änderung erfahren würden. Die Ansicht, welche damit aber jegliche Auswirkung auf die Art. 73, 86 und 87 EG verneint[377], verkennt, daß dann die Schaffung des neuen Art. 16 EG überhaupt keine Wirkung entfalten würde und weitestgehend überflüssig wäre. Es sind ja gerade die in Art. 16 EG genannten Artikel, mit denen die Dienstleistungen von allgemeinem wirtschaftlichen regelmäßig kollidieren. Würde man Art. 16 EG überhaupt keine Wirkung auf die genannten Vorschriften zuerkennen, würde die Vorschrift damit jeglichen Kompromißcharakter verlieren. Dies wäre aber auch mit der systematischen Stellung dieser Vorschrift als Grundsatzvorschrift nicht zu vereinbaren[378]. Aus dieser Stellung resultiert daher, daß Art. 16 EG bei der Prüfung der entsprechenden Vorschriften zumindest innerhalb von Abwägungen Beachtung finden muß[379].

Es bleibt festzuhalten, daß Art. 16 EG auch bei der Auslegung der Art. 73, 86 und 87 EG berücksichtigt werden muß. Um dem Wortlaut des Art. 16 EG gerecht zu werden, muß darauf geachtet werden, daß die genannten Vorschriften in gewohnter Art und Weise Anwendung finden. Nur dort, wo Abwägungen getroffen werden können, kann die aus Art. 16 EG resultierende Wertung gewichtend mit einfließen.

(3) Auswirkungen des Art. 16 EG auf die Einstufung der Ausgleichsleistungen innerhalb der Prüfung des Art. 87 Abs. 1 EG

Vor diesem Hintergrund stellt sich somit zwangsläufig die Frage, welche Auswirkungen der Art. 16 EG auf die Einstufung der Ausgleichsleistungen innerhalb der Prüfung des Art. 87 Abs. 1 EG hat. Während die Auswirkungen, die

375 Hatje, in: Schwarze, EU-Kommentar, Art. 16 EG Rn. 16, Lenz, in: ders., EG-Vertrag, Art. 16 EG Rn. 10; Klotz, in: v.d. Groeben/Schwarze, Art. 16 EG, Rn. 23.
376 Badura, in: Schwarze, Daseinsvorsorge, S. 25 (31); Alber, in: Schwarze, Daseinsvorsorge, S. 73 (83); Frenz, EuR 2000, 901 (915); Lenz, in: Lenz, EG-Vertrag, Art. 16, Rn. 10; Kühling, in: Hrebk/Nettesheim, Europäische Union und mitgliedstaatliche Daseinsvorsorge, S. 138 (141); Knauff, Der Gewährleistungsstaat, S. 115.
377 So deutlich zumindest Jung, in: Calliess/Ruffert, Art. 16 EG, Rn. 12.
378 So auch Knauff, Der Gewährleistungsstaat, S. 116, nach welchem die entsprechenden Vorschriften nur im Grundsatz unberührt bleiben müssen; Klotz, in: v.d.Groeben/Schwarze, Art. 16, Rn. 30, nach welchem Art. 16 EG zumindest bei der Auslegung und Anwendung der Rückausnahme des Art. 86 Abs. 2 S. 2 EG beachten finden muß, um ihrer Stellung als Grundsatznorm gerecht zu werden.
379 So auch Knauff, Der Gewährleistungsstaat, S. 116.

Art. 16 EG auf Art. 86 Abs. 1 und Art. 86 Abs. 2 EG zeitigt, bereits Gegenstand von Untersuchungen waren[380], sind dessen Auswirkungen auf Art. 87 Abs. 1 EG bisher nicht untersucht wurden. Es gilt daher festzustellen, inwieweit Art. 16 EG Auswirkungen auf die Entscheidung haben könnte, ob entweder der Tatbestandslösung oder der Rechtfertigungslösung der Vorrang zu geben ist.

Wie oben bereits erläutert wurde, stellt Art. 16 EG einen Kompromiß dar, nach welchem die Dienste von allgemeinem wirtschaftlichen Interesse durch die in Art. 16 EG enthaltene Handlungsaufforderung innerhalb der bestehenden Kompetenzen gestärkt werden sollen. Nach Ansicht der Vertreter der Rechtfertigungslösung sollen aber Leistungen des Staates nur deswegen als Beihilfen eingestuft werden, weil sie einen Ausgleich für von Dritten erbrachte oder zu erbringende Dienste von allgemeinem wirtschaftlichen Interesse schaffen sollen. Eine solche Einstufung soll automatisch erfolgen, ohne daß eine nähere Untersuchung der Gegenleistung stattfindet. Ginge man so vor, wäre dies nicht nur eine nicht erfolgende Förderung, sondern sogar eine offensichtliche Benachteiligung dieser Dienste[381]. Diese würden dann ohne nähere Prüfung den Tatbestand einer Beihilfe erfüllen, während es bei anderen Leistungen des Staates an Dritte bei der allgemeinen oben dargestellten Beihilfeprüfung bliebe, in der im Zweifel die Prüfung der Gegenleistung zu einer Entscheidung über das Vorliegen einer Beihilfe führen würde.

Eine solche automatische Einstufung der Ausgleichsleistungen als Beihilfe würde daher zu einem offensichtlichen Widerspruch mit dem neu eingefügten Art. 16 EG führen. Es ist nicht hinzunehmen, daß man sich einerseits in einem mühsamen politischen Prozeß zu dem Kompromiß durchringt, die Dienste von allgemeinem wirtschaftlichen Interesse zukünftig im Rahmen der bestehenden Kompetenzen zu fördern, und andererseits im Bereich des Beihilferechts von der allgemeinen Systematik abweicht, um diese Dienste dadurch sogar noch schlechter zu stellen als jegliche andere Leistungen des Staates an Dritte. Neben den anderen genannten Argumenten, welche gegen eine Anwendung der Rechtfertigungslösung sprechen, ist die Rechtfertigungslösung somit auch mit Art. 16 EG nicht zu vereinbaren.

Einer solchen aufgrund von Art. 16 EG getroffenen Entscheidung zu Gunsten der Tatbestandslösung kann man auch nicht entgegenhalten, dass sie den Wortlaut des Art. 16 EG, nach welchem Art. 87 Abs. 1 EG unberührt bleiben soll, nicht hinreichend berücksichtigen würde. Die Tatbestandslösung steht vielmehr, wie oben bereits dargestellt, gerade im Einklang mit der allgemeinen Systematik

---

380 Siehe dazu v.d. Groeben/Schwarze, Art. 16 EG, Rn. 26; Knauff, Der Gewährleistungsstaat, S. 110 ff.

381 Ähnlich Schebstadt, DVBl. 2004, S. 737 (745).

des Beihilferechts und führt nicht zu einer veränderten Auslegung des Art. 87 Abs. 1 EG. Durch die Anwendung der Tatbestandslösung wird daher lediglich dafür Sorge getragen, daß Dienste, welche im allgemeinen wirtschaftlichen Interesse erbracht werden, im Rahmen der normalen Prüfung des Art. 87 Abs. 1 EG nicht schlechter gestellt werden. Dem Willen der Mitgliedstaaten wird somit Rechnung getragen, ohne daß es zu einer veränderten Auslegung oder gar einer Unanwendbarkeit des Art. 87 Abs. 1 EG kommt.
Die oben aufgeworfene Frage, ob Art. 16 EG für eine Lösung auf der Tatbestandsebene oder auf Rechtfertigungsebene ausschlaggebend sein kann, ist somit zu Gunsten der Tatbestandslösung zu beantworten. Nur eine solche Auslegung wird der in Art. 16 EG enthaltenen Handlungsaufforderung gerecht.

ddd) Praktische Erwägungen

Neben den oben genannten Argumenten werden für die Anwendung der Rechtfertigungs- bzw. der Tatbestandslösung noch praktische Erwägungen ins Feld geführt. Diese sind stark geprägt von den oben bereits dargestellten Befürchtungen bezüglich einer zu starken Einschränkung der traditionellen Dienstleistungen von allgemeinem wirtschaftlichen Interesse bzw. der Gefahr zunehmender Wettbewerbsverzerrungen bei einer unzureichenden Überwachung dieser Dienste.

(1) Unzulässige Beschneidung der Überwachungsmöglichkeiten der Kommission?

Von den Gegnern einer Lösung auf der Tatbestandsebene wird vorgebracht, daß durch einen solchen Ansatz die Notifizierungspflicht entfallen und dadurch die Überwachungsmöglichkeiten der Kommission massiv beschnitten werden würden, woraus dann die Gefahr massiver Wettbewerbsverzerrungen resultieren könnte[382]. Außerdem sei die Rechtfertigungsebene – aufgrund jener der Kommission dort ohnehin zugestandenen Ermessensspielräume – geeigneter, solche Entscheidungen zu treffen[383].
Dem ist sicherlich zuzugestehen, daß der Kommission die Überwachung dieser Dienstleistungen ohne eine entsprechende Notifizierungspflicht erschwert werden würde. Allerdings kann man nicht jegliche Ausgleichsleistung grundsätzlich als Beihilfe einstufen, nur um sie der Notifizierungspflicht zu unterwerfen und dadurch die Aufsichtsposition der Kommission zu stärken. Wenn man dermaßen vorginge, könnte man auch grundsätzlich jegliche staatliche Leistung an Dritte der Notifizierungspflicht unterwerfen, um eine lückenlose Kontrolle durch die Kommission gewährleisten zu können. Durch einen solchen Schritt würde aber in die Kompetenzen der Mitgliedstaaten eingegriffen werden, da die Kommissi-

[382] Siehe dazu unter V, 1, c, aa, bbb und V, 1, f, aa, aaa.
[383] Siehe dazu unter V, 1, f, aa, aaa.

on Entscheidungsbefugnisse erhielte, welche ihr nach dem Vertrag nicht zustehen. Dieser sieht explizit nur eine Überprüfung und Überwachung von Beihilfen oder beihilfeverdächtigen Maßnahmen vor. Eine lückenlose Überwachung durch die Kommission, welche vielleicht aus wettbewerbsrechtlicher Sicht wünschenswert wäre, müßte, wenn dies allgemeiner Konsens ist, mittels einer Vertragsänderung erreicht werden. Der Wunsch nach einer lückenlosen Überwachung darf aber nicht dazu führen, daß sich über die allgemeine Systematik des Beihilferechts hinweggesetzt wird, um dadurch einen Artikel des Vertrages – hier Art. 86 Abs. 2 EG – zur Anwendung bringen zu können, dessen Voraussetzung gar nicht erfüllt sind.

Zudem beläßt die Kommission die Gestaltungsfreiheit bezüglich der Definition, der Art und des Umfanges der Leistungen explizit im Verantwortungsbereich der Mitgliedstaaten und gesteht diesen hierbei einen großen Spielraum zu. Eine Kontrolle findet nur insoweit statt, als diese Definition der Art und des Umfanges der Leistungen von der Kommission lediglich auf offenkundige Fehler überprüft wird[384]. Es ist somit widersprüchlich, daß die Kommission den Mitgliedstaaten im Bereich dieser Leistungen einen dermaßen großen Spielraum überläßt, andererseits aber eine unzureichende Kontrolle der Kommission über diese Leistungen als Mangel angesehen wird. Von einer unzulässigen Beschneidung der Überwachungsmöglichkeiten der Kommission durch die Anwendung der Tatbestandslösung kann somit nicht gesprochen werden.

(2) Praktische Erwägungen gegen eine allgemeine Notifizierungspflicht

Gegen eine grundsätzliche Notifizierungspflicht sprechen darüber hinaus noch weitere Argumente. Hier muß zunächst auf die Gefahr hingewiesen werden, daß die Notwendigkeit einer vorherigen Notifikation die entsprechende Aufgabenerfüllung zumindest behindern und verlangsamen könnte[385]. Hiergegen wird zwar vorgebracht, daß die Kommission klare Fristen habe, an die sie sich zu halten habe und die sie nicht eigenmächtig verlängern könne[386]. Dem muß man aber entgegenhalten, daß, wie oben bereits erläutert[387], bei der Erfüllung bestimmter Dienstleistungen auch ein solcher verhältnismäßig geringer Aufschub nicht in Kauf genommen werden kann, da es sich hier größtenteils um Dienste von elementarer Bedeutung handelt.

---

[384] Mitteilung der Kommission über die Leistungen der Daseinsvorsorge in Europa vom 19.01.2001, Abl. EG. 2001, Nr. C 17/4; bestätigt wurde das sowohl durch die Rechtsprechung des EuGH, wie auch des EuG, siehe Generalanwalt Tizzano, Schlußanträge zu EuGH, Rs. C-53/00, Slg. 2001, S. 9067 (9085), Rn. 51, Ferring/ACOSS; EuG, Rs. T-106/95, Slg. 1997, S. II-229 (265), Rn. 108, FFSA/Kommission.

[385] So auch Nettesheim, EWS 2002, S. 253 (261).

[386] Siehe dazu unter V, 1, c, aa, ddd.

[387] Siehe dazu unter IV, 3, a.

Weiterhin muß man der Argumentation, daß eine vorherige Notifikation zur Überwachung nötig wäre, insoweit widersprechen, als die Kommission ohnehin befugt ist, von Amts wegen in Zweifelsfällen ein Kontrollverfahren einzuleiten. Genau diese Möglichkeit wurde von der Kommission regelmäßig eingefordert und ist allgemein anerkannt. Ein Teil der Fälle, welche beihilferechtliche Bedenken aufwerfen, dürfte der Kommission außerdem wie bisher durch Konkurrentenklagen oder eine entsprechende Medienberichterstattung zugetragen werden[388]. Denn genau in jenen Bereichen, wo ein entsprechendes Vorgehen der Mitgliedstaaten zu einer Wettbewerbsverzerrung führen könnte, werden die Konkurrenten möglicherweise bevorzugter Unternehmen an einer Klärung des Sachverhalts durch die Kommission interessiert sein.

Abschließend ist auch äußerst fraglich, ob die bereits jetzt überlastete Kommission überhaupt in der Lage wäre, sämtliche Ausgleichsleistungen, welche bei Anwendung der Rechtfertigungslösung grundsätzlich notifiziert werden müßten, innerhalb von für alle Beteiligten akzeptablen Fristen zu überprüfen. Diese Fülle von Anträgen würde die Kapazitäten der Kommission dermaßen in Anspruch nehmen, daß diese für die eigentlichen, wirklich problematischen Fälle kaum noch zur Verfügung stehen dürfte[389]. Das heißt nichts anderes, als daß eine allgemeine Notifizierungspflicht für die eigentliche Intention der Beihilfevorschriften, potentiell wettbewerbsschädigendes Verhalten der Mitgliedstaaten aufzudecken, kontraproduktiv sein könnte.

eee) Zusammenfassung

Es sind sowohl systematische als auch praktische Erwägungen, welche für eine Lösung der Problematik der Ausgleichsleistungen auf Basis der Tatbestandslösung und nicht der Rechtfertigungslösung sprechen.

Zunächst sprechen die Tatbestandsvoraussetzungen des Art. 87 Abs. 1 EG insofern für die Tatbestandslösung, als nur bei deren Anwendung die Marktüblichkeit der Gegenleistung ausreichend Beachtung findet. Des weiteren würde die Anwendung der Rechtfertigungslösung zu einer Einbeziehung von Gründen und Zielen führen, welche anerkanntermaßen im Rahmen der Beihilfeprüfung nicht beachtet werden dürfen. Die Tatbestandslösung hingegen stellt nur auf die Wirkung der Beihilfe ab.

Der Vorwurf, daß die Tatbestandslösung zu der Schaffung eines zweiten Beihilfebegriffs führe, beruht ebenfalls auf der irrigen Annahme, daß die Tatbestandslösung unzulässige Kriterien in die Beihilfeprüfung mit einbeziehe. Aufgrund der Tatsache, daß die Gegenleistung in der Beihilfeprüfung grundsätzlich das maßgebliche Kriterium ist, ist dieser Vorwurf haltlos. Ebenfalls haltlos ist die

---

388 Nettesheim, EWS 2002, S. 253 (261).

389 Nettesheim EWS 2002, S. 253 (261).

Annahme, daß die Tatbestandslösung bei hoheitlich auferlegten Dienstleistungen keine Anwendung finden dürfe, da man in diesen Fällen nicht von einer marktgerechten Gegenleistung sprechen könne. Eine solche Verallgemeinerung ist abzulehnen und jeder Einzelfall gesondert hinsichtlich des Vorliegens einer marktgerechten Gegenleistung zu prüfen.

Für die Rechtfertigungslösung kann man ebenfalls nicht das Verhältnis zu Art. 86 Abs. 2 EG anführen. Diese Vorschrift dient ohnehin nur als ultima ratio. Es ergibt somit keinen Sinn, die Rechtfertigungslösung nur deswegen zur Anwendung zu bringen, um dieser Vorschrift einen größeren Anwendungsbereich zu verschaffen. Ihre Funktion als ultima ratio spricht vielmehr für die Tatbestandslösung, da nur durch die Anwendung dieser Lösung der Anwendungsbereich des Art. 86 Abs. 2 EG entsprechend seiner Funktion begrenzt wird.

Den Ausschlag für die Tatbestandslösung gibt nicht zuletzt auch der durch den Amsterdamer Vertrag neu eingefügte Art. 16 EG. Der in diesem Artikel enthaltenen Handlungsaufforderung, die Dienste von allgemeinem wirtschaftlichen Interesse zu fördern, wird nur die Tatbestandslösung gerecht. Nur durch diese werden die Ausgleichsleistungen nicht pauschal als Beihilfe eingestuft und damit nicht schlechter gestellt als jede andere Leistung des Staates an Dritte, bei welcher immer die Marktüblichkeit der Gegenleistung im Rahmen der Beihilfeprüfung Beachtung findet.
All diese Erwägungen führen zu dem Ergebnis, eine Lösung der Problematik auf der Basis der Tatbestandslösung zu suchen.

bb) Ausgestaltung der Tatbestandslösung

Nachdem nun festgestellt wurde, daß eine Lösung der Problematik auf der Tatbestandsebene vorzugswürdig ist, stellt sich als nächstes die Frage, in welcher Form die Tatbestandslösung Anwendung finden soll. Nach Ansicht eines Teils der Literatur, der Generalanwälte und nicht zuletzt auch nach Ansicht des EuGH muß eine Lösung auf der Tatbestandsebene besonders ausgestaltet, d.h. modifiziert werden, um dieser Problematik gerecht werden zu können. Als nächster Schritt werden daher die einzelnen vorgeschlagenen Vorgehensweisen untersucht werden, um dann zu sehen, ob eine solche vorgeschlagene Ausgestaltung wirklich sinnvoll ist.

aaa) Zusammenhang zwischen gewährter Leistung und auferlegter Verpflichtung

Nach Ansicht der Generalanwälte Jacobs und Stix-Hackl sollte die Tatbestandslösung insoweit modifiziert werden, als man nur dann das tatbestandliche Vorliegen einer Beihilfe verneinen könne, wenn ein „ausreichender" Zusammenhang zwischen der gewährten Leistung und der auferlegten Verpflichtung gegeben sei. Hierfür sei zunächst erforderlich, daß die zu erbringende Verpflichtung „klar definiert“[390] worden sei, damit es überhaupt möglich sei, die sich daraus ergebenden Lasten, d.h. die entsprechenden Kosten der Leistung, genau zu ermitteln. Als zweites sei es dann erforderlich, daß eine „unmittelbare und offensichtliche“ Verbindung zwischen den entsprechenden Leistungen gegeben sei. Vorteilhaft an dieser Unterscheidung sei, daß sie mit der ständigen Rechtsprechung des EuGH übereinstimme, wonach komplexere Geschäfte immer als Ganzes zu beurteilen seien und daß man weiterhin dem neuen Art. 16 EG auf diesem Wege gerecht werden würde[391].

Zweifelsfrei richtig ist, daß nach der ständigen Rechtsprechung des EuGH Geschäfte immer als ein Ganzes zu behandeln sind, was impliziert, daß die jeweiligen Gegenleistungen grundsätzlich Beachtung finden müssen. Unklar ist aber, wie die von den Generalanwälten geforderten Kriterien zur Sicherstellung dieser Rechtsprechung des EuGH beitragen sollen. Die Forderung der Generalanwälte läuft darauf hinaus, die Gegenleistung nur dann zu beachten, wenn die von ihnen geforderten Kriterien erfüllt sind. Dies steht aber gerade nicht damit im Einklang, daß die Gegenleistung grundsätzlich im Rahmen der Prüfung des Art. 87 Abs.1 EG Beachtung finden muß.
Abzulehnen ist diese Ansicht aber auch deswegen, weil die verwendeten Abgrenzungskriterien rein form- und verfahrensbezogen sind[392]. Wie bereits erläutert, dürfen Kriterien wie die Form der Leistung oder das ihr zugrundeliegende Verfahren[393] keine Berücksichtigung finden. Die Anwendung dieser Ansicht würde sonst immer die Gefahr beinhalten, daß verschiedene Leistungen, welche aber die gleichen Auswirkungen auf den Wettbewerb haben, nur deswegen unterschiedlich behandelt werden, weil sie in unterschiedlicher Form erfolgen oder ihnen ein unterschiedliches Verfahren zugrunde liegt.
Zweifeln muß man aber auch daran, ob diese Kriterien zu mehr Rechtssicherheit führen würden. Diese vorgeschlagenen Kriterien sind selbst auslegungsbedürftig und eröffnen verschiedene Auslegungsmöglichkeiten. Sie sind folglich auch zu

---

[390] Generalanwältin Stix-Hackl, Schlußanträge zu EuGH, Rs. C-34/01 bis C-38/01, Slg. 2003, S. I-14243 (14280), Rn. 154 f., Enirisorse/Ministero delle Finanze; Generalanwalt Jacobs, Schlussanträge zu EuGH, Rs. C-126/01, Slg. 2003, S. I-13769 (13799), Rn. 118 f., Ministre de l´économie/GEMO.
[391] Generalanwältin Stix-Hackl, Schlußanträge zu EuGH, Rs. C-34/01 bis C-38/01, Slg. 2003, S. I-14243 (14280), Rn. 154 f., Enirisorse/Ministero delle Finanze; Generalanwalt Jacobs, Schlussanträge zu EuGH, Rs. C-126/01, Slg. 2003, S. I-13769 (13799), Rn. 118 f., Ministre de l´économie/GEMO.
[392] Generalanwalt Léger, Schlußanträge vom 14.01.2003 zu EuGH, Rs. C-280/00, Slg. 2003, S. I-7751 (7806), Rn. 84, Altmark Trans/Nahverkehrsgesellschaft Altmark.
[393] Das Verfahren darf nur insofern Beachtung finden, als bestimmte Verfahren - hier ist insbesondere ein ordnungsgemäß durchgeführtes Vergabeverfahren zu nennen - dazu führen können, daß die begünstigende Wirkung bestimmter Maßnahmen entfällt. Entscheidendes Kriterium bleibt aber auch in diesen Fällen die Wirkung der Maßnahme.

vage, um in dieser Form Anwendung finden zu können. Zweifelhaft erscheint weiterhin, ob diese Abgrenzungskriterien dazu beitragen können, daß Art. 16 EG stärkere Berücksichtigung findet. Dies scheint deswegen unwahrscheinlich zu sein, weil bei dieser Auslegung Leistungen der Daseinsvorsorge, welche nach ihrer Wirkung keine Beihilfen darstellen, trotzdem als Beihilfen eingestuft werden könnten, da sie die geforderten Kriterien unter Umständen nicht erfüllen könnten.

Festzuhalten bleibt, daß die vorgeschlagenen Kriterien nicht überzeugen und der Vorschlag insgesamt Defizite aufweist. Der Vorschlag der Generalanwälte Stix-Hackl und Jacobs ist somit abzulehnen.

bbb) Die Altmark Trans-Kriterien

Als nächstes müssen die in der (neusten) Rechtsprechung des EuGH entwickelten vier Kriterien untersucht werden. Diese erstmals in der Altmark Trans-Rechtsprechung aufgestellte Kombination einzelner Kriterien verbindet bereits zuvor in der Literatur entwickelte Abgrenzungskriterien mit vom EuGH neu entwickelten Voraussetzungen. Durch die Anwendung dieser Kriterien soll ausgeschlossen werden, daß dem oder den begünstigten Unternehmen durch die Leistung des Staates ein wirtschaftlicher Vorteil zukommt, welcher über einen adäquaten Ausgleich der entstandenen Belastungen hinausgeht.

(1) Erfordernis der tatsächlichen Betrauung mit der gemeinwirtschaftlichen Verpflichtung

Nach dem ersten Kriterium der Altmark Trans-Rechtsprechung muß *„das Unternehmen zunächst tatsächlich mit der Erfüllung von gemeinwirtschaftlichen Verpflichtungen betraut worden sein“*. Durch dieses Kriterium soll somit anscheinend ausgeschlossen werden, daß ein Unternehmen einen Ausgleich für erbrachte Leistungen erhält, zu welchen es seitens des Staates überhaupt nicht verpflichtet wurde.

Hier ist zunächst fraglich, wie eine solche *tatsächliche Betrauung* auszusehen hat. Bedarf es hierfür eines Verwaltungsaktes oder ist eine vertragliche Vereinbarung zwischen dem Staat und dem entsprechenden Unternehmen ausreichend? Ist der Begriff der Betrauung dem französischen Verständnis des service public entlehnt, der ebenfalls einen Betrauungsakt voraussetzt?

Im Altmark Trans Urteil ging der EuGH nicht ins Detail und beließ es bei der Feststellung, daß ein Betrauungsakt notwendig sei. Die Antwort auf diese Frage findet sich aber in der bisherigen Rechtsprechung des EuGH. Bisher ging er davon aus, daß grundsätzlich immer ein Hoheitsakt der öffentlichen Gewalt erforderlich sei, um von einer Betrauung sprechen zu können. Eingeschränkt

wurde die Rechtsprechung nur insoweit, als auch aktiv übertragene öffentlich-rechtliche Konzessionen als ausreichend angesehen wurden[394].
Diese Rechtsprechung erging aber zu Art. 86 Abs. 2 EG. Hier ergibt sich das Kriterium der Betrauung bereits aus dem Wortlaut. Die Vorschrift des Art. 86 Abs. 2 EG kommt aber, wie bereits ausgeführt, nur dann zur Anwendung, wenn tatbestandlich eine Beihilfe vorliegt, welche dann auf eine mögliche Rechtfertigung durch Art. 86 Abs. 2 EG geprüft wird. Dementsprechend erscheint es auch als angemessen, an das Merkmal der Betrauung höhere Maßstäbe anzulegen und somit einen Hoheitsakt der öffentlichen Gewalt zu verlangen. Dies ist nicht zuletzt deswegen gerechtfertigt, da es sich bei Art. 86 Abs. 2 EG um eine Vorschrift handelt, welche lediglich als ultima ratio dient.

Die hier zu entscheidenden Fälle sind allerdings anders gelagert. Hier geht es um ein Kriterium, welches innerhalb der Prüfung des Art. 87 Abs. 1 EG – also zur Beantwortung der Frage, ob eine Beihilfe vorliegt oder nicht – zur Anwendung kommen soll. Die Rechtsprechung des EuGH bedeutet daher eine Übertragung der Maßstäbe des Art. 86 Abs. 2 EG auf den Tatbestand des Art. 87 Abs. 1 EG. Dies erfolgt ohne nähere Begründung und wurde auch in der Literatur entweder kritiklos gebilligt[395] oder als zwar systematisch inkonsequent bezeichnet, aufgrund seiner geringen praktischen Auswirkungen aber dennoch hingenommen[396].

Dem ist jedoch zu widersprechen. Zunächst ist nicht ersichtlich, warum es erforderlich sein sollte, dieses Kriterium von Art. 86 Abs. 2 EG auf Art. 87 Abs. 1 EG zu übertragen. Auch hier muß wieder zur Geltung gebracht werden, daß in der Prüfung des Art. 87 Abs. 1 EG nicht die der staatlichen Leistung zugrundeliegende Form der Verpflichtung, sondern nur die Wirkung der staatlichen Leistung (Gegenleistung) Berücksichtigung finden darf. Es darf keinen Unterschied machen, ob die Verpflichtung mittels eines Hoheitsaktes erfolgte oder die Verpflichtung lediglich aus einem abgeschlossenen Kaufvertrag etc. resultiert. Die Übernahme dieses Kriteriums in die Prüfung des Art. 87 Abs. 1 EG ist somit nicht nur nicht erforderlich, sondern widerspricht auch der allgemeinen Beihilfesystematik.

---

[394] EuGH, Rs. C-159/94, Slg. 1997, S. I-5815 (5836), Rn. 66, Kommission/Frankreich; EuGH Rs. C-393/92, Slg. 1994, S. I-1477 (1520 f.), Rn. 47, Almelo/Energiebedrijf Ijsselmij.
[395] Koenig, BB 2003, S. 2185 (2186), Leibenath, EuR 2003, S. 1052 (1061); Sandmann, Kommunale Unternehmen im Spannungsfeld, S.124; van Ysendyck/Zühlke, EWS 2004, S. 16 (17 f.) nach welchen die Notwendigkeit eines Aktes der Betrauung schon seit langem Bestandteil der beihilferechtlichen Analyse von Leistungen der Daseinsvorsorge sei. Hierbei verkennen sie aber, daß dieses Kriterium bisher nur im Rahmen von Art. 86 Abs. 2 EG relevant war.
[396] Jennert, NVwZ 2004, S. 425 (426 f.).

Es ist auch kaum nachzuvollziehen, daß die systematische Inkonsequenz dadurch gerechtfertigt sein sollte, daß die praktischen Auswirkungen gering seien. Es ist zwar zutreffend, daß der EuGH in seiner neusten Rechtsprechung auch öffentlich-rechtliche Konzessionen als Betrauungsakt genügen läßt[397]; hieraus aber wie die Kommission zu folgern, daß nun „Verträge" ganz allgemein das Kriterium der Betrauung erfüllen würden, erscheint verfehlt[398] und ist aus den entsprechenden Urteilen nicht zu entnehmen.
Es ist weiterhin auch widersprüchlich, wenn die Kommission einerseits feststellt, daß zukünftig „Verträge" ausreichend seien, aber andererseits im gleichen Dokument erklärt:

„...muß der Versorgungsauftrag in jedem Fall klar definiert und ausdrücklich durch Hoheitsakt aufgetragen sein"[399].

Nicht zuletzt aufgrund dieser widersprüchlichen Aussage muß man somit weiterhin davon ausgehen, daß die Betrauung nach dem EuGH mittels eines Hoheitsaktes erfolgen muß.
Damit kommt man dann zu dem Ergebnis, daß die Übernahme des Erfordernisses der Betrauung in die Prüfung des Art. 87 Abs. 1 EG eine deutliche Einschränkung bedeuten und die Dienstleistungen von allgemeinem wirtschaftlichen Interesse schlechter stellen würde, als z.B. den normalen Einkauf von Waren oder Dienstleistungen durch den Staat, wo jegliche der Beschaffung zugrunde liegende vertragliche Beziehung den Anforderungen genügen kann. Eine solche Schlechterstellung ist aber, wie bereits ausgeführt wurde, mit Art. 16 EG unvereinbar. Dementsprechend ist auch der Einwand, die praktischen Auswirkungen seien gering, abzulehnen.

Letztlich sind es auch hier systematische und praktische Erwägungen, welche gegen eine Übertragung der „Betrauung" von Art. 86 Abs. 2 EG auf Art. 87 Abs. 1 EG sprechen.

(2) Klare Definition der Verpflichtung

Die dem Unternehmen auferlegte Verpflichtung muß nach Altmark Trans *klar definiert* worden sein. Diesem Erfordernis ist grundsätzlich zuzustimmen. Es erscheint erforderlich, um feststellen zu können, wofür die Ausgleichsleistungen des Staates, welche darauf untersucht werden müssen, ob sie marktgerecht sind,

---

397 EuGH, Rs. C-159/94, Slg. 1997, S. I-5815 (5836), Rn. 66, Kommission/Frankreich; EuGH Rs. C-393/92, Slg. 1994, S. I-1477 (1520 f.), Rn. 47, Almelo/Energiebedrijf Ijsselmij.

398 Mitteilung der Kommission zu den Leistungen der Daseinsvorsorge in Europa vom 19.01.2001, Abl. EG 2001, C 17/04, Rn. 22; diese Ansicht übernehmend Jennert, NVwZ 2004, S. 425 (426).

399 Mitteilung der Kommission zu den Leistungen der Daseinsvorsorge in Europa vom 19.01.2001, Abl. EG 2001, C 17/04, Rn. 22.

erbracht wurden. Eine solche Voraussetzung ist schließlich auch dann regelmäßig gegeben, wenn der Staat nicht Dienstleistungen von allgemeinem öffentlichen Interessen erbringen läßt, sondern Waren oder andere Dienstleistungen von Dritten einkauft. Auch diesen Beziehungen liegt im Regelfall zumindest ein Vertrag zugrunde, in welchem die gegenseitigen Leistungsverpflichtungen relativ klar definiert sein dürften.

Es muß lediglich darauf geachtet werden, daß dieses Kriterium nicht zu starr gehandhabt wird. Es darf nicht dazu führen, daß jegliches Detail der Leistungserbringung – eventuell sogar im Voraus – festgelegt sein muß und z.B. jede Änderung seitens des Unternehmens automatisch zu einer Einstufung als Beihilfe führt. Eine gewisse Flexibilität muß insoweit erhalten bleiben, als es möglich sein muß, sinnvolle Änderungen der Qualität oder Quantität der Leistung, welche auch unter Umständen notwendig sind, um die Dienstleistung – nicht zuletzt auch für den Bürger – zufriedenstellend erbringen zu können, auch noch während der Leistungserbringung selbst vorzuschlagen und nach Rücksprache vornehmen zu können. Dies würde auch in jeglicher anderen Leistungsbeziehung zwischen dem Staat und Dritten als zulässig erachtet werden. Solange sichergestellt ist, daß für die letztlich erbrachte Leistung wirklich nur eine marktgerechte Gegenleistung erbrachte wurde, ist dies auch im Hinblick auf Art. 87 Abs. 1 EG völlig unproblematisch.
Dem Kriterium der *klaren Definition* der Verpflichtung ist unter Berücksichtigung der genannten Einschränkungen zuzustimmen.

(3) Vorherige, objektive und transparente Aufstellung der Ausgleichsparameter

Ebenfalls durch die Altmark Trans-Rechtsprechung neu hinzugekommen ist die Voraussetzung, daß *die Parameter für den Ausgleich der Leistung zuvor objektiv und transparent aufgestellt* sein müßten. Dies sei notwendig, um zu verhindern, daß das Unternehmen, welches diese Leistung erhält, gegenüber konkurrierenden Unternehmen begünstigt werde[400].
Fraglich ist hier zunächst, was unter der zeitlichen Bestimmung „*zuvor*" zu verstehen ist. Bezieht sich diese zeitliche Bestimmung nur auf den Zeitpunkt der Leistung des Ausgleiches, müßten die Parameter lediglich vor diesem festgelegt sein. Bezieht sich die zeitliche Bestimmung jedoch auf den Zeitpunkt der Betrauung, würde das bedeuten, daß bereits vor dem Zeitpunkt, zu welchem das Unternehmen mit der Erbringung der Dienstleistung beginnt, die Parameter feststehen müßten. Klarheit bringen hier die weiteren Ausführungen des EuGH:

„Gleicht daher ein Mitgliedstaat, ohne daß zuvor die Parameter dafür aufgestellt worden sind, die Verluste eines Unternehmens aus, wenn sich nachträglich herausstellt, daß ein

---

[400] EuGH, Rs. C-280/00, Slg. 2003, S. I-7751 (7840) Rn. 90, Altmark Trans u.a./ Nahvekehrsgesellschaft Altmark GmbH.

Betreiben bestimmter Dienste im Rahmen der Erfüllung gemeinwirtschaftlicher Verpflichtungen nicht wirtschaftlich durchführbar war, so stellt dies ein finanzielles Eingreifen dar, was unter den Begriff der staatlichen Beihilfe im Sinne von Art. 92 Abs. 1 EG (jetzt Art. 87 Abs. 1 EG) fällt"[401].

Entscheidend ist hier, daß der EuGH darauf abstellt, daß sich die fehlende wirtschaftliche Durchführbarkeit bestimmter Dienste erst nachträglich, im Sinne von nach der Erbringung der Leistung, herausstellt. Die zeitliche Bestimmung bezieht sich folglich auf den Zeitpunkt der Leistungserbringung. Die Parameter müssen also nach dem EuGH bereits vor der Leistungserbringung feststehen.

Von diesem Zeitpunkt ausgehend, stellt sich aber als nächstes die Frage, ob dies notwendig ist, um sicherzustellen, daß dem Unternehmen, das die Leistung erhält, wirklich keine Begünstigung zuteil wird. Dem EuGH ist sicherlich zuzugestehen, daß es am wenigsten beihilfeverdächtig ist, wenn die Ausgleichsparameter schon vor der Leistungserbringung objektiv und transparent aufgestellt wurden. Dies zeigt nicht zuletzt ein ordnungsgemäß durchgeführtes Vergabeverfahren, wo dies regelmäßig gewährleistet sein wird.
Im Umkehrschluß aber anzunehmen, daß jeder Fall, in dem dieses Kriterium nicht erfüllt ist, automatisch eine Beihilfe darstellt, ist unzulässig. Dies würde nichts anderes bedeuten, als daß eine Ausgleichsleistung, welche auch nach genauster Untersuchung lediglich eine marktgerechte Gegenleistung für erbrachte Leistungen darstellt, nur deswegen zu einer Beihilfe erklärt werden würde, weil die Ausgleichsparameter nicht schon vor Beginn der Leistungserbringung feststanden. Dies muß man aber verneinen. In diesen Fällen fehlt es eindeutig an der notwendigen Einseitigkeit der Leistungsbeziehung und damit an dem Merkmal der Begünstigung. Auf dieses Kernelement des Beihilfetatbestandes kann nicht nur deshalb verzichtet werden, weil es an einer Formalie, wie der hier geforderten, fehlt.

Das vom EuGH aufgestellte Kriterium, daß die Ausgleichsparameter schon vor Beginn der Leistungserbringung objektiv und transparent aufgestellt worden sein müßten, ist vor diesem Hintergrund und in dieser Konsequenz abzulehnen.

(4) Höhe des zulässigen Ausgleiches

Das dritte und vierte vom EuGH aufgestellte Kriterium betreffen die zulässige Höhe des Kostenausgleiches.

---

[401] EuGH, Rs. C-280/00, Slg. 2003, S. I-7751 (7840), Rn. 91, Altmark Trans/ Nahverkehrsgesellschaft Altmark.

(a) Kompensation der Kosten

Zunächst verlangt der EuGH, daß:

„der zulässige Ausgleich nicht über das hinausgehen darf, was erforderlich ist, um die Kosten der Erfüllung der gemeinwirtschaftlichen Verpflichtungen unter Berücksichtigung der dabei erzielten Einnahmen und eines angemessenen Gewinns aus der Erfüllung dieser Verpflichtung ganz oder teilweise zu decken"[402].

Dieses vom EuGH aufgestellte Kriterium beinhaltet wenig Neues und bringt, für sich allein gesehen, keinerlei Änderung. Es bestätigt lediglich, daß eine Beihilfe dann nicht gegeben ist, wenn lediglich die Kosten für die gemeinwirtschaftlichen Dienste ersetzt werden. Dies hatte der EuGH auch bereits in seinem Ferring-Urteil – allerdings ohne genauere Begründung – entschieden.

Bezüglich der Kosten wird durch dieses dritte Kriterium festgeschrieben, daß nur diejenigen Kosten ersetzt werden können, welche durch die Erfüllung der Dienstleistung selbst entstehen. Es handelt sich somit um all jene Kosten, die durch die quantitative oder qualitative Verbesserung der Dienstleistung entstehen[403]. *Koenig* verweist in diesem Zusammenhang zurecht auf die in Anhang IV der Universaldienstrichtlinie enthaltene Grundlage für die Berechnung etwaiger Nettokosten von Universaldienstverpflichtungen[404]. Danach sind

„die Nettomehrkosten der (Universal-) Dienstverpflichtung als Differenz zwischen den Nettomehrkosten eines betrauten Unternehmens für den Betrieb unter Einhaltung der Verpflichtung und den Nettomehrkosten für den Betrieb ohne Dienstverpflichtung zu ermitteln. Zu beachten seien bei der Nettomehrkostenberechnung weiterhin die Vorteile, einschließlich der immateriellen Vorteile, welche dem Betreiber aus der Erbringung der Leistungen erwachsen"[405].

Es ist *Koenig* zuzustimmen, daß diese Formel auch zukünftig geeignet sein wird, die Grundlage für die Berechnung jeglicher Ausgleichsleistungen für Dienstleistungen von allgemeinem wirtschaftlichen Interesse zu bilden. Eine wirkliche Neuerung bringt dieses Kriterium aber nicht.

---

402 EuGH, Rs. C-280/00, Slg. 2003, S. I-7751 (7840), Rn. 92, Altmark Trans/ Nahverkehrsgesellschaft Altmark.

403 Koenig, BB 2003, S. 2185 (2186).

404 Koenig, BB 2003, S. 2185 (2186).

405 Richtlinie 2002/22/EG des Europäischen Parlaments und des Rates vom 07.03.2002 über den Universaldienst und Nutzerrechte bei elektronischen Kommunikationsnetzen und Kommunikationsdiensten (Universaldienstrichtlinie), ABl. EG L 108/51 (73).

(b) Objektiver Kostenvergleich

Im Gegensatz zu dem dritten Kriterium bringt der EuGH mit seinem vierten Kriterium etwas grundlegend Neues[406]. Dieses vierte Kriterium qualifiziert das dritte Kriterium insofern, als es darüber hinausgehend festschreibt, daß

„wenn das Unternehmen nicht im Rahmen eines Verfahrens zur Vergabe öffentlicher Aufträge mit der gemeinwirtschaftlichen Verpflichtung betraut worden sei, der erstattungsfähige Ausgleich nicht über die Kosten hinausgehen dürfte, die einem durchschnittlich gut geführten Unternehmen, das mit Transportmitteln so angemessen ausgestattet ist, daß es den gestellten gemeinwirtschaftlichen Anforderungen genügen kann, entstehen dürften"[407].

Von den Fällen abgesehen, in denen ein Verfahren zur Vergabe öffentlicher Aufträge durchgeführt wurde, muß das Unternehmen, welches die entsprechenden Dienstleistungen erbringt, somit zukünftig einen Marktvergleich über sich ergehen lassen. Die Unternehmen, mit welchen sich das betraute Unternehmen vergleichen lassen muß, müssen nun zukünftig nach den explizit genannten Merkmalen bestimmt werden[408].

Durch die Einführung dieses Vergleiches kommt der EuGH der Forderung der Literatur nach einem objektiven Kostenmaßstab nach, wie sie bereits im Anschluß an das Ferring-Urteil erhoben wurde. Aber auch gegen dieses vierte Kriterium muß man eine Reihe praktischer Anwendungsschwierigkeiten bezüglich der Definition von Begrifflichkeiten vorbringen[409].

(aa) Angemessene Ausstattung

Zunächst ist der Begriff der angemessenen Ausstattung unklar. Der EuGH gibt über die reine Begriffsnennung hinaus keine Hinweise, wann dieses Kriterium erfüllt sein soll. Wann aber ist ein Unternehmen so angemessen mit Mitteln ausgestattet, daß es den gemeinwirtschaftlichen Anforderungen genügen kann? Zuerst wäre es möglich, alle anderen in diesem Sektor tätigen Unternehmen als Vergleichsmaßstab heranziehen. Durch den Begriff „genügen" wird dies aber eingeschränkt. Aus diesem Begriff resultiert, daß nur die Unternehmen mit einbezogen werden sollen, die so angemessen mit Mitteln ausgestattet sind, daß diese in der Lage sind, die gemeinwirtschaftliche Verpflichtung in irgendeiner Form erbringen zu können. Eine angemessene Ausstattung wäre danach dann

---

406 Siehe hierzu Leibenath, EuR 2003, S. 1052 (1061 f.).

407 EuGH, Rs. C-280/00, Slg. 2003, S. 7751 (7840), Rn. 93, Altmark Trans/Nahverkehrsgesellschaft Altmark.

408 Leibenath, EuR 2003, S. 1052 (1063) betont hier zu recht die Verschärfung gegenüber der Ferring-Rechtsprechung; ebenso Stulz-Herrnstadt, Nationale Rundfunkfinanzierung, S. 83 f.

409 So auch Leibenath, EuR 2003, S. 1052 (1063).

gegeben, wenn das betraute Unternehmen so gut ausgestattet wäre, wie der Durchschnitt all jener Unternehmen in der Gemeinschaft, welche potentiell in der Lage wären, die gemeinwirtschaftliche Verpflichtung zu erbringen.

Alternativ hierzu könnte man nur die Unternehmen des jeweiligen Sektors als Vergleichsmaßstab heranziehen, die nicht nur in der Lage sind der gemeinwirtschaftlichen Verpflichtung zu genügen, sondern darüber hinausgehend aufgrund besonders guter oder umfangreicher Ausstattung in der Lage sind, die jeweilige Verpflichtung besonders gut, sicher, schnell oder kundenfreundlich zu erbringen. Dies umfaßt dann also all jene Unternehmen, welche für die gemeinwirtschaftliche Aufgabenerfüllung prädestiniert und nicht bloß irgendwie zur Aufgabenerfüllung geeignet wären. Die Folge einer solchen Vorgehensweise wäre, nur jene Vergleichsunternehmen in den Kreis mit einzubeziehen, die aufgrund der besseren Ausstattung unter Umständen auch höhere Kosten bei der Leistungserbringung hätten.
Eine solche Auslegung würde aber wohl über das vom EuGH aufgestellte Kriterium des „Genügens“ hinausgehen, den Kreis der Unternehmen, welche aus Sicht des EuGH als Vergleichsmaßstab dienen sollen, unzulässig verkleinern und damit die Höhe des erforderlichen Ausgleiches möglicherweise unzulässig erhöhen. Ein derartiges Verhalten, das z.B. den Servicegedanken bei der Auswahl des Unternehmens in den Vordergrund stellen würde, dürfte zukünftig, da es vermutlich nicht das vom EuGH aufgestellte Kriterium erfüllen wird, automatisch zu einer Beihilfe führen, obwohl dem Unternehmen häufig gar keine Begünstigung zuteil werden würde.
Dies ist im Bereich der Dienstleistungen von allgemeinem Interesse aber inakzeptabel. Im Vordergrund sollte hier immer die bestmögliche Leistungserbringung für den Bürger stehen. Den Vergleichsmaßstab soweit herabzusetzen und nur die nach dem oben dargestellten Maßstab ermittelten Kosten als erstattungsfähig anzusehen, erscheint daher verfehlt und ist abzulehnen.

Selbst wenn man von der Richtigkeit des oben geschilderten Vergleichsmaßstabes ausgehen würde, ergibt sich darüber hinaus noch das Problem, daß man inhaltlich bestimmen muß, wann ein Unternehmen überhaupt angemessen mit Mitteln ausgestattet ist. Selbst die Einschränkung, daß die Mittel ausreichend sein müssen, um der Erbringung der gemeinwirtschaftlichen Dienste zu genügen, ist insofern noch zu ungenau, als in den meisten Fällen verschiedene Ansichten hinsichtlich des Umfanges der Ausstattung mit Mitteln, welche erforderlich sind, um den entsprechenden Aufgaben genügen zu können, existieren werden. Eine allgemeingültige Aussage darüber, wann ein in einem bestimmten Sektor tätiges Unternehmen eine angemessene Ausstattung besitzt, wird sich daher regelmäßig nicht treffen lassen.

Problematisch erscheinen auch jene Fälle, in denen zu dem maßgeblichen Zeitpunkt keine weiteren Unternehmen existieren, welche in der Lage wären, die gemeinwirtschaftliche Verpflichtung zu erbringen[410]. Man könnte hier argumentieren, daß diese Fälle bereits dadurch beihilferechtlich keine Relevanz haben würden, da schon das Merkmal der Wettbewerbsverfälschung entfiele. Dies ist aber insofern abzulehnen, als auch der potentielle Wettbewerb durch das Beihilferecht geschützt wird. Zumindest die Voraussetzungen zur Bejahung eines solchen potentiellen Wettbewerbsverhältnisses dürften regelmäßig gegeben sein und die Materie daher bis auf wenige Ausnahmen dem Beihilferecht unterfallen. Bezüglich des Vergleichsmaßstabes gilt das oben Ausgeführte, nur daß hier entsprechend die potentielle Konkurrenz als Vergleichsmaßstab dienen muß. In den Fällen, in denen aber auch das Vorliegen von potentiellem Wettbewerb zu verneinen ist, kommt es auf den Vergleichsmaßstab gar nicht mehr an, da in diesen Fällen schon das Merkmal der Wettbewerbsverfälschung zu verneinen ist und die Leistungen bereits deswegen keine Beihilfe mehr darstellen.

(bb) Gut geführtes Unternehmen

Neben dem Begriff der angemessenen Ausstattung erscheint auch die Forderung des EuGH nach einem Vergleich mit einem „gut geführten Unternehmen" problematisch[411]. Auch hier gibt der EuGH über die Nennung hinaus keinerlei Hinweise, wann dieses Kriterium gegeben sein soll.

Mit der näheren Ausgestaltung dieses Merkmals beschäftigten sich im Anschluß an dieses Urteil jedoch Teile der Literatur. Gerade dieses Kriterium war hier besonders begrüßt worden[412]. Es sei wesentlicher Bestandteil der neuen Rechtsprechung, durch welche der EuGH sicherstellen wolle, daß zukünftig ausschließlich nach objektivem Maßstab festgestellte Kosten ersetzt werden könnten. Denn gerade bei Unternehmen, die in Bereichen tätig seien, in welchem sie nur geringem oder gar keinem Wettbewerb ausgesetzt seien, sei eine gute Unternehmensführung nur in eingeschränktem Maße zu erwarten[413]. Hieraus resultiere, daß ein Unternehmen dann gut geführt sei, wenn es im Wettbewerb stehe[414]. Dies liege an den „anreizökonomisch konditionierten Wettbewerbsfunkti-

[410] So auch van Ysendyck/Zühlke, EWS 2004, S. 16 (18).
[411] So auch Gärtner, ZeuS 2005, S. 239 (248).
[412] Koenig, BB 2003, S. 2185 (2187); Kühling/Wachinger, NVwZ 2003, S. 1202 (1203); Jennert, NVwZ 2004, S. 425 (427 f.) welcher das Urteil aufgrund von dogmatischen und kompetenzrechtlichen Defiziten kritisiert, die von den neuen Kriterien ausgehende Stärkung wettbewerlicher Elemente in der Daseinsvorsorge explizit begrüßt; kritisch van Ysendyck/Zühlke, EWS 2004, S. 16 (18 f.).
[413] Kühling/Wachinger, NVwZ 2003, S. 1202 (1203).
[414] Kühling/Wachinger NVwZ 2003, S. 1202 (1203); Koenig, BB 2003, S. 2185 (2187).

onen“[415]. Dies entspreche auch der Vorgehensweise bei sonstigen Austauschgeschäften der öffentlichen Hand mit Dritten, wo über einen Marktvergleich marktübliche Preise ermittelt werden, welche dann den Maßstab für den zu zahlenden Preis darstellen[416].

Dem ist zu entgegnen, daß ein Unternehmen sicherlich nach ökonomischen Motiven geleitet werden muß, wenn es im Wettbewerb Bestand haben will. Eine solche Führung aber mit einer guten Führung gleich zu setzen, geht zu weit. Gegen diese These sprechen nicht zuletzt die häufig auftretenden Insolvenzen, die aus Fehlern in der Unternehmensführung resultieren. Weiterhin verbietet sich eine solche Gleichsetzung im Bereich der Dienstleistungen von allgemeinem wirtschaftlichen Interesse auch deswegen, da hier der Staat häufig nur in der Pflicht ist, weil die Dienstleistungen durch das normale Marktgeschehen ja gerade nicht zu den gewünschten Konditionen erbracht werden können[417]. Hier nun aber für die Berechnung des Ausgleiches wieder auf die im normalen Marktgeschehen tätigen Unternehmen zurückzugreifen, wäre im höchsten Maße widersprüchlich und würde regelmäßig Maßstäbe setzten, welche die entsprechenden Unternehmen kaum einhalten könnten.

Zu diesen Schwierigkeiten tritt noch das Problem hinzu, daß, selbst wenn man diesen Ansatz als sinnvoll erachten würde, auch innerhalb von im Wettbewerb stehenden Unternehmen Differenzen darüber bestehen dürften, wann eine Führung als gut zu bezeichnen ist und wann nicht. Es gibt zwar sicherlich Indizien, welche auf die gute Führung eines Unternehmens schließen lassen, eine allgemeingültige Aussage, wann das entsprechende Kriterium erfüllt sein sollte und damit eine entsprechende Rechtssicherheit für alle Beteiligten gegeben wäre, kann man aber auch hier nicht treffen. Anhand dieses letzten Kriteriums wird somit eine Problematik besonders deutlich, die in der gesamten Altmark Trans Entscheidung zu erkennen ist. Es ist den Beteiligten nach dieser Rechtsprechung nicht möglich, sicher zu entscheiden, ob eine Beihilfe vorliegt oder nicht. Sicherheit kann ihnen daher nur ein Vergabeverfahren bringen[418], wodurch die Kommunen die Einhaltung speziell des letzten Kriteriums sicherstellen können. Die neuen Kriterien des EuGH sorgen daher für mehr Unklarheiten, als sie Rechtssicherheit für die Beteiligten bringen.

---

415 Koenig BB 2003, S. 2185 (2187).
416 Koenig BB 2003, S. 2185 (2187).
417 Siehe dazu unter IV, 3, a.
418 Zu diesem Ergebnis kommen auch Gärtner, ZeuS 2005, S. 239 (246 f.); Franzius, NJW 2003, S. 3029 (3031); Zu der Wirkung eines ordnungsgemäß durchgeführten Vergabeverfahrens unter Berücksichtigung der Altmark Trans-Rechtsprechung siehe V, 1, g, bb, ccc.

(5) Unvereinbarkeit mit dem Beihilfebegriff

Neben der Kritik, die man inhaltlich an jedem einzelnen Kriterium üben kann, muß man aber auch die Einführung der Kriterien an sich hinterfragen. Zunächst ist es nicht ersichtlich, woher der Gerichtshof diese Kriterien überhaupt nimmt. Teilweise scheinen hier Kriterien welche zu Art. 86 Abs. 2 EG entwickelt wurden auf Art. 87 EG übertragen worden zu sein[419]. Wie sich anhand der Prüfung der einzelnen Kriterien zeigte, sind sie jedenfalls größtenteils nicht dem Beihilfebegriff zu entnehmen. Man muß im Gegenteil sogar feststellen, daß durch die Einführung solcher Kriterien der Beihilfebegriff in unzulässiger Weise verändert wird[420]. Während der EuGH und ihm folgend sowohl die Kommission als auch die Literatur immer nur auf die Wirkung einer staatlichen Maßnahme als einzig zulässiges Kriterium abgestellt haben, wird dies durch diese neue Rechtsprechung grundlegend geändert. Geändert wird die Beihilfeprüfung insofern, als über das Kriterium der Wirkung hinausgehende, teilweise sogar nur verfahrensbezogene Kriterien in die Prüfung mit eingeführt werden.

Kämmerer ist zuzustimmen, wenn er feststellt, daß der EuGH hierdurch eine teleologische Reduktion vornimmt, für welche er sich aber von der Prämisse der Begünstigung hätte lösen müssen[421]. Nach dieser Entscheidung des EuGH sei eine Beihilfe nicht mehr eine freiwillige Zuwendung eines wirtschaftlichen Vorteils ohne marktgerechte Gegenleistung, sondern eine Zuwendung eines wirtschaftlichen Vorteils, für die zum Anwendungszeitpunkt keine marktgerechte Gegenleistung nachgewiesen werde[422].

Problematisch ist darüber hinaus aber auch die Frage nach der Rechtsfolge eines Fehlens von einem oder mehreren Merkmalen. Hierzu hat sich der Gerichtshof in der Altmark Trans-Entscheidung nicht klar geäußert.

Kämmerer geht davon aus, daß, wenn es an einem der vier vom EuGH formulierten Kriterien fehlen würde, die staatliche Leistung nicht automatisch eine

---

419 So auch Franzius, NJW 2003, S. 3029 (3031).

420 Jennert NVwZ 2004, S. 425 (427) sieht hier zusätzlich noch eine Verletzung des Gleichbehandlungsgrundsatzes des Art. 86 Abs. 1 EG, da einem Unternehmen, welchem ein auf der Basis der Durchschnittskosten berechneter Ausgleich gewährt wird, dann ein wettbewerbsverfälschender Vorteil verbleiben würde, wenn es wegen einer effizienten Wirtschaftsführung mit seinen Kosten unter der Ausgleichssumme bleiben würde. Dies stelle eine Privilegierung gegenüber allen anderen Unternehmen dar, welche ihre Leistungen lediglich zum Marktpreis verkaufen dürften. Diese Kritik ist aber verfehlt, da der EuGH diesen Durchschnittswert lediglich als Höchstgrenze für den Ausgleich festgelegt hat. Liegen die tatsächlichen Kosten niedriger, werden dann nur diese Kosten ersetzt werden können. Diese Kritik ist aber weiterhin auch insofern verfehlt, als der Marktpreis, welcher in allen Fällen als Grundlage des Ausgleiches dient, immer nur einen Mittelwert darstellen kann. Eine Privilegierung gegenüber Unternehmen, welche nicht im Bereich der Daseinsvorsorge tätig sind, ist daher nicht gegeben.

421 Kämmerer, NVwZ 2004, S. 28 (33).

422 Kämmerer, NVwZ 2004, S. 28(33).

Beihilfe darstellen würde, sondern dann vielmehr an Art. 87 Abs. 1 EG (oder gegebenenfalls gar an Art. 86 Abs. 2 EG) zu messen sei.
Dem ist allerdings zu widersprechen. Klarheit ergibt sich hier spätestens[423] aus den Ausführungen des Gerichtshofs in der Rechtssache Enirisorse SpA/Ministero delle Finanze. Der Gerichtshof führte hier wie folgt aus:

„Aus diesen Erwägungen ergibt sich, daß eine Maßnahme, mit der ein Mitgliedstaat einen erheblichen Teil einer Abgabe wie der Hafenabgabe, die nicht mit einem klar definierten gemeinwirtschaftlichen Auftrag verbunden ist und/oder die die anderen Anforderungen an eine staatliche Maßnahme nicht erfüllt, wie sie im Urteil Altmark Trans und Regierungspräsidium Magdeburg genannt und in den Randnummern 32 bis 35 des vorliegenden Urteils wiederholt worden sind, einem öffentlichen Unternehmen zuweist, als staatliche Beihilfe im Sinne des Art. 92 Abs. 1 EG-Vertrag zu qualifizieren ist, soweit sie den Handel zwischen den Mitgliedstaaten beeinträchtigt"[424].

Der EuGH stellt in dieser Entscheidung klar, dass, wenn es an einem der aufgestellten Kriterien fehlt, die staatliche Maßnahme automatisch eine Beihilfe darstellen solle.
Es bleibt somit festzuhalten, daß durch die neuen Kriterien nicht nur andere Merkmale als die Wirkung der staatlichen Maßnahme in die Beihilfeprüfung Eingang finden, sondern bei einem Fehlen von einem oder mehreren der aufgestellten Kriterien nach Ansicht des Gerichtshofs sogar automatisch eine Beihilfe gegeben sein soll, unabhängig davon, wie die staatliche Maßnahme wirkt. Auch wenn zumindest ein Teil der vom EuGH entwickelten Kriterien im Rahmen der Beihilfeprüfung als durchaus sinnvoll zu bezeichnen ist, ist die an ihr Fehlen gekoppelte Rechtsfolge nicht hinzunehmen. Dies führt dazu, daß man den vom EuGH in der Altmark Trans-Entscheidung getroffenen Ansatz insgesamt ablehnen muß.

(6) Zusammenfassung

Die vom Gerichtshof in der Altmark Trans-Entscheidung entwickelten Kriterien werfen vielschichtige Probleme auf. Das erste Kriterium, wonach das Unternehmen tatsächlich mit der gemeinwirtschaftlichen Verpflichtung betraut sein muß, stellt aufgrund der hohen Anforderungen, welche an die Betrauung zu stellen sind, eine nicht zu akzeptierende Benachteiligung der Dienstleistungen von allgemeinem öffentlichen Interesse dar. Gleiches gilt auch für das Kriterium der vorherigen, objektiven und transparenten Aufstellung der Ausgleichsparameter. Auch die vom EuGH aufgestellten Kriterien, die einen objektiven Kos-

---

[423] Kämmerer NVwZ 2004, S. 28 (33); meines Erachten ergibt sich dies bereits aus der Rn. 94 der Altmark Trans Entscheidung, daß das Fehlen von einem oder mehreren Merkmalen automatisch zu dem Vorliegen einer Beihilfe führen soll.
[424] EuGH, Rs. C-34/01 bis C-38/01, Slg. 2003, S. I-14243 (14302), Rn. 40, Enirisorse/Ministero delle Finanze.

tenvergleich ermöglichen sollen, werfen praktische Anwendungsschwierigkeiten auf und lassen bezüglich ihres Inhalts kaum allgemeingültige und damit zu ausreichender Rechtssicherheit führende Aussagen zu.
Darüber hinaus ist aber auch von entscheidender Bedeutung, daß die Einführung dieser obligatorischen Kriterien einen nicht zu akzeptierenden Bruch mit der bisher allgemein geltenden Auffassung darstellt, nach welcher ausschließlich die Wirkung einer Maßnahme für das Vorliegen oder Nichtvorliegen einer Beihilfe maßgeblich sein kann. Würde man dieser Ansicht folgen, würde der Beihilfebegriff in unzulässiger Weise an Objektivität verlieren, da eine Beihilfe bereits schon dann angenommen werden könnte, wenn eines oder mehrere der aufgestellten Kriterien nicht vorliegen würden, ohne daß es hierfür überhaupt noch auf die begünstigende Wirkung der staatlichen Maßnahme ankäme. Aufgrund dessen ist der vom Gerichtshof in der Altmark Trans-Entscheidung gewählte Ansatz abzulehnen.

ccc) Ordnungsgemäß durchgeführtes Vergabeverfahren

Ein weiterer Aspekt welcher nach dem Altmark Trans-Urteil auch in der Literatur stark diskutiert wird, ist die Frage nach der Wirkung eines ordnungsgemäß durchgeführten diskriminierungsfreien Vergabeverfahrens. Im Bereich der öffentlichen Aufträge, die außerhalb des Bereichs der Dienstleistungen von allgemeinem wirtschaftlichen Interesse erbracht werden, gelten jene Fälle als relativ unproblematisch, in denen vor der Vergabe der Dienstleistung ein diskriminierungsfreies Vergabeverfahren durchgeführt wurde[425]. *Middelschulte* beschreibt die Gründe hierfür völlig zutreffend, wenn er ausführt:

„*Sofern öffentliche Aufträge aber im Rahmen eines solchen offenen Ausschreibungsverfahrens vergeben werden, bleibt den Bietern gar nichts anderes übrig, als ihr Angebot so knapp zu berechnen, wie ihre Kostenlage es gestattet. Erwartete positive externe Effekte aus dem beabsichtigten Geschäft gehen zwangsläufig in die Preiskalkulation des Auftragnehmers ein. Wenn es sich also um den (durch das Vergabeverfahren gewährleisteten) Marktpreis handelt, sind derartige Vorteile implizit berücksichtigt, so daß sie keine gesonderte beihilferechtliche Bedeutung haben. Das gleiche gilt für die Zahlungssicherheit bei öffentlichen Aufträgen: Sie schlägt sich unter Marktbedingungen in einer Preissenkung nieder, weil der Auftraggeber keine Risikoprämie für den Fall der Insolvenz des Auftraggebers einkalkulieren muß*“[426].

Fraglich ist jedoch, ob dieser Ansatz auch auf Dienstleistungen von allgemeinem öffentlichen Interesse übertragen werden kann. Der EuGH hatte sich vor der Altmark Trans-Entscheidung, im Gegensatz zu der Kommission[427] und der

[425] Zu der Problematik der vergabefremden Kriterien siehe Middelschulte, Öffentliche Aufträge, S. 57 ff.
[426] Middelschulte, Öffentliche Aufträge als Gegenstand des EG-Beihilferechts, S. 25.
[427] Siehe dazu unter V, 1, e.

Literatur[428], nicht zu einer möglichen Übertragung dieses Ansatzes auf den Bereich der Dienstleistungen von allgemeinem öffentlichen Interesse geäußert. In der besagten Entscheidung muß man aber von einer Übertragung dieses Ansatzes auf die Dienstleistungen von allgemeinem wirtschaftlichen Interesse ausgehen. So äußert sich der Gerichtshof hier im Zusammenhang mit der Nennung des vierten Kriteriums:

„.....die Wahl des Unternehmens, das mit der Erfüllung gemeinwirtschaftlicher Verpflichtungen betraut werden soll, im konkreten Fall nicht im Rahmen eines Verfahrens zur Vergabe öffentlicher Aufträge erfolgt, das die Auswahl desjenigen Bewerbers ermöglicht, der diese Dienste zu den geringsten Kosten für die Allgemeinheit erbringen kann...... "[429].

Die wahre Bedeutung dieser Aussage läßt sich erschließen, wenn man diese Aussage des Gerichtshofes in Verbindung mit einer Feststellung bringt, die er nur wenige Randnummern zuvor getätigt hat:

„.......aus dieser Rechtsprechung folgt, daß eine staatliche Maßnahme nicht unter Art. 92 Abs. 1 EG-Vertrag fällt, soweit sie als Ausgleich anzusehen ist, der die Gegenleistung für die Leistungen bildet, die von den Unternehmen, denen sie zugute kommt, zur Erfüllung gemeinwirtschaftlicher Verpflichtungen erbracht werden, so daß diese Unternehmen in Wirklichkeit keinen finanziellen Vorteil erhalten und die genannte Maßnahme somit nicht bewirkt, daß sie gegenüber den mit ihnen im Wettbewerb stehenden Unternehmen in eine günstigere Wettbewerbsstellung gelangen"[430].

Der Gerichtshof stellt somit einerseits völlig zu Recht darauf ab, daß nur dann der Tatbestand des Art. 87 Abs. 1 EG entfällt, wenn die entsprechenden Unternehmen keinen finanziellen Vorteil erhalten und damit nicht in eine günstigere Wettbewerbsstellung gelangen und anderseits, daß das Vergabeverfahren als geeignet anzusehen ist, dem kostengünstigsten Bewerber zum Zuge zu verhelfen. Führt man diese beiden Aussagen zusammen, muß man zwangsläufig zu dem Ergebnis kommen, daß ein ordnungsgemäßes Verfahren zur Vergabe öffentlicher Aufträge nach dem Gerichtshof zu einem Tatbestandsausschluß führen muß[431]. Jede andere Entscheidung wäre nach dem oben Gesagten inkonsequent.

Der EuGH schließt sich damit der Kommission und den Teilen der Literatur an, welche einen Tatbestandsausschluß aufgrund eines ordnungsgemäßen Vergabe-

---

[428] Siehe dazu unter V, 1, f, aa, bbb.
[429] EuGH, Rs. C-280/00, Slg. 2003, S. I-7751 (7840), Rn. 93, Altmark Trans/Nahverkehrsgesellschaft Altmark.
[430] EuGH, Rs. C-280/00, Slg. 2003, S. I-7751 (7839), Rn. 87, Altmark Trans/ Nahverkehrsgesellschaft Altmark.
[431] So auch Gärtner, ZeuS 2005, S. 239 (248 f.).

verfahren bereits im Vorfeld dieser Entscheidung bejahten[432]. Dem ist uneingeschränkt zu folgen. Überall dort, wo ein entsprechendes Verfahren durchgeführt werden kann und auch durchgeführt wird, resultieren daraus die Effekte, die *Middelschulte* für den Bereich der öffentlichen Auftragsvergabe außerhalb der Dienste von allgemeinem öffentlichen Interesse zutreffend beschreibt. Eine Übertragung dieses Ansatzes auf die Dienste von allgemeinem wirtschaftlichen Interesse ist somit zu bejahen.

ddd) Ausgleichsleistungen, denen kein Vergabeverfahren zugrunde liegt

Nach wie vor problematisch sind aber alle jene Ausgleichsleistungen, denen kein Vergabeverfahren zugrunde liegt. Da nach dem Europarecht keine allgemeine Pflicht zur Ausschreibung besteht[433], werden die Mitgliedstaaten außerhalb der Sektoren, in denen eine Ausschreibung sekundärrechtlich vorgeschrieben ist, auch weiterhin Aufträge ohne entsprechende vorherige Ausschreibung vergeben. Diese werden daher auch im Bereich der Dienstleistungen von allgemeinem wirtschaftlichen Interesse weiterhin so zahlreich sein[434], daß es für die Zukunft dringend einer Lösung dieses Problems bedarf. Für diese Fälle existiert nämlich bisher kein auf der Tatbestandsebene angesiedelter und im Einklang mit der Systematik des Beihilferechts stehender Lösungsansatz.

(1) Das Prinzip des marktwirtschaftlich handelnden Kapitalgebers (private investor test)

Grundsätzlich wird in anderen Fallkonstellationen zur Beantwortung der Frage, ob eine Beihilfe vorliegt oder nicht, auf das Prinzip des *marktwirtschaftlich handelnden Kapitalgebers* zurückgegriffen.

(a) Bisherige Anwendungsbereiche

Der *private investor test*[435] wurde ursprünglich für Situationen entwickelt, in denen der Staat als Kapitalgeber maroder Unternehmen oder Sektoren fungierte. Mittels eines Vergleiches des staatlichen Verhaltens mit dem eines marktwirtschaftlich handelnden Kapitalgebers können all jene staatlichen Handlungen als Beihilfen identifiziert werden, welche ein privater Kapitalgeber in dieser Form

[432] Siehe dazu unter V, 1, e und V, 1, f, aa, bbb.
[433] Siehe Lehr, DÖV 2005, S. 542 (543 f.) mit weiteren Nachweisen.
[434] So auch Kube, EuR 2004, S. 230 (239).
[435] In der Literatur existieren verschiedene Begrifflichkeiten für diesen Test. So z.B. private reasonable investor's test, Market Economy Investor Principle, Prinzip des kaufmännischen Kapitalgebers, Market Economy Test. Inhaltlich bestehen aber keine Unterschiede zwischen den einzelnen Begrifflichkeiten.

nicht durchgeführt hätte[436]. Hierfür wird untersucht, ob die Kapitalzufuhr aus ex ante-Sicht unter zumindest vergleichbaren Marktbedingungen auch von einem im Wettbewerb stehenden privatwirtschaftlichen Unternehmen vorgenommen worden wäre. Wenn dies bejaht werden kann, entfällt die Begünstigungswirkung und damit der Beihilfetatbestand[437].

Wurde dieser Test ursprünglich nur auf die Situationen angewandt, in denen der Staat in irgendeiner Form als Kapitalgeber auftrat, hat sich der private investor test mittlerweile bei der Beihilfekontrolle zahlreicher staatlicher Handlungsforderungen durchgesetzt[438]. Relevanz zeigt er nun auch im Bereich der Vergabe öffentlicher Aufträge, wo diese am Maßstab eines „normalen Handelsgeschäft" überprüft werden[439]. Untersucht werden muß in diesem Bereich somit, ob ein privater Auftraggeber, welcher an der Stelle des öffentlichen Auftraggebers handeln würde und seiner Handlung ausschließlich betriebswirtschaftlich zweckmäßige Überlegungen zugrunde legt, ebenso vorgehen würde, wie es der öffentliche Auftraggeber getan hat[440].

(b) Möglichkeit der Übertragung des private investor tests auf die Dienste von allgemeinem wirtschaftlichen Interesse

Fraglich ist, ob diese Prüfung auf die Dienstleistungen von allgemeinem wirtschaftlichen Interesse übertragen werden kann. Eine solche Übertragung hätte gegenüber den bisherigen Lösungsansätzen erhebliche Vorteile. Gegenüber den im Altmark Trans-Urteil entwickelten Kriterien hätte der private investor test

---

[436] EuGH, Rs. 84/82, Slg. 1984, S. 1451 ff., Bundesrepublik Deutschland/Kommission; EuGH, Rs. 323/82, Slg. 1984, S. 3809 ff., Intermills/Kommission; EuGH, Rs. 296 und 318/82, Slg. 1985, S. 809 ff., Niederlande und Leeuwarder Papierwarenfabriek/Kommission; EuGH, Rs. 234/84, Slg. 1986, S. 2263 ff., Belgien/Kommission; EuGH, Rs. 40/85, Slg. 1986, S. 2321 ff., Belgien/Kommission; EuGH, Rs. C-142/87, Slg. 1990, S. I-959 ff., Belgien/Kommission; EuGH, Rs. C-301/87, Slg. 1990, S. I-307 ff., Frankreich/Kommission; EuGH, Rs. C-303/88, Slg. 1991, S. I-1433 ff., Italien/Kommission; EuGH, Rs. C-305/89, Slg. 1991, S. I-1603 ff., Italien/Kommission; EuGH, Rs. C-261/89, Slg. 1991, S. I-4437 ff., Italien/Kommission; EuGH, verbundene Rs. C-278/92, 279/92 und 280/92, Slg. 1994, S. I-4103 ff., Spanien/Kommission; EuGH, Rs. C-42/93, Slg. 1994, S. I-4175 ff., Spanien/Kommission; EuG, Rs. T-358/94, Slg. 1996, S. II-2109 ff., Air France/Kommission; EuG, verbundene Rs. T-129/95, 2/96 und 97/96, Slg. 1999, S. II-17 ff., Neue Maxhütte Stahlwerke/Kommission.

[437] Koenig/Kühling, NJW 2000, S. 1065 (1067); zu den Prinzipien bzw. Kriterien, welche hierbei berücksichtigt werden dürfen, siehe Asendorf, Die Anwendung der Beihilfevorschriften, S. 74 ff.

[438] Vergleiche die einzelnen Fallgruppen bei Abbamonte, ECLR 4 (1996), 258 (262 ff.).

[439] EuG, Rs. T-14/96, Slg. 1999, S. II-139 ff., BAI/Kommission; EuG, verbundene Rs. T-116/01 und 118/01, Slg. 2003, S. II-2957, P&O European Ferries/Kommission. Mitteilung der Kommission gemäß Art. 93 Abs. 2 EG-Vertrag an die übrigen Mitgliedstaaten und anderen Beteiligten über Beihilfen in der Sache Kiener Deponie Bachmanning vom 27.06.1998, ABl. EG 1998, C 201/8 (11).

[440] Middelschulte, Öffentliche Aufträge als Gegenstand des EG-Beihilferechts, S. 22.

zunächst den Vorteil, daß man ihn flexibler handhaben kann und die Prüfung dadurch in ein weniger enges Korsett gepreßt wird. Er würde es somit anders als der neue Ansatz des EuGH ermöglichen, jeden Fall gesondert zu betrachten und diesem damit deutlich besser gerecht zu werden, als es mittels der starren Prüfung des EuGH der Fall ist. Darüber hinaus besteht ein Vorteil sowohl gegenüber dem Altmark Trans-Ansatz als auch gegenüber dem Ansatz, welcher einen „hinreichenden“ Zusammenhang zwischen Ausgleichsleistung und der ihr zugrundeliegenden Leistung verlangt, darin, daß man auf eine große Anzahl von Entscheidungen der europäischen Rechtsprechung und Kommission zurückgreifen kann. Hierdurch wäre den Beteiligten eine größere Rechtssicherheit bezüglich ihrer Vorgehensweise im Bereich der Ausgleichsleistungen zugestanden.
Die neuen Ansätze sind aber auf Kriterien gestützt, deren Inhalte wohl erst in ferner Zukunft hinreichend geklärt sein werden. Besonders problematisch ist in diesem Zusammenhang die zuvor bereits erläuterte Verwendung von neuen Rechtsbegriffen, bei denen es überhaupt fraglich erscheint, ob eine genauere Definition möglich ist.

Eine solche Übertragung des private investor tests wurde bisher jedoch immer abgelehnt. Begründet wurde dies damit, daß der Bereich der Dienste von allgemeinem wirtschaftlichen Interesse sich diesem Test entziehen würde, da im Gegensatz zur Veräußerung, z.B. von beweglichen oder unbeweglichen Sachen, ein Vergleich, wie er hier notwendigerweise gezogen werden müßte, mangels Vergleichsobjekt nicht gezogen werden könne. Ein Referenzvergleich zu entsprechender privater Nachfrage sei entsprechend nicht gegeben[441].

Dieser Aussage läßt sich scheinbar nichts entgegen setzen. Ein privates Unternehmen würde in der Tat praktisch niemals eine Dienstleistung entsprechend den Dienstleistungen von allgemeinem wirtschaftlichen Interesse nachfragen. Zumindest die Entscheidung über das „Ob“ und das „Was“ der Beschaffung würde also seitens eines privaten Unternehmens so regelmäßig nicht getroffen werden. Ob also ein privates, den Anforderungen des private investor tests entsprechendes Vergleichsobjekt zu finden wäre, ist in der Tat mehr als fraglich. In diesem Zusammenhang stellt sich dann aber zwangsläufig die Frage, ob die Entscheidung über das „Ob“ und das „Was“ der Beschaffung beihilferechtlich relevant ist oder ob der Vergleich nicht auf das „Wie“ der Beschaffung beschränkt bleiben muß, welches völlig unstreitig beihilferechtlich relevant ist.

(aa) Die Vergabe öffentlicher Aufträge

Diese Frage wurde bisher vereinzelt im Zusammenhang mit der Vergabe öffentlicher Aufträge problematisiert. Da dieser Bereich eine große Ähnlichkeit mit

---

[441] Koenig, EuZW 2001, S. 741 (744); ihm folgend Jennert, WRP 2003, S. 459 (464).

dem Bereich der Dienstleistungen von allgemeinem wirtschaftlichen Interesse aufweist bzw. letztgenannter lediglich einen Teil des Bereichs der Vergabe öffentlicher Aufträge darstellt, ist es ratsam, mögliche Erkenntnisse aus dem Bereich der Vergabe öffentlicher Aufträge auf den Bereich der Dienstleistungen von allgemeinem wirtschaftlichen Interesse zu übertragen.

(aaa) Literatur

In der Literatur wurde bereits unabhängig von der Frage der beihilferechtlichen Relevanz für die nationale Ebene festgestellt, daß diese der Vergabe vorgelagerten Fragestellungen (das „Ob“ und „Was“ der Beschaffung) rechtlich unproblematisch seien. Grundsätzlich seien ja nicht nur einzelne Unternehmen davon betroffen, sondern die Gesamtheit aller Bewerber. Man müsse also grundsätzlich von einer Präferenz „erga omnes“ sprechen[442]. Lediglich vor dem Hintergrund des Prinzips der sparsamen Haushaltsführung könnten gewisse Konstellationen Probleme aufwerfen.

Entsprechendes wurde auch im Zusammenhang mit der beihilferechtlichen Fragestellung festgestellt. Die Frage, ob überhaupt und zu welchem Zeitpunkt welche Aufträge in welchem Umfang vergeben werden würden, sei insofern beihilferechtlich nicht relevant, als für diese Prüfung einzig das Ergebnis auf der Seite des privaten Vertragspartners relevant sei[443]. Für den Begünstigungsbegriff im Rahmen des Art. 87 Abs. 1 EG sei aber gerade nicht das Verhältnis zwischen der Belastung öffentlicher Kassen einerseits und deren Bedarf andererseits maßgeblich[444]. All diese Faktoren seien auch hier höchstens vor dem Hintergrund des Prinzips der sparsamen Haushaltsführung zu beachten.

(bbb) Gericht erster Instanz und Kommission

Die Frage nach der beihilferechtlichen Relevanz war ebenfalls Gegenstand eines Verfahrens vor dem EuG. In der Rechtssache BAI/Kommission mußte das Gericht darüber befinden, ob das Verhalten des Bezirksrates von Vizcaya und der baskischen Regierung gegenüber einem Konkurrenzunternehmem der BAI der Ferries Golfo de Vizcaya eine Beihilfe darstellte. Im Mittelpunkt stand die Frage, ob eine bestimmte Anzahl von Reisegutscheinen, welche die staatlichen Stellen erworben hatten, eine Beihilfe darstellen würde. Das Gericht kam zu der Auffassung, daß eine Beihilfe deswegen gegeben sei, weil die staatlichen Stellen

442 Weissenberg, DB 1984, S. 2285 (2288).
443 Middelschulte, Öffentliche Aufträge als Gegenstand, S. 52.
444 Schardt, Öffentliche Aufträge, S. 68.

nicht nachweisen könnten, daß der tatsächliche Bedarf so groß sei, daß die Menge der abgenommenen Gutscheine notwendig gewesen wäre[445].

Einige Zeit später hatte sich die Kommission mit dem gleichen Sachverhalt auseinanderzusetzen. Erneut stand das Verhalten der oben genannten staatlichen Stellen gegenüber dem Unternehmen Ferries Golfo de Vizcaya zur Debatte. Hier entschied die Kommission, daß die nachgefragte Menge der Beschaffung (Reisegutscheine) nicht mit dem Bedarf des Staates übereinstimmte, sondern höher war. Aufgrund dessen kam die Kommission zu dem Schluß, daß eine Beihilfe gegeben sei[446]. Auch diesmal gelangte dieser Sachverhalt zur Entscheidung vor das Gericht erster Instanz. Das Gericht kam wieder zu der Entscheidung, daß eine Beihilfe deswegen vorliege, weil der Kauf von Reisegutscheinen nach der neuen Vereinbarung weder ganz noch zum Teil einem tatsächlichen Bedarf entsprach, und daß das Verhalten der staatlichen Stellen damit nicht dem eines unter normalen marktwirtschaftlichen Bedingungen handelnden privaten Investors glich[447].

(ccc) Kritik

Nach dieser Kommissionsentscheidung und der mit ihr korrespondierenden Rechtsprechung scheint auch die der Vergabe vorgelagerte Frage nach dem „Ob" und dem „Was" der Beschaffung beihilferechtlich relevant zu sein. Es scheint ein Gegensatz zwischen der Rechtsprechung und der Kommission einerseits und der sich mit diesem Problem befassenden Literatur andererseits zu bestehen.

Dieser Gegensatz läßt sich jedoch auflösen. Betrachtet man die Fälle, die dem EuG und der Kommission vorlagen, genauer, ist es zwar in der Tat richtig, daß diese auf den tatsächlichen Bedarf abstellten und damit auch die Entscheidung bezüglich des „Ob" bzw. des „Was" als maßgebliche Faktoren innerhalb der Beihilfeprüfung ansahen. Die Einstufung der staatlichen Leistungen als Beihilfe erfolgte jedoch nicht zuletzt deswegen, weil der staatlichen Leistung keine angemessene Gegenleistung gegenüberstand[448]. Der Staat verzichtete in den vorliegenden Fällen auf die Erfüllung der erkauften Leistung. Das Unternehmen erhielt somit Geld für Leistungen, welche es nicht erbringen mußte. Daß dies im vorliegenden Fall auch daran lag, daß seitens der Bevölkerung, der diese Reisegutscheine zur Verfügung gestellt werden sollten, kein Bedarf bestand, ist ne-

---

[445] EuG, Rs. T-14/96, Slg. 1999, S. II-139 (164 f.), Rn. 76, BAI/Kommission.

[446] Entscheidung der Kommission vom 29.11.2000 über die Beihilferegelung Spaniens zugunsten des Schiffahrtsunternehmens Ferries Golfo de Vizcaya, ABl. EG L 89/ 28 (33), Rn. 47.

[447] EuG, Rs. T-116/01 und T-118/01, Slg. 2003, S. II-2963 (3000), Rn. 137, P&Q European Ferries und Deputación Foral de Vizcaya/Kommission.

[448] EuG, Rs. T-14/96, Slg. 1999, S. II-139 (164 f.), Rn. 76, BAI/Kommission.

bensächlich. Maßgeblich ist hier, daß der Staat auf die Erfüllung der zusätzlich erkauften Leistung (welche ja nicht nur in der Überlassung der Gutscheine lag) verzichtete. Hätte der Staat als Vertragspartner z.B. auf zusätzliche Fährfahrten bestanden, um diese als Verkehrsmittel für die Zukunft attraktiver zu machen, auch wenn diese zunächst definitiv nicht ausgelastet gewesen wären, hätte der Leistung des Staates aufgrund des entsprechend erhöhten Aufwandes eine adäquate Gegenleistung gegenübergestanden. Die Leistung wäre dann keine Beihilfe mehr gewesen.

Man muß somit feststellen, daß in den geschilderten Fällen die Ausführung der Beschaffung, das „Wie", welches unbestritten für die Beurteilung als Beihilfe maßgeblich ist, auf die Frage des „Ob" und des „Was" (bzw. „Wieviel") durchschlug und durch diese besondere Konstellation miteinander verbunden war. Daraus aber im Umkehrschluß zu folgern, daß die der Beschaffung vorgelagerten Fragen des „Ob" und des „Was" für die Beihilfeprüfung relevante Faktoren seien, ist verfehlt. Einzig relevant für die beihilferechtliche Prüfung im Bereich der öffentlichen Auftragsvergabe ist daher die Art und Weise der Ausführung der Beschaffung, das „Wie".

(bb) Das „Ob" und das „Was" der Beschaffung und die Dienstleistungen von allgemeinem wirtschaftlichen Interesse und der private investor test

Nachdem nun festgestellt wurde, daß im Bereich der Vergabe öffentlicher Aufträge das „Ob" und das „Was" der Beschaffung aus beihilferechtlicher Sicht irrelevant sind, stellt sich nun die Frage, ob Gleiches nicht auch für den Bereich der Dienstleistungen von allgemeinem wirtschaftlichen Interesse gelten muß. Wie bereits oben ausgeführt, würde ein Vergleich mit einem privaten Investor im Zusammenhang mit diesen im Vorfeld gelagerten Fragen nämlich fast immer zu einem negativen Ergebnis führen, was die Folge hätte, daß eine Anwendung des privat investor tests auf die Dienstleistungen von allgemeinem wirtschaftlichen Interesse per se keinen Sinn machen würde.

Dafür, daß das für die „normale" Auftragsvergabe Festgestellte auch für die Dienstleistungen von allgemeinem wirtschaftlichen Interesse gelten sollte, spricht in erster Linie die große Ähnlichkeit der Materien. Von dem Allgemeinnutzen und der damit verbundenen Ausgleichsbedürftigkeit dieser Dienstleistungen abgesehen, liegt hier nichts anderes als eine „normale" Auftragsvergabe vor. Dementsprechend ist kein sachlicher Grund ersichtlich, welcher eine Schlechterstellung dieser Dienstleistungen rechtfertigen würde.
Als Argument für eine solche Gleichbehandlung kann man auch hier wieder den durch den Amsterdamer Vertrag eingefügten Art. 16 EG nennen. Auch in diesem Zusammenhang kann es mit dem aus ihm resultierenden Gebot, die Dienste von allgemeinem wirtschaftlichen Interesse im Rahmen der bestehenden Kom-

petenzen zu fördern[449], als nicht vereinbar angesehen werden, bei einer „normalen" Auftragsvergabe das „Ob" und das „Was" der Beschaffung grundsätzlich unbeachtet zu lassen, die Dienste von allgemeinem wirtschaftlichen Interesse aber einem strengerem Maßstab zu unterwerfen und hier den private investor test auf diese im Vorfeld der Beschaffung angelegten Entscheidungen auszudehnen.

Für eine solche Gleichbehandlung sprechen nicht zuletzt die Erklärungen der Kommission zu den Diensten von allgemeinem wirtschaftlichen Interesse, welche durch die Rechtsprechung des EuGH und des EuG bestätigt wurden[450]. Wie die Kommission selbst explizit feststellte, soll die Gestaltungsfreiheit bezüglich der Definition, der Art und des Umfanges der Leistungen im Verantwortungsbereich der Mitgliedstaaten belassen und den Mitgliedstaaten ein großer Spielraum zugestanden werden. Eine Kontrolle solle lediglich insoweit stattfinden, als diese Definition der Art und des Umfanges der Leistungen von der Kommission nur auf offenkundige Fehler überprüft werden würde[451]. Diese den Mitgliedstaaten zugestandene Gestaltungsfreiheit wäre nicht mehr gegeben, wenn die Beihilfeprüfung auch auf diese Bereiche ausgedehnt werden würde.
Auch die Tatsache, daß sich die Kommission eine Überprüfung offenkundiger Fehler vorbehält, läßt sich mit dem oben Gesagten in Einklang bringen. Es können dadurch genau jene Fälle untersucht werden, in denen, wie in den vor dem Gericht erster Instanz verhandelten Fällen, das „Ob" und das „Was" der Beschaffung zwangsläufig auf das prüfungsrelevante „Wie" der Beschaffung durchschlagen, wodurch auch diese beihilferechtliche Relevanz erhalten[452].

Bestätigt wird dieses Ergebnis, wenn man sich die kompetenzrechtliche Problematik des Beihilferechts vergegenwärtigt. Es ist zwar allgemein anerkannt, daß die Regelungen des Beihilferechts beträchtliche Beschränkungen der Souveränität der Mitgliedstaaten beinhalten, indem sie mitgliedstaatliche wirtschafts- und sozialpolitische Gestaltungsvorhaben, welche eine Beihilfe darstellen, einem Kontrollverfahren und Verbot unterwerfen können[453]. Hierbei darf aber, wie oben bereits erläutert wurde, gerade nicht auf das Verhältnis zwischen dem Be-

---

[449] Siehe dazu unter V, 1, g, aa, ccc, (2).
[450] Mitteilung der Kommission über die Leistungen der Daseinsvorsorge in Europa vom 19.01.2001, Abl. EG. 2001, Nr. C 17/4; bestätigt wurde das sowohl durch die Rechtsprechung des EuGH, wie auch des EuG, siehe Generalanwalt Tizzano, Schlußanträge zu EuGH, Rs. C-53/00, Slg. 2001, S. 9067 (9085), Rn. 51, Ferring; EuG, Rs. T-106/95, Slg. 1997, S. II-229 (265), Rn. 108, FFSA.
[451] Mitteilung der Kommission über die Leistungen der Daseinsvorsorge in Europa vom 19.01.2001, Abl. EG. 2001, Nr. C 17/4; Generalanwalt Tizzano, Schlußanträge zu EuGH, Rs. C-53/00, Slg. 2001, S. 9067 (9085), Rn. 51, Ferring; EuG, Rs. T-106/95, Slg. 1997, S. II-229 (265), Rn. 108, FFSA.
[452] Siehe dazu unter V, 1, g, bb, (1), (b), (aa), (ccc).
[453] Seidel, EuR. 1985, S. 22 (25).

darf und der Belastung öffentlicher Kassen abgestellt werden, sondern nur das Ergebnis auf der Seite des Vertragspartners beleuchtet werden[454]. Untersucht werden können daher nur jene Maßnahmen, die aufgrund ihrer Wirkung überhaupt eine Begünstigung und damit eine Beihilfe darstellen können. Da die im Vorfeld angestellten Erwägungen an sich noch keine Begünstigung auslösen können, sondern nur deren konkrete Ausgestaltung bei der Beschaffung, würde eine Ausweitung der Beihilfekontrolle auf diese Vorfeldmaßnahmen die Kompetenz zu Lasten der Mitgliedstaaten unzulässig verschieben. Insgesamt muß man daher zu dem Ergebnis gelangen, daß der private investor test nicht auf die im Vorfeld der Beschaffung liegenden Erwägungen ausgedehnt werden darf.
Eine Ausnahme hierzu könnten zwar auch hier jene, oben bereits erläuterten, Fälle darstellen, in denen diese im Vorfeld gelagerten Entscheidungen auf das „Wie" der Beschaffung durchschlagen und damit dazu führen, daß die Beschaffung zwangsläufig zu einer Begünstigung bestimmter Unternehmen führt. Diese Ausnahme stellt aber insofern keine gesondert zu behandelnde Fallgruppe dar, als auch hier die maßgebliche Prüfung innerhalb der Frage nach der Durchführung der Beschaffung stattfindet.

(cc) Die Durchführung der Beschaffung („Wie") und die Dienstleistungen von allgemeinem wirtschaftlichen Interesse und der private investor test

Der private investor test muß somit auf die Durchführung der Vergabe, das „Wie" beschränkt werden. Durch diese Beschränkung ist er einerseits geeignet, das zu leisten, was die anderen Ansätze nicht erbringen konnten. Er kann den Interessen der Mitgliedstaaten gerecht werden, indem er ihnen bei der Entscheidung über die Art und Menge der Dienstleistungen freie Wahl läßt und diese Entscheidung praktisch gar nicht unter die Oberaufsicht der Kommission stellt. Er wird aber auch den Interessen der Gemeinschaft insoweit gerecht, als diese die Durchführung der Beschaffung genau überwachen und diese anhand langjährig bewährter Kriterien messen können. Damit einher geht eine zumindest teilweise Auflösung der oben dargestellten unterschiedlichen „Fronten", da dieser Ansatz beiden Ansichten grundsätzlich entgegenkommt und aufgrund der Möglichkeit seiner flexiblen Handhabung im Einzelfall zu bestmöglichen Ergebnissen kommen würde.
Darüber hinaus kann durch diese Beschränkung des Vergleichs unproblematisch eine Übertragung des private investor tests auf die Dienstleistungen von allgemeinem wirtschaftlichen Interesse stattfinden. Das „Wie" der Beschaffung unterliegt nämlich - im Gegensatz zu dem „Ob" und dem „Was" der Beschaffung - sehr wohl der Möglichkeit eines Vergleiches mit einer privaten Auftragsvergabe, da die einzigen einem Vergleich unzugänglichen Faktoren die im Vorfeld der Beschaffung gelagerten Kriterien sind. Hat der Staat jedoch die Entschei-

[454] Siehe dazu unter V, 1, g, bb, (1), (b), (aa), (aaa).

dung über das „Ob" und das „Was" der Beschaffung bereits getroffen, ist es ihm sehr wohl möglich, bei der Beschaffung selbst wie ein privater Investor vorzugehen.

Dem kann auch nicht der Einwand entgegengehalten werden, daß ein vergleichbarer Privater kaum gegeben sein dürfte. Vergleichsobjekt ist nämlich gerade nicht ein real existierender Privater, sondern ein fiktives Unternehmen[455]. Die Annahme eines realen Vergleichsobjektes wurde schon in den ursprünglichen Konstellationen, in denen der private investor test angewendet wurde, als zu schwierig angesehen[456]. Es ist somit auch im Zusammenhang mit Dienstleistungen von allgemeinem wirtschaftlichen Interesse durchaus möglich, zu überprüfen, ob bei der Beschaffung so betriebswirtschaftlich zweckmäßig vorgegangen wurde, wie es ein fiktiver Privater in einer vergleichbaren Situation, also genau unter diesen Marktverhältnissen, getan hätte. Hier ist es wichtig hervorzuheben, daß es auf das Verhalten eines Privaten auf diesem speziellen Markt ankommt und gerade nicht auf das Verhalten eines Privaten auf einem vollendeten, voll funktionsfähigen Markt. Dies wurde bisher im Zusammenhang mit den Dienstleistungen von allgemeinem wirtschaftlichen Interesse verkannt und daher die Anwendbarkeit des private investor tests mit dem Hinweis auf den fehlenden Referenzvergleich mit privaten Märkten verneint[457].
Untersucht werden muß jedoch, welches der in Frage kommenden Unternehmen die Dienstleistung **unter diesen Marktbedingungen** zu den günstigsten Konditionen erbringen kann. Auch wenn hier diese Untersuchung sicherlich nicht in einem *„Lehrbuch-Rigorismus des betrieblichen Rechnungswesens"*[458] enden darf, müssen Kriterien wie die nötige Höhe der Ausgleichsleistungen, die Qualität und Quantität der zu erbringenden Dienstleistung, Kundenservice, Vertragslaufzeiten etc. ausschlaggebend sein. Scheint das Vorgehen der Mitgliedstaaten sich an anderen als betriebswirtschaftlich zweckmäßigen Kriterien orientiert zu haben, hat die Kommission die Möglichkeit, diese Vorgehensweise zu überprüfen und gegebenenfalls für rechtswidrig zu erklären.

Die Antwort auf die oben aufgeworfene Frage lautet somit, daß ein Unternehmen dann eine Ausgleichsleistung erhält, welche keine Beihilfe gemäß Art. 87 Abs. 1 EG darstellt, wenn die Auswahl des mit der Dienstleistung beauftragten Unternehmens sowie die Durchführung der Beauftragung den private investor test bestehen, im Zusammenhang mit der Beauftragung somit betriebswirtschaftlich zweckmäßig vorgegangen wurde.

---

455 EuGH, Rs. C-261/89, Slg. 1991, S. I-4437 (4460), Rn. 14, Italien/Kommission; Müller-Graff, ZHR 1988, S. 403 (422), Asendorf, Die Anwendung der Beihilfevorschriften, S. 56 ff..
456 Asendorf, Die Anwendung der Beihilfevorschriften, S. 57.
457 Koenig, EuZW 2001, S. 741 (744).
458 Müller-Graff, ZHR 1988, S. 403 (422).

(c) Zusammenfassung

Entgegen den bisher vertretenen Ansichten ist eine Anwendung des private investor tests auf die Dienstleistungen von allgemeinem wirtschaftlichen Interesse möglich, um die Frage zu klären, ob eine Ausgleichsleistung an ein Unternehmen eine beihilferechtlich relevante Begünstigung darstellt. Allerdings muß der Vergleich ebenso wie im Bereich der „normalen“ Auftragsvergabe auf das „Wie“ der Vergabe beschränkt werden. Durch dieses Aussparen des „Ob“ und des „Was“ der Vergabe wird der Vergleich mit einem fiktiven Unternehmen möglich, da die Umstände der Beschaffung an sich, anders als die genannten im Vorfeld der Beschaffung gelagerten Fragen, dem Vergleich mit einem fiktiven privaten Unternehmen zugänglich sind.

In diesem Zusammenhang muß dann die Frage gestellt werden, ob das fiktive private Unternehmen, welches die Entscheidung über das „Ob“ und „Was“ der Beschaffung bereits getroffen hat, unter diesen Umständen gerade diese(s) Unternehmen mit der Erbringung der Leistung betraut hätte und ob bei der entsprechenden Auswahl nach betriebswirtschaftlichen Erwägungen vorgegangen wurde.

2. Ergebnis

Die Ausgangsfrage war, ob und unter welchen Bedingungen direkte oder indirekte Subventionen des Staates an Unternehmen, welche Dienstleistungen von allgemeinem öffentlichen Interesse erbringen, als Beihilfen gemäß Art. 87 Abs. 1 EG anzusehen sind. Die Auswertung der Rechtsprechung, der Kommissionsentscheidungen und -mitteilungen sowie der zahlreichen Literaturansichten macht deutlich, daß zwei unterschiedliche Ansätze für die Lösung dieses Problems bestehen. Nach einer Ansicht stellen die Ausgleichsleistungen des Staates grundsätzlich eine Beihilfe dar, welche allenfalls auf der Rechtfertigungsebene gemäß Art. 86 Abs. 2 EG gerechtfertigt sein kann. Die Gegenansicht sucht nach einer Lösung auf der Tatbestandsebene und untersucht, unter welchen Bedingungen eine die Beihilfe begründende Begünstigung entfällt.

Die Gegenüberstellung der jeweiligen Argumente führt zu dem Ergebnis, daß eine Lösung auf Basis der Tatbestandsebene zu suchen ist. Für eine solche Lösung sprechen vor allem systematische Erwägungen. Nur die Tatbestandslösung beachtet in ausreichendem Maße die Gegenleistung, während die Rechtfertigungslösung die notwendige Prüfung der Gegenleistung ohne stichhaltige Gründe auf die Rechtfertigungsebene verschiebt und somit einen Bruch mit der allgemeinen Systematik des Beihilferechts begeht. Auch eine nähere Untersuchung des Verhältnisses zwischen Art. 87 Abs. 1 EG und Art. 86 Abs. 2 EG führt nicht zu dem Ergebnis, daß die Rechtfertigungslösung der Tatbestandslösung vorzuziehen wäre, da Art. 86 Abs. 2 EG - neben der Tatsache, daß diese Vorschrift als Ausnahme für das gesamte Wettbewerbsrecht der EG dient - ohnehin nur die

ultima ratio darstellt und somit nur dann zur Anwendung kommen sollte, wenn keine andere Vorschrift auf die entsprechenden Sachverhalte Anwendung finden kann.
Ein weiteres gewichtiges Argument für die Tatbestandslösung ist der durch den Amsterdamer Vertrag neu eingeführte Art. 16 EG. Wie gezeigt wurde, kommt darin der Wille der Mitgliedstaaten zum Ausdruck, die Dienste von allgemeinem wirtschaftlichen Interesse gegenüber dem marktwirtschaftlichen Modell zu stärken. Diesem Willen der Mitgliedstaaten kann man nur durch die Anwendung der Tatbestandslösung gerecht werden, da die Anwendung der Rechtfertigungslösung, wie dargelegt wurde, zwangsläufig zu einer Schlechterstellung der Leistungen für Dienste von allgemeinem wirtschaftlichen Interesse gegenüber jeglichen anderen staatlichen Leistungen führen würde.
Eine Anwendung der Rechtfertigungslösung ergibt sich auch nicht aus dem Wortlaut des Art. 16 EG. Eine Anwendung der Tatbestandslösung führt nämlich gerade dazu, daß Art. 87 Abs. 1 EG in gewohnter Art und Weise geprüft wird und man nicht entgegen dem Wortlaut des Art. 16 EG zu einer veränderten Auslegung der Vorschriften gelangt, welche nach dessen Wortlaut unberührt bleiben müßten.
Dieses Ergebnis zu Gunsten der Tatbestandslösung wird zusätzlich durch praktische Erwägungen gestützt. Eine allgemeine Notifizierungspflicht, wie sie als Argument für die Anwendung der Rechtfertigungslösung vorgebracht wird, würde die Erfüllung der entsprechenden Dienste zumindest verlangsamen, wenn nicht gar verhindern. Weiterhin wäre die Kommission durch die enorme Anzahl der Notifikationen überfordert und hätte zu wenige Kapazitäten, um ihre eigentlichen Aufgaben erledigen zu können.

Ausgehend von dem Ergebnis, daß die Tatbestandslösung grundsätzlich vorzuziehen ist, war als nächstes die Frage zu beantworten, wie die Prüfung auf der Tatbestandsebene ausgestaltet sein muß, um beihilferelevante Maßnahmen von beihilfekonformen Handlungen unterscheiden zu können.
Die Untersuchung der hier vorgeschlagenen Lösungsansätze ergibt, daß diese insgesamt als ungenügend anzusehen sind. Beginnend bei dem Ansatz, welcher einen „ausreichenden" Zusammenhang zwischen gewährter Leistung und auferlegter Verpflichtung fordert, über die in der Altmark Trans-Rechtsprechung aufgestellten Kriterien, bis hin zu den zahlreichen Lösungsansätzen in der Literatur zeigt sich, daß die bisherigen Ansätze zu starr und zu sehr form- und verfahrensbezogen sind und damit mit der allgemeinen Systematik des Beihilferechts nicht in Einklang zu bringen sind. Darüber hinaus ist der praktische Gewinn, der aus der Anwendung der meisten Lösungsansätze resultiert, insofern äußerst gering, als er zahlreiche unbekannte Rechtsbegriffe verwendet, deren Definition große Schwierigkeiten bereitet bzw. teilweise kaum möglich sein wird.

Zu folgen ist lediglich dem Ansatz, daß nach einem ordnungsgemäß durchgeführten Vergabeverfahren die aus diesem Verfahren resultierende Höhe der Ausgleichszahlungen, also das Verhältnis von Leistung und Gegenleistung, marktgerecht sei. Dies beweist ein Vergleich mit dem öffentlichen Vergaberecht. Nach einem ordnungsgemäß durchgeführten Vergabeverfahren ist daher bereits tatbestandlich keine Beihilfe i.S.d. Art. 87 Abs. 1 EG gegeben.

Die Unzulänglichkeiten der bestehenden Lösungsansätze für den Fall, daß kein Vergabeverfahren der Beschaffung vorausgegangen ist, führen allerdings, aufgrund der großen praktischen Relevanz der Fälle, zu der Notwendigkeit, hierfür einen eigenen Lösungsansatz zu entwickeln.

Die Lösung besteht in einer konsequenten Übertragung des private investor tests auf die Leistungen der Daseinsvorsorge und die mit ihnen verbundenen Ausgleichsleistungen. Entgegen allen bisher vertretenen Ansichten ist der private investor test uneingeschränkt anzuwenden. Die bisherige Ablehnung beruht auf dem Irrtum, daß das „Ob" und das „Was" der Beschaffung ebenfalls in die Beihilfeprüfung mit einzubeziehen seien. Wie dargelegt müssen diese Fragen in der Beihilfeprüfung ausgespart werden. Ebenso wie im Bereich der „normalen" öffentlichen Auftragsvergabe muß lediglich die Durchführung der Beschaffung, das „Wie", darauf untersucht werden, ob sie mit einem „normalen Handelsgeschäft" zu vergleichen ist, d.h. ob ein fiktives privates Unternehmen in gleicher Situation, welches die Entscheidung über die Beschaffung bereits getroffen hat, unter Beachtung betriebswirtschaftlicher Erwägungen bei der Beschaffung genauso vorgegangen wäre.

3. Die Vereinbarkeit der Vergabe von Monopolen als Ausgleichsleistung für die Erbringung von Dienstleistungen von allgemeinem wirtschaftlichen Interesse mit dem europäischen Beihilferecht

Neben der Möglichkeit, Unternehmen, welche mit Dienstleistungen von allgemeinem wirtschaftlichen Interesse betraut sind, direkte oder indirekte Leistungen zukommen zu lassen, existiert weiterhin noch die Option, diesen Unternehmen ein Monopol in dem entsprechenden Bereich zu verleihen. Ein solches Vorgehen führt zu einem geschlossenen Markt, auf dem die jeweilige Tätigkeit dem entsprechenden Unternehmen vorbehalten wird.
Solche Konstellationen finden sich im EG-Vertrag in Art. 86 Abs. 1 EG, wenn von der Vergabe von ausschließlichen Rechten gesprochen wird. In diesem Zusammenhang stellt der Vertrag auch klar, daß es den Mitgliedstaaten untersagt ist, gegenüber diesen Unternehmen Maßnahmen zu treffen oder beizubehalten, welche dem Vertrag und insbesondere den Wettbewerbsregeln widersprechen. Im Anschluß daran sieht Art. 86 Abs. 2 EG hierzu eine Ausnahme vor, wenn die Anwendung der entsprechenden Vorschriften den Unternehmen, welche mit

Dienstleistungen von allgemeinem wirtschaftlichen Interesse betraut sind, die Erfüllung der jeweiligen Aufgabe rechtlich oder tatsächlich unmöglich machen würde.

Bei der Vergabe eines solchen Monopols sind grundsätzlich zwei Konstellationen denkbar. Es kann dazu kommen, daß ein Unternehmen trotz des Monopols durch die Einnahmen aus diesem reservierten Bereich seine Unkosten nicht decken kann. In diesem Fall sind regelmäßig Ausgleichsleistungen des Staates erforderlich. Für diese Ausgleichsleistungen gilt dann das bereits oben Gesagte. Eine zweite Möglichkeit besteht darin, daß das Monopol dermaßen ausgestaltet ist, daß die Einnahmen aus diesem Monopol ausschließlich dem Monopolisten zufließen und keine weiteren Ausgleichsleistungen seitens des Staates erfolgen. Im Zusammenhang mit dieser zuletzt genannten Konstellation eröffneten sich in der Vergangenheit zwei Problemkomplexe. Zunächst wurden einzelne Maßnahmen der mit diesen ausschließlichen Rechten im Bereich der Dienstleistungen von allgemeinem wirtschaftlichen Interesse versehenen Unternehmen im Zusammenhang mit dem in Art. 82 EG geregelten Verbot des Mißbrauchs einer beherrschenden Stellung auf dem Gemeinsamen Markt problematisiert[459]. Im Mittelpunkt stand hier nicht die Vergabe des Monopols an sich, sondern nur die Frage, ob diese beherrschende Stellung seitens des Unternehmens in einer mit dem Vertrag nicht zu vereinbarenden Art und Weise mißbraucht wurde.
Die Monopolvergabe an sich stand nur insofern mit auf dem Prüfstand, als in der Zulassung der entsprechenden Unternehmensmaßnahmen ein Verstoß gegen Art. 86 Abs. 1 EG und ein Verstoß gegen den allgemeinen Grundsatz, daß die Mitgliedstaaten alles zu unterlassen haben, was den Wettbewerbsregeln des Vertrages ihre praktische Wirksamkeit nimmt, gesehen werden konnte[460]. Eine Untersuchung des Monopols an sich auf seine Vereinbarkeit mit dem Beihilferecht erfolgte jedoch nicht[461].

Der zweite Themenkomplex, welcher speziell in der jüngeren Vergangenheit problematisiert wurde, ist die sogenannte Quersubventionierung[462]. Dieser Begriff findet sich sowohl in der wirtschaftswissenschaftlichen als auch in der juristischen Literatur. Eine abschließende Definition dieses Begriffs existiert aber

---

459 EuGH, Rs. 155/73, Slg. 1974, S. 409 (431), Rn. 16 ff., Sacchi; EuGH, Rs. C-41/90, Slg. 1991, S. 1979 (2015), Rn. 16 ff., Höfner und Elser/Macrotron GmbH.
460 EuGH; Rs. C-41/90, Slg. 1991, S. I-1979 (2015), Rn. 17, Höfner und Elser/Macrotrom GmbH.
461 So führt z.B. Lehr, DÖV 2005, S. 542 (547), aus, daß Art. 87 EG keine Anwendung finden würde, da nur der bestehende Wettbewerb vor Verzerrungen geschützt werden würde.
462 Siehe hierzu Held, Quersubventionierung auf dem Postdienstleistungsmarkt; Najork, Die Beurteilung von Quersubventionierungen nach den Wettbewerbsregeln; Schnelle/Bartosch, EWS 2001, S. 411-418.

bisher in keinem der beiden Bereiche[463]. Die bestehenden Definitionsansätze können aber zumindest insoweit herangezogen werden, als sie dazu dienen können, das juristische Problem, welches sich in diesem Zusammenhang eröffnet, erkennbar zu machen und damit eine Annäherung an die Problematik zu ermöglichen.
So definierte zum Beispiel die Kommission in ihrer Entscheidung zur Deutschen Post AG vom 20.03.2001 diesen Begriff wie folgt:

„Aus ökonomischer Sicht liegt eine Quersubventionierung dann vor, wenn auf der einen Seite die Erlöse einer Dienstleistung nicht zur Deckung der auf diese Leistung entfallenden spezifischen Zusatzkosten (incremental costs) ausreichen und auf der anderen Seite eine Dienstleistung oder ein gesamter Unternehmensbereich vorhanden ist, dessen Erlöse die Stand-alone-Kosten übersteigen. Die Überdeckung der Stand-alone-Kosten zeigt die Quelle der Quersubventionierung an, die Unterdeckung der leistungsspezifischen Zusatzkosten deren Ziel" [464].

Mittelpunkt der Quersubventionierung ist somit immer der Transfer von Leistungen von einem Unternehmensbereich in den anderen bzw. ein Transfer innerhalb eines Konzernverbundes.
Im Zusammenhang mit der Verleihung von Monopolrechten entsteht aus der Sicht des europäischen Wettbewerbsrechts daher immer dann ein Problem[465], wenn Mittel aus den Bereichen, in welchen ein Unternehmen ein Monopol besitzt, in Unternehmensbereiche transferiert werden, in denen das entsprechende Unternehmen im Wettbewerb mit anderen Unternehmen steht. Das Unternehmen erhält schließlich einen Vorteil aufgrund eines Transfers von Mitteln, die in einem Bereich erwirtschaftet wurden, in welchem durch staatliche Protektion der Wettbewerb und damit potentielle Konkurrenz ausgeschaltet wurde.

Diese Praxis der Quersubventionierung wurde in der jüngsten Vergangenheit sowohl hinsichtlich der Vereinbarkeit mit Art. 82 EG[466] als auch mit Art. 87 Abs. 1 EG[467] seitens der Kommission untersucht. Zwar stellte die Kommission in ihrer Aufforderung an die Deutsche Post AG zur Abgabe einer Stellungnahme fest, daß durch das gesetzliche Monopol und die Festlegung der Preise durch

---

[463] Najork, Die Beurteilung von Quersubventionen nach den Wettbewerbsregeln, S. 2.
[464] Entscheidung der Kommission vom 20.03.2001 in einem Verfahren nach Art. 82 EG-Vertrag, ABl. EG 2001, L 125/27 (29), Rn. 6.
[465] Zu den anderen Fallgruppen, welche, auch unabhängig von dem Vorliegen eines durch Monopol geschützten Bereiches, problematisch sein können siehe insbesondere Najork, Die Beurteilung von Quersubventionierungen nach den Wettbewerbsregeln, S. 11 ff.
[466] Entscheidung Kommission vom 20.03.2001, in einem Verfahren nach Art. 82 EG-Vertrag, ABl. EG 2001, L 125/27.
[467] Aufforderung durch die Kommission zur Abgabe einer Stellungnahme gemäß Art. 88 Abs. 2 EG-Vertrag zur Beihilfemaßnahme C 61/99- Staatliche Beihilfe an die Deutsche Post AG, ABl. EG 1999, C 306/25.

den Staat eine Beihilfe gegeben sei, eine ausführlichere Begründung hierfür sucht man allerdings vergebens.
Weiterhin erscheint es vor dem Hintergrund der neueren Rechtsprechung des EuGH in der Rechtssache Preußen Elektra[468] äußerst fraglich, ob entsprechende Handlungen noch als staatlich oder als aus staatlichen Mitteln kommend angesehen werden können.

Sowohl bei der Behandlung dieser Problematik durch die Kommission als auch bei den folgenden Bearbeitungen in der Literatur[469] stand ohnehin lediglich die Frage im Vordergrund, ob es sich bei diesen Transferleistungen aus den durch Monopol geschützten Bereichen um unerlaubte staatliche Beihilfen im Sinne des Art. 87 Abs. 1 EG handele. Auffällig ist, daß hier wieder lediglich der Transfer der Mittel selbst problematisiert wurde. Die im Vorfeld zu stellende Frage nach der Vereinbarkeit des Monopols selber mit Art. 87 Abs. 1 EG ist hingegen nicht weiter untersucht[470].

Sieht man hingegen in entsprechenden Monopolen eine Art der „Gegenleistung" für die Erbringung der Dienstleistungen von allgemeinem wirtschaftlichen Interesse, welche von dem entsprechenden Unternehmen erbracht werden, muß man, wenn man schon einen Ausgleich in Form direkter oder indirekter Leistungen als beihilferechtlich problematisch ansieht, die unter Umständen noch weiterreichende Leistung der Vergabe eines Monopols ebenfalls auf ihre beihilferechtliche Vereinbarkeit untersuchen bzw. fragen, wie ein Monopol ausgestaltet sein muß, damit es nicht beihilferechtlich relevant ist. Der bisherige Ansatz, erst die eventuell erfolgenden Quersubventionen auf diese Beihilfeeigenschaft zu untersuchen, setzt eindeutig zu spät an. Wenn ein Unternehmen in der Lage ist, in einem problematischen Umfang Mittel aus dem monopolgeschützten Bereich zu transferieren, liegt das Problem primär in der Monopolvergabe und der entsprechenden Ausgestaltung des Monopols selbst. Erst hierdurch erhalten die Unternehmen schließlich die Mittel, welche sie dann überhaupt quersubventionieren können.
Nachfolgend ist somit zu klären, ob die Monopolvergabe an sich hinsichtlich Art. 87 Abs. 1 EG problematisch ist. Sollte dies bejaht werden, muß weiterhin untersucht werden, wie ein solches Monopol ausgestaltet sein müßte, damit es vor dem Hintergrund des Art. 87 Abs. 1 EG bestehen kann.

---

[468] EuGH, Rs. C-379/98, Slg. 2001, S. I-2099 ff., Preussen Elektra/Schleswag.
[469] Held, Quersubventionierung auf dem Postdienstleistungsmarkt, S. 159 ff.; Najork, Die Beurteilung von Quersubventionen nach den Wettbewerbsregeln, S. 97 ff.
[470] Einzig Schnelle/Bartosch, EWS 2001, S. 411 f. führen dieses Problem weiter aus.

a) Anwendbarkeit des Art. 87 Abs. 1 EG

Zunächst gilt es zu klären, ob eine Anwendbarkeit des Art. 87 Abs. 1 EG überhaupt in Betracht kommt oder ob diese durch die vorrangige Anwendung anderer Vorschriften ausgeschlossen sein könnte. Möglich wäre eine vorrangige Anwendung der Vorschriften über die Dienstleistungsfreiheit. Zu einer solchen Auslegung könnte man gelangen, wenn man die Rechtsprechung des EuGH zu den den Dienstleistungsmonopolen ähnelnden Handelsmonopolen betrachtet.
In der Entscheidung in der Rechtssache 91/78 Hansen gegen das Hauptzollamt Flensburg[471] hatte sich der EuGH mit der Frage zu beschäftigen, inwieweit bei Vorliegen eines Handelsmonopols die Vorschrift des Art. 31 EG gegenüber den Beihilfevorschriften eine Sonderbestimmung darstellt[472]. Der Gerichtshof stellte in seiner Entscheidung fest, daß eine Maßnahme, wenn die Tatbestandsvoraussetzungen beider Vorschriften vorliegen, grundsätzlich beiden Vorschriften unterliegt. Da im vorliegenden Fall die staatliche Maßnahme mit der Ausübung eines ausschließlichen Rechts durch ein staatliches Handelsmonopol zusammenhänge, sei der Art. 31 EG allerdings als vorrangige Sonderbestimmung gegenüber dem Art. 87 Abs. 1 EG anzusehen[473].

In den letzten Jahren hat die Bedeutung der in diesem Urteil relevanten Handelsmonopole abgenommen. In den Mittelpunkt des Interesses sind die Dienstleistungsmonopole speziell im Bereich der Dienstleistungen von allgemeinem wirtschaftlichen Interesse geraten. Die Frage, die sich nun aufdrängt, ist die nach der Norm, welche für die Überprüfung dieser Monopole zur Anwendung kommen sollte. Überträgt man das Urteil zu den Handelsmonopolen auf die Dienstleistungsmonopole, könnte man von einem vergleichbaren Verhältnis zwischen Art. 87 Abs. 1 EG und Art. 49 EG ausgehen. Art. 49 EG würde dann gegenüber Art. 87 Abs. 1 EG entsprechend die speziellere Norm darstellen. Bezüglich des Verhältnisses zwischen diesen beiden Normen im Bereich der Dienstleistungsmonopole ist bisher allerdings weder eine Entscheidung der europäischen Gerichte noch eine Entscheidung der europäischen Kommission erfolgt; auch hat sich die Literatur bisher nicht mit diesem Thema auseinandergesetzt. Eine Möglichkeit könnte somit sein, daß man die Rechtsprechung des EuGH zu dem Verhältnis zwischen den Art. 31 EG und Art. 87 EG auf das Verhältnis zwischen Art. 49 EG und Art. 87 EG überträgt. Die Folge wäre, daß die Vorschriften über die Dienstleistungsfreiheit vorrangig Anwendung finden würden.
Eine solche Übertragung erscheint aber aus zweierlei Gründen problematisch. Zunächst ist der Art. 31 EG eine ausschließlich die staatlichen Handelsmonopole behandelnde Vorschrift, welche speziell in den Politiken der Gemeinschaft

471 EuGH, Rs. 91/78, Slg. 1979, S. 935 ff., Hansen GmbH & Co/Hauptzollamt Flensburg.
472 EuGH, Rs. 91/78, Slg. 1979, S. 935 (939), Hansen GmbH & Co/Hauptzollamt Flensburg.
473 EuGH, Rs. 91/78, Slg. 1979, S. 935 (953), Rn. 10, Hansen GmbH & Co/Hauptzollamt Flensburg.

verankert wurde. Eine ähnliche Vorschrift für die Dienstleistungsmonopole findet sich hier nicht. Das zweite Argument gegen eine vorrangige Stellung des Art. 59 gegenüber Art. 87 EG ist die Tatsache, daß die Vorschrift, die sich explizit mit den Unternehmen beschäftigt, die mit Dienstleistungen von allgemeinem wirtschaftlichen Interesse betraut sind und hierfür besondere oder ausschließliche Rechte erhalten haben, gerade die grundsätzliche Anwendung der Wettbewerbsregeln anordnet. Aufgrund dieser Unterschiede erscheint es somit nicht angebracht, das Verhältnis zwischen den Art. 31 und Art. 87 EG auf die hier fragliche Konstellation zu übertragen.

Eine andere Möglichkeit, das Verhältnis zwischen Art. 49 EG und Art. 87 EG zu klären, besteht möglicherweise darin, auf die Judikatur und das Schrifttum hinsichtlich des Verhältnisses zwischen anderen Vorschriften des Wettbewerbsrechts, speziell des Art. 82 EG und der Dienstleistungsfreiheit, zurückgreifen und die Ergebnisse dieser Untersuchung auf das hier fragliche Verhältnis übertragen.

In zahlreichen Entscheidungen mußte sich der EuGH mit Fällen befassen, in welchen sowohl die Dienstleistungsfreiheit als auch der Art. 82 EG als mögliche Prüfungsmaßstäbe in Betracht kamen. Der EuGH kam in seinen Entscheidungen zu dem Ergebnis, daß beide Vorschriften zur Anwendung kommen könnten[474]. Allerdings entschied der EuGH in der Rs. C-41/90 (Höpfner und Elser), daß ein Verstoß gegen Art. 49 EG daran scheitern würde, daß das notwendige grenzüberschreitende Element in diesem Fall nicht gegeben sei[475]. Ein Verstoß gegen Art. 82 EG wurde hingegen bejaht. Der EuGH stellte klar, daß, im Gegensatz zu Art. 49 EG, die Möglichkeit einer Beeinträchtigung des zwischenstaatlichen Handels zur Bejahung des Tatbestandes des Art. 82 EG ausreichen würde[476].
Die mögliche Anwendung beider Vorschriften wurde in der Rs. C-260/89 (ERT)[477] bestätigt. Der Gerichtshof hob hier zusätzlich hervor, daß im Rahmen der Prüfung des Art. 49 EG tatsächliche Auswirkungen durch das Monopol feststellbar sein müßten[478], während im Rahmen der Prüfung des Art. 82 EG die bloße Möglichkeit des Mißbrauchs für die Bejahung des Tatbestandes ausreichend sei[479].

---

[474] EuGH, Rs. C-41/90, Slg. 1991, S. I-1979, Höfner und Elser/Macrotron GmbH; EuGH, Rs. C-260/89, Slg. 1991, S. I-2925, ERT.
[475] EuGH, Rs. C-41/90, Slg. 1991, S. I-1979 (2020), Rn. 37 ff., Höfner und Elser/Macrotron GmbH.
[476] EuGH, Rs. C-41/90, Slg. 1991, S. I-1979 (2016), Rn. 32, Höfner und Elser/Macrotron GmbH.
[477] EuGH, Rs. C-41/90, Slg. 1991, S. I-1979, ERT.
[478] EuGH, Rs. C-260/89, Slg. 1991, S. I-2925 (2960 f.) Rn. 26, ERT.
[479] EuGH, Rs. C-260/89, Slg. 1991, S. I-2925 (2962), Rn. 37, ERT.

Beide Urteile zeigen somit eine Ungleichbehandlung von Grundfreiheiten einerseits und Wettbewerbsregeln andererseits. Dogmatisch sind zwar sowohl die Grundfreiheiten bei Dienstleistungsmonopolen und somit die Dienstleistungsfreiheit als auch die Wettbewerbsregeln anwendbar. Pragmatische Erwägungen führten aber offensichtlich sogar dazu, daß zumindest der Art. 82 EG bei der Überprüfung von Monopolen bevorzugt herangezogen wird[480].

Überträgt man dies nun auf die Ausgangsfrage, in welcher nach dem Verhältnis zwischen Art. 49 EG und Art. 87 Abs. 1 EG gefragt wird, so findet man Parallelen zwischen diesen beiden Konstellationen. An Art. 87 Abs. 1 EG sind ebenfalls insofern geringere Anforderungen zu stellen, da auch der potentielle Wettbewerb, d.h. die potentielle Konkurrenz geschützt wird[481]. Eine weitere Parallele besteht darin, daß auch die drohende und nicht nur die akute Verfälschung des Wettbewerbs von Art. 87 Abs. 1 EG erfaßt wird[482]. Es zeigt sich also, daß genau jene Gründe, die zu einer bevorzugten Anwendung des Art. 82 EG im Bereich der Dienstleistungsmonopole gegenüber Art. 49 EG führten, auch im Verhältnis zwischen Art. 87 Abs. 1 EG und Art. 49 EG gegeben sind. Es wäre somit kaum nachzuvollziehen, wenn man in diesem Verhältnis den Art. 49 EG als speziellere Vorschrift ansehen und daher eine Anwendbarkeit des Art. 87 Abs. 1 ausschließen würde.

Von einer Übertragung der Rechtsprechung des EuGH zu dem Verhältnis zwischen Art. 31 EG und Art. 87 Abs. 1 EG auf die Dienstleistungsmonopole sollte deshalb abgesehen werden. Dementsprechend sollte Art. 49 EG nicht als die speziellere Norm angesehen werden. Der Art. 87 Abs. 1 EG erscheint vielmehr – das zeigt der angestellte Vergleich mit Art. 82 EG – für die Untersuchung von Dienstleistungsmonopolen besser geeignet. Auf die entsprechenden Dienstleistungsmonopole muß Art. 87 Abs. 1 EG daher bevorzugt Anwendung finden. Nachfolgend ist somit zu prüfen, ob entsprechende Dienstleistungsmonopole den Tatbestand des Art. 87 Abs. 1 EG erfüllen.

b) Begünstigung

Zunächst müßte ein Unternehmen, das ein solches Monopol erhält, durch diese Monopolvergabe begünstigt sein. Die Prüfung dieses Tatbestandsmerkmals des Beihilfetatbestandes erscheint im Zusammenhang mit der Monopolvergabe relativ einfach. Wie oben bereits für den Bereich der Ausgleichsleistungen in Form von direkten oder indirekten Subventionen erläutert wurde, liegt immer dann

[480] Anstatt vieler Heinemann, Grenzen staatlicher Monopole im EG-Vertrag, S. 172 mit weiteren Nachweisen.
[481] Siehe dazu unter I, 3, a.
[482] Siehe dazu unter I, 3, a.

eine Begünstigung vor, wenn das Unternehmen eine Leistung erhält, der keine marktübliche Gegenleistung gegenübersteht[483].
Eine Begünstigung kommt im Fall einer Monopolvergabe somit immer dann in Betracht, wenn die Ausgestaltung des Monopols es den entsprechenden Inhabern des Monopols ermöglicht, in dem reservierten Bereich eine Gegenleistung zu erwirtschaften, welche gegenüber der oder den von dem Unternehmen erbrachten Leistungen als nicht marktüblich erscheint. Hieran schließt sich dann zwangsläufig die Frage an, wie man sicherstellen kann, daß die Gegenleistung, welche in dem reservierten Bereich erwirtschaftet wird, nicht über das hinausgeht, was als marktüblich anzusehen ist.

aa) Ordnungsgemäß durchgeführtes Vergabeverfahren

Auch im Bereich der Dienstleistungsmonopole sind Konstellationen denkbar, in denen vor der Vergabe des Monopols ein Vergabeverfahren durchgeführt werden kann. Ist ein solches Vergabeverfahren sinnvoll und möglich, erscheint es zumindest als geeignet, den Bewerber mit dem Monopol zu versehen, welcher das kostengünstigste Angebot abgibt, die Leistung also für das geringste Entgelt erbringt. Als Basis für die Angebote der einzelnen Bewerber dürfte hier regelmäßig die Nachfrage der einzelnen Dienstleistungen in den letzten Jahren dienen. Da die Monopolvergabe aber regelmäßig auf einen längeren Zeitraum ausgerichtet sein wird und in dem monopolisierten Bereich kein Wettbewerb vorhanden ist, der den Monopolisten in gleichem Maße wie unter wirtschaftlichen Bedingungen zwingen würde, seine Preise ständig anzupassen, muß zusätzlich noch darauf geachtet werden, daß die Monopolbedingungen es dem Monopolisten nicht ermöglichen, größere Überschüsse zu erwirtschaften, die er dann in Bereiche quersubventionieren kann, die im Wettbewerb stehen.

Eine solche Übersicht ist aber ex-ante kaum möglich. Es erscheint daher angebracht, die Überschüsse im Monopolbereich ex-post zu betrachten. Damit aber eine solche ex-post Betrachtung auch von Erfolg gekrönt sein kann, müssen Maßnahmen getroffen werden, die es dem Staat und letztlich auch der Kommission als Überwachungsorgan ermöglichen, diese Überschüsse zu erkennen.
Eine solche Möglichkeit wurde durch den Erlaß der Richtlinie der Kommission zur Änderung der Transparenzrichtlinie[484] geschaffen. In der Vergangenheit war es ausreichend, eine getrennte Buchführung lediglich öffentlichen Unternehmen aufzuerlegen. Aufgrund der Entwicklung, daß ein stetig wachsender Anteil der Daseinsvorsorge von privaten Unternehmen erbracht wird, ist es heute jedoch sinnvoll, jedem Unternehmen, welches mit Dienstleistungen von allgemeinem

---

483 Siehe dazu unter V, 1, g, bb, ddd, (1), (b), (cc).

484 Richtlinie der Kommission vom 26.07.2000 zur Änderung der Richtlinie 80/733/EWG über die Transparenz der finanziellen Beziehungen zwischen den Mitgliedstaaten und den öffentlichen Unternehmen, ABl. EG 2000, L 193/75.

wirtschaftlichen Interesse betraut ist, diese Verpflichtung aufzuerlegen. Genau auf diese Entwicklung reagiert die Änderung der Richtlinie und schreibt allen Unternehmen, die Dienstleistungen von allgemeinem wirtschaftlichen Interesse erbringen, vor, ihre Bücher so zu führen, daß eine Trennung zwischen den Aktivitäten im Bereich der Daseinsvorsorge und ihren anderen Aktivitäten gegeben ist. Durch eine solche getrennte Buchführung wird es dem Staat ermöglicht, einen Überblick über das Verhältnis zwischen Einnahmen und Ausgaben aus dem monopolgeschützten Bereich zu erlangen. Sie ermöglicht es dem Staat und gegebenenfalls auch der Kommission, die erforderliche ex-post Betrachtung anzustellen, Überschüsse zu erkennen und entsprechend darauf reagieren zu können.

Um nun sicherzustellen, daß dem Unternehmen keine zu einer Begünstigung führenden Überschüsse verbleiben, bestehen seitens des Staates zwei Möglichkeiten. Zunächst besteht die Möglichkeit, in regelmäßigen Abständen die Ausgestaltung des Monopols dergestalt anzupassen, daß diese dem Ergebnis der Untersuchung angepaßt wird und damit keine Überschüsse mehr entstehen. Die zweite Möglichkeit besteht darin, die Ausgestaltung des Monopols unverändert zu lassen und die festgestellten Überschüsse vom Staat abschöpfen zu lassen. Sicherlich am sinnvollsten ist es aber, die beiden genannten Möglichkeiten insoweit zu kombinieren, als der Staat die Monopolbedingungen so oft wie möglich anpaßt und zusätzlich festgestellte Überschüsse konsequent eingezogen werden.
Abschließend sollte in regelmäßigen Abständen, welche zwar so lang wie nötig (abhängig von dem jeweiligen Sektor), aber so kurz wie möglich gehalten sein sollten, das anfängliche Vergabeverfahren wiederholt werden, um sicherzustellen, daß der Anbieter dauerhaft mit der Erbringung der entsprechenden Dienstleistung betraut ist, der die Dienstleistung zu den günstigsten Konditionen erbringt.
Wird dies vom Staat in der hier geforderten Konsequenz durchgeführt, ist auf einfachstem Wege sichergestellt, daß die Unternehmen in dem durch Monopol geschützten Bereich keine Überschüsse erwirtschaften, die dann eine Begünstigung im Sinne des Beihilfetatbestandes darstellen. Weiterhin resultiert hieraus zwangsläufig, daß dem Unternehmen die Möglichkeit genommen wird, größere Gewinne anzuhäufen, die dann in im Wettbewerb stehende Bereiche quersubventioniert werden können. Darüber hinaus würde der Staat durch eine solche konsequente Überwachung auch seiner aus Art. 86 Abs. 1 EG resultierenden Pflicht nachkommen, keine dem Vertrag widersprechenden Maßnahmen zu treffen oder beizubehalten.

bb) Monopolvergaben, denen kein Vergabeverfahren zugrunde liegt

Abweichend von den oben geschilderten Fällen, wird im Regelfall ein im Vorfeld einer Monopolvergabe gelagertes Vergabeverfahren keinen Sinn machen, da die entsprechende Leistung in dem jeweiligen Bereich lediglich von einem einzigen Unternehmen, regelmäßig dem bisherigen Monopolisten, erbracht werden kann.

Das Fehlen des Vergabeverfahrens führt auch hier nicht per se zu dem Vorliegen einer Begünstigung. Es muß im Einzelfall geprüft werden, ob durch die Ausgestaltung des Monopols dem Monopolisten eine nicht marktübliche Gegenleistung zugestanden wird. Abweichend von den Fällen, in denen vor der Monopolvergabe ein Vergabeverfahren durchgeführt werden kann, eröffnen sich aber in den hier gegebenen Konstellationen zusätzlich zwei Probleme.

Wenn der anfängliche, durch das Vergabeverfahren hervorgerufene wettbewerbliche Impuls fehlt, muß gleich zu Beginn der Monopolvergabe in verstärktem Maße darauf geachtet werden, daß die Monopolbedingungen den Kosten der Erbringung der Dienstleistung angepaßt werden und eventuell entstehende Überschüsse konsequent abgeschöpft werden. Das zweite Problem besteht darin, daß die dauerhafte Überwachung durch die Konkurrenz[485], welche in den Fällen, in denen zumindest im Vorfeld der Monopolvergabe eine Konkurrenz gegeben war, hier wegfällt. Das Risiko von unentdeckt bleibenden Begünstigungen ist somit höher als in den zuerst genannten Fällen. Dementsprechend muß die Intensität der Überwachung der Monopolausgestaltung seitens des Staates und seitens der Kommission deutlich erhöht werden.

Kommt man aber trotz oder aufgrund des Fehlens der vorgeschlagenen Sicherungsmechanismen zu dem Ergebnis, daß eine nicht marktgerechte Gegenleistung vorliegt, so muß eine Begünstigung bejaht und das entsprechende staatliche Verhalten auf die weiteren notwendigen Beihilfemerkmale untersucht werden.

c) Staatlich oder aus staatlichen Mitteln stammende Beihilfe

Während die Prüfung und Feststellung einer eventuell vorliegenden Begünstigung noch relativ unproblematisch ist, erscheint das Hauptproblem in der Prüfung des Initiators und der Herkunft der Beihilfe zu liegen.

aa) Initiator der Beihilfe

Wie oben erläutert, muß die Begünstigung auf staatlicher Initiative beruhen, um sie von den Fällen der privaten Initiative, welche vom Anwendungsbereich der Art. 81 ff. erfaßt werden, unterscheiden zu können. Dies ist grundsätzlich immer

---

[485] Wie sie z.B. im Fall Altmark Trans gegeben war. Hier wurde das Verfahren erst aufgrund einer Klage der Nahverkehrsgesellschaft Altmark GmbH gegen die Erteilung einer Genehmigung an die Altmark Trans GmbH anhängig und gelangte erst durch eine Vorlage des Bundesverwaltungsgerichts zum Europäischen Gerichtshof.

gegeben, wenn es sich bei dem Initiator der Beihilfe um einen Hoheitsträger handelt oder dann, wenn die Begünstigung mit staatlichen Stellen in Verbindung gebracht werden kann. Eine staatliche Initiative ist somit regelmäßig zu bejahen, wenn sie von juristischen Personen des öffentlichen Rechts ausgeht. Darüber hinausgehend kann sogar von einer staatlichen Initiative ausgegangen werden, wenn die Zuwendung durch Privatrechtssubjekte erfolgt, deren Zuwendung sich aufgrund staatlicher Veranlassung oder Beauftragung dem Staat zurechnen lässt. Insgesamt sind an das Maß der staatlichen Einflußnahme keine zu hohen Anforderungen zu stellen[486].

Der Monopolist erhält in den vorliegenden Fällen die Begünstigung durch Private. Allerdings sind diese Privatrechtsubjekte zumeist durch Gesetz[487] verpflichtet, die entsprechende Leistung ausschließlich durch den Monopolisten erbringen zu lassen. Daher verschaffen die entsprechenden Gesetze und die staatlichen Monopole den Monopolisten sichere, zumeist bedeutende Einnahmequellen, da eine Vielzahl der Privaten auf die Erbringung dieser Leistungen angewiesen ist. Genau dies stellte die Kommission in dem Verfahren gegen die Deutsche Post AG fest, wenn sie ausführt:

„Für den Bereich des Briefdienstes wurde vom Staat ein gesetzliches Monopol gewährt. Der Staat legt ferner die Entgelte fest. In dieser Hinsicht kann ein Vergleich mit steuerähnlichen Abgaben gezogen werden: Die Beträge werden nicht vom Staat erhoben, sondern unmittelbar von der Deutschen Post AG eingezogen, auf Grundlage einer verbindlichen Festlegung der Tarife durch den Staat. Selbstverständlich ist niemand zum Versand von Standardbriefen und somit zur Finanzierung der Deutschen Post AG verpflichtet. Jedoch muß jeder, der einen Standardbriefdienst in Anspruch nehmen will, auf den der Deutschen Post AG zurückgreifen. Daher schaffen die staatlichen Maßnahmen eine sichere (und bedeutende) Einnahmequelle für die Deutsche Post AG. Bei diesen Einnahmen muß grundsätzlich davon ausgegangen werden, daß sie Beihilfen im Sinne des Art. 87 Abs. 1 EG darstellen"[488].

Diese Aussage der Kommission ist im Schrifttum insoweit kritisiert worden, als sie sich unzureichend mit dem Merkmal einer staatlichen oder aus staatlichen Mitteln stammenden Beihilfe befassen würde[489]. Diese Kritik mag in bezug auf den noch zu diskutierenden Prüfungspunkt der Herkunft der Beihilfe zutreffend sein. Bezüglich des Initiators der Beihilfe erscheinen die Aussagen der Kommission hingegen durchaus zutreffend. Der Staat schafft durch die Vergabe und die Ausgestaltung des Monopols die Grundlage für den begünstigenden Kapitalfluß.

---

[486] Siehe dazu unter III, 2, b, aa.
[487] So z.B. im Bereich der Postdienstleistungen durch die §§ 19 ff. PostG.
[488] Aufforderung durch die Kommission zur Abgabe einer Stellungnahme gemäß Art. 88 Abs. 2 EG-Vertrag zur Beihilfemaßnahme C 61/99 (ex NN 153/96) – Staatliche Beihilfe an die Deutsche Post AG, ABl. EG 1999, Nr. C 306/25 (33), Rn. 61.
[489] So Held, Quersubventionierung auf dem Postdienstleistungsmarkt, S. 162.

Ein Zusammenhang zwischen der Begünstigung des Unternehmens und den staatlichen Handlungen ist somit zu bejahen.
Es ist zwar sicherlich zuzugestehen, daß der Staat nicht direkt auf die Privatrechtssubjekte einwirkt, den entsprechenden Monopolisten zu unterstützen. Einer solchen Einwirkung bedarf es aber in diesen Fällen nicht, da, wie durch die Kommission völlig richtig ausgeführt wurde, jeder, der einer entsprechenden Dienstleistung bedarf, zwangsläufig auf die Leistungserbringung durch den Monopolisten angewiesen ist. Die Entscheidung der Privatrechtssubjekte, ob sie eine entsprechende Leistung nachfragen, ist zwar autonom; wenn aber eine solche Leistung benötigt wird, besteht durch die staatlichen Vorgaben keinerlei Wahlmöglichkeit seitens der Privaten. Die Entscheidung über die Vorteilsgewährung ist damit zumindest bezüglich der Auswahl des Leistungserbringers „staatlich dominiert"[490]. In Anbetracht der Tatsache, daß hinsichtlich des Maßes der staatlichen Einflußnahme grundsätzlich keine zu hohen Anforderungen zu stellen sind, um eine staatliche Begünstigung der Initiative zu bejahen, muß die staatliche Dominanz bezüglich des Leistungserbringers als ausreichend angesehen werden und aufgrund dieser staatlichen Vorgaben die Begünstigung als zumindest staatlich initiiert angesehen werden.

bb) Herkunft der Beihilfe

Kann man die staatliche Initiative der Begünstigung in diesen Fällen noch bejahen, so ist es noch problematischer festzustellen, ob die Begünstigung aus Mitteln des Mitgliedstaates erfolgte. Dieses Kriterium verlangen aber sowohl die ganz herrschende Meinung in der Literatur als auch der Europäische Gerichtshof. Auch wenn meines Erachtens aufgrund einer Vielzahl von Argumenten[491] dieses Merkmal keine zwingende Voraussetzung für das Vorliegen einer Beihilfe sein sollte, muß aber doch untersucht werden, ob in den hier in Frage stehenden Fällen ein solcher staatlicher Mittelfluß gegeben ist und so auch nach der überwiegenden Ansicht eine Beihilfe bejaht werden kann.

Bejahte die Kommission noch in der oben genannten Entscheidung[492], ohne weitere Auseinandersetzung mit der Herkunft der Begünstigung, eine Beihilfe, so ist dieses Ergebnis vor dem Hintergrund der neusten Rechtsprechung des EuGH in der Rechtssache Preussen Elektra gegen Schleswag jedoch äußerst fraglich.

---

[490] Koenig/Kühling, EuZW 1999, S. 517 (521).
[491] Siehe dazu unter III, 2, b, bb, ccc.
[492] Aufforderung durch die Kommission zur Abgabe einer Stellungnahme gemäß Art. 88 Abs. 2 EG-Vertrag zur Beihilfemaßnahme C 61/99 (ex NN 153/96) – Staatliche Beihilfe an die Deutsche Post AG, ABl. EG 1999, Nr. C 306/25 (33), Rn. 61.

aaa) Die Rechtsprechung des EuGH in der Rechtssache Preussen Elektra/ Schleswag

In der vor dem Gerichtshof verhandelten Rechtssache C-379/98 Preussen Elektra/Schleswag[493] ging es um die Vereinbarkeit einer deutschen Regelung mit Art. 87 Abs. 1 EG, nach der private Elektrizitätsunternehmen verpflichtet werden, den in ihrem Versorgungsgebiet erzeugten Strom aus erneuerbaren Energiequellen zu Mindestpreisen, die über dem tatsächlichen wirtschaftlichen Wert dieses Stroms liegen, abzunehmen, wodurch die sich aus dieser Verpflichtung ergebenden finanziellen Belastungen zwischen den Elektrizitätsversorgungsunternehmen und den privaten Betreibern aufgeteilt werden. Das Kernproblem dieses Falles bestand aus beihilferechtlicher Sicht darin, ob in solchen Konstellationen eine Herkunft aus staatlichen Mitteln und damit auch eine Beihilfe zu bejahen sei.

In seinen Schlußanträgen beschäftigte sich Generalanwalt Jacobs ausführlich mit der Frage, ob der EuGH seine Rechtsprechung ändern und wieder auf die Linie, welche er vor der Entscheidung in der Rechtssache Sloman Neptun[494] vertrat, einschwenken und damit auf die staatliche Herkunft als Merkmal des Beihilfebegriffs verzichten sollte. Nach Abwägung der einzelnen Argumente legte er aber dem Gerichtshof nahe, bei seiner alten Rechtsprechung zu bleiben und das Merkmal der staatlichen Herkunft als notwendigen Bestandteil des Beihilfebegriffs anzusehen[495].

Ausgehend von diesem Ergebnis, schloß er dann die Prüfung an, ob im vorliegenden Fall die Leistungen der privaten Elektrizitätsunternehmen dieses Merkmal erfüllen könnten. Zunächst prüfte er die Ausführungen des vorlegenden Gerichts, welches die Ansicht vertrat, daß dies daraus resultieren könnte, daß die Gewinne der verpflichteten Unternehmen geschmälert würden und dementsprechend auch die von diesen Unternehmen zu leistenden Steuern automatisch sinken würden. Er kam aber hier zu dem Ergebnis, daß zwar grundsätzlich ein Verzicht auf staatliche Einkünfte zu einer Einstufung als Beihilfe führen kann, dies hier aber nicht gegeben sei, da die entsprechenden Mittel nicht aus Einbußen aus Steuereinnahmen resultierten, sondern ausschließlich durch die dem Gesetz unterworfenen Unternehmen und damit wahrscheinlich sogar letztlich vom Verbraucher erbracht würden. Eventuelle Einbußen seien daher nur ein (unbeachtlicher) Nebeneffekt[496].

---

493 EuGH, Rs. C-379/98, Slg. 2001, S. I-2099 ff., Preussen Elektra/Schleswag.

494 EuGH, Rs. 72/91 und 73/91, Slg. 1993, S. 887 (933 f.), Rn. 19, Sloman Neptun.

495 Schlußanträge von Generalanwalt Jacobs, Rs. C-379/98, Slg. 2001, S. I-2103 (2134 ff.), Rn. 134 ff. Preussen Elektra/Schleswag.

496 Schlußanträge von Generalanwalt Jacobs, Rs. C-379/98, Slg. 2001, S. I-2103 (2140), Rn. 162, Preussen Elektra/Schleswag.

Als nächstes prüfte der Generalanwalt die Möglichkeit, ob hier private in staatliche Mittel umgewandelt worden seien, wie es von der Kommission und Preussen Elektra vorgebracht worden war. Nach deren Ansicht entziehe die entsprechende Regelung der privaten Sphäre Geld, um sie einem im Allgemeininteresse liegenden Zweck zuzuführen. Dies sei mit den Fällen gleichzusetzen, in denen parafiskalische Abgaben zur Finanzierung von Beihilfemaßnahmen herangezogen werden würden[497].
Der Generalanwalt verneinte jedoch auch diesen Ansatz. Die Fälle, in denen staatliche Beihilfen durch Einkünfte aus parafiskalischen Abgaben finanziert würden, hätten alle gemeinsam, daß der Staat in irgendeiner Form die Kontrolle über diese Mittel inne hätte. Dies sei im vorliegenden Fall nicht gegeben, da die nach dem entsprechenden Gesetz zu zahlenden Beträge dem Staat niemals zur Verfügung gestanden hätten[498].

Abschließend problematisierte der Generalanwalt noch die Frage, ob eventuelle Ertragseinbußen von im öffentlichen Eigentum stehenden Unternehmen als staatliche Mittel angesehen werden könnten. Dies wurde aber deswegen von ihm verneint, da die Vorteile für die Erzeuger von Strom aus erneuerbaren Energien ausschließlich von privatrechtlich organisierten Unternehmen finanziert werden würden, welche sich mehrheitlich im privaten Eigentum befänden[499].
Nach Abschluß dieser Prüfung kam der Generalanwalt insgesamt zu dem Ergebnis, daß aufgrund der fehlenden Herkunft aus staatlichen Mitteln eine Beihilfe gemäß Art. 87 Abs. 1 EG nicht vorliegen würde[500].
Der EuGH bestätigte in seinem Urteil seine bisherige Rechtsprechung, nach welcher nur solche Vorteile als Beihilfe angesehen werden können, welche unmittelbar oder mittelbar aus staatlichen Mitteln gewährt werden würden. Der Gerichtshof hob erneut hervor, daß die in der Vorschrift des Art. 87 Abs. 1 EG vorgenommene Unterscheidung zwischen staatlichen und aus staatlichen Mitteln gewährten Beihilfen gerade nicht bedeuten würde, daß alle von einem Staat gewährten Vorteile, unabhängig von ihrer Herkunft aus staatlichen Mitteln, Beihilfen darstellen würden. Vielmehr diene diese Formulierung dazu, daß nur solche Vorteile einzubeziehen seien, welche unmittelbar vom Staat oder durch von ihm benannte oder begründete öffentliche oder private Einrichtungen gewährt werden würden[501]. In dem hier zu entscheidenden Fall sei eine solche

---

[497] Schlußanträge von Generalanwalt Jacobs, Rs. C-379/98, Slg. 2001, S. I-2103 (2140), Rn. 163, Preussen Elektra/Schleswag.
[498] Schlußanträge von Generalanwalt Jabobs, Rs. C-379/98, Slg. 2001, S. I-2103 (2141), Rn. 165, Preussen Elektra/Schleswag.
[499] Schlußanträge von Generalanwalt Jabobs, Rs. C-379/98, Slg. 2001, S. I-2103 (2144), Rn. 177, Preussen Elektra/Schleswag.
[500] Schlußanträge von Generalanwalt Jabobs, Rs. C-379/98, Slg. 2001, S. I-2103 (2144), Rn. 186, Preussen Elektra/Schleswag.
[501] EuGH, Rs. C-379/98, Slg. 2001, S. I-2099 (2181), Rn. 58, Preussen Elektra/Schleswag.

Übertragung staatlicher Mittel auf die den Strom produzierenden Unternehmen zu verneinen[502]. Allein der Umstand, daß die Abnahmepflicht auf einem Gesetz beruhe, könne der Regelung somit nicht den Charakter einer staatlichen Beihilfe im Sinne des Art. 87 Abs. 1 EG verleihen[503].

Weiterhin bestätigte der Gerichtshof die Feststellungen des Generalanwalts, daß die negativen wirtschaftlichen Ergebnisse sowie die damit verbundenen geringeren Steuereinnahmen des Staates nicht zu einem anderen Ergebnis führen könnten, sondern als immanente Folge solcher Regelungen anzusehen seien und nicht die Annahme eines aus staatlichen Mitteln stammenden Vorteils rechtfertigen könnten[504].

Insgesamt bestätigte der Gerichtshof somit seine bisherige Rechtsprechung und die Schlußanträge des Generalanwalts Jacobs. Damit soll weiterhin eine staatliche Herkunft der Begünstigung zur Bejahung einer Beihilfe notwendig sein. Dadurch, daß dies im vorliegenden Fall verneint wurde, wurde somit auch insgesamt das Vorliegen einer Beihilfe gemäß Art. 87 Abs. 1 EG verneint.

bbb) Übertragung staatlicher Mittel in den Fällen der staatlichen Monopolvergabe?

(1) Übertragbarkeit der Preussen Elektra Rechtsprechung?

Das die bisherige Rechtsprechung bestätigende Urteil in der Rechtssache Preussen Elektra/Schleswag fand nicht nur bezüglich der Herkunft der Mittel große Zustimmung[505], sondern es kam auch die Frage auf, ob diese Rechtsprechung nicht auch für die aus beihilferechtlicher Sicht relevanten Fragen im Zusammenhang mit den Monopolen im Bereich der Dienstleistungen von allgemeinem wirtschaftlichen Interesse Geltung haben sollte[506]. Da die in Frage stehenden finanziellen Mittel in Form von Monopolgebühren durch Private bereit gestellt worden seien, müsse davon ausgegangen werden, daß eine staatliche Herkunft der Mittel zu verneinen sei. Allein die gesetzliche Festlegung des Monopols, sowie der Monopolbedingungen sei nicht ausreichend, das vom EuGH geforderte Merkmal der staatlichen Herkunft der Mittel zu bejahen[507].

---

[502] EuGH, Rs. C-379/98, Slg. 2001, S. I-2099 (2181), Rn. 59 f., Preussen Elektra/Schleswag.
[503] EuGH, Rs. C-379/98, Slg. 2001, S. I-2099 (2182), Rn. 61, Preussen Elektra/Schleswag.
[504] EuGH, Rs. C-379/98, Slg. 2001, S. I-2099 (2182), Rn. 62, Preussen Elektra/Schleswag.
[505] Anstatt vieler Koenig/Kühling, NVwZ 2001, S. 768 (770).
[506] So Ruge, EuZW 2001, S. 247 (248); Schnelle/Bartosch, EWS 2001, S. 411 (412); Held, Quersubventionierung auf dem Postdienstleistungsmarkt, S. 174.
[507] So für das Beispiel der Postdienstleistungen Held, Quersubventionierung auf dem Postdienstleistungsmarkt, S. 173.

Dieses Ergebnis ist auf den ersten Blick folgerichtig. Wenn man davon ausgeht, daß die Herkunft aus staatlichen Mitteln ein zwingendes Merkmal des Beihilfetatbestandes ist, scheint in den Fällen, in denen die Monopolgebühren von Privaten erbracht werden, dieses Merkmal nicht gegeben zu sein. Betrachtet man die in Frage stehenden Fälle jedoch genauer, können an diesem scheinbar eindeutigen Ergebnis Zweifel aufkommen.

Zunächst könnte es unzulässig sein, diese beiden Fälle miteinander zu vergleichen. In dem Fall Preussen Elektra/Schleswag greift der Staat durch seine gesetzliche Regelung in ein Marktgeschehen ein, das der Staat ansonsten nicht kontrolliert. Der Eingriff erfolgt auch nicht deswegen, weil der Staat die Versorgung des Bürgers mit einem gewissen Gut zu bestimmten Konditionen als gefährdet oder unzureichend ansieht, sondern zur Förderung eines bestimmten Teilbereichs des Marktes. Ansonsten übt der Staat keinen Einfluß auf das Marktgeschehen aus.

Demgegenüber interveniert der Staat, wie oben bereits erläutert, in den hier fraglichen Bereichen der Daseinsvorsorge, um gewisse Leistungen für seine Bürger zu sichern, da er offenbar davon ausgeht, daß diese Leistungen in einem freien Markt in der Form nicht erbracht werden würden. Der Staat sieht sich somit bezüglich der Erbringung der Leistungen in der Pflicht. Dieser Pflicht kann er entweder selbst nachkommen oder sie durch öffentliche oder private Unternehmen erbringen lassen. Läßt er die Aufgaben durch öffentliche oder private Unternehmen erbringen, bestimmt der Staat die Rahmenbedingungen des jeweiligen Marktes. Er bestimmt sowohl die Leistungen, als auch die dafür zu erbringende Gegenleistung sowie die oder das Unternehmen, die die Leistungen erbringen können bzw. zu erbringen haben.

Festzuhalten bleibt, daß der Staat im Gegensatz zu dem Fall Preussen Elektra/Schleswag sich Unternehmen bedient, um grundsätzlich eine Leistung zu erbringen, bei welcher er sich selbst in der Verantwortung sieht und darüber hinaus auch wesentlichen Einfluß auf das Marktgeschehen in den jeweiligen Bereichen innehat.
Aus dem eben Gesagten folgt aber auch, daß der Staat die Möglichkeit hat, durch seine Vorgaben die Gegenleistung so festzulegen, daß das mit dem Monopol versehene Unternehmen begünstigt oder auch nicht begünstigt wird. Eine Begünstigung kann ja, wie oben ausgeführt, durch eine ständige Anpassung der Vorgaben an die wirtschaftlichen Realitäten, kombiniert mit der ständigen Abschöpfung zu hoher Gewinne, durch den Staat erfolgen.
Kommt es zu einer Begünstigung eines Monopolisten, so liegt dies ausschließlich daran, daß der Staat ein entsprechendes Vorgehen dagegen unterlassen hat. Die Begünstigung erfolgt somit nur vordergründig aufgrund der Privaten. Die Frage der Verteilung der Mittel hingegen unterliegt ausschließlich dem Einfluß

des Staates bzw. der Frage, ob und wie er diesen Einfluß geltend macht[508]. In den Fällen einer Begünstigung überläßt der Staat dem Monopolisten sozusagen die Mittel, die ihn gerade begünstigen, indem er untätig bleibt.
Daher ist meines Erachtens eine Parallele zwischen dem Urteil in der Rechtssache Preussen Elektra/Schleswag und den hier in Frage stehenden Fällen nicht gegeben und von einer Übertragung dieser Lösung abzusehen.

(2) Übertragbarkeit der Ladbroke Racing Rechtsprechung?

Während die Übertragung der obigen Entscheidung unterbleiben sollte, drängt sich jedoch ein Vergleich mit dem Urteil in der Rechtssache Frankreich/ Ladbroke Racing und Kommission auf[509]. In dieser Rechtssache ging es unter anderem um die Verwendung von nicht beanspruchten Gewinnen aus Wetten für Pferderennen durch den französischen Pari Mutuel Urbain. Nach einer französischen Regelung durften nicht beanspruchte Gewinne nur für bestimmte Sozialausgaben verwendet werden, während alle für diese Zwecke nicht verwendeten Gewinne an den Staat abzuführen waren. Später wurden die Verwendungsmöglichkeiten jedoch ausgedehnt, um andere Zwecke finanzieren zu können.

Das Gericht erster Instanz kam in diesem Fall zu dem Ergebnis, daß unter anderem der Verzicht des Staates auf ihm zustehende Mittel eine Beihilfe im Sinne des Art. 87 Abs. 1 EG darstellen würde[510]. Die Mittel seien deswegen staatliche Mittel, weil deren etwaige Einstellung in den Staatshaushalt vom Vorliegen bestimmter Voraussetzungen abhängen würde, welche der Gesetzgeber festlege[511].

Dieses Urteil wurde durch den Gerichtshof bestätigt und das dagegen eingelegte Rechtsmittel zurückgewiesen. Der Gerichtshof stellte in seinem Urteil fest:

„......, daß Art. 92 Abs. 1 (87 Abs. 1) des Vertrages alle Geldmittel erfaßt, auf die der öffentliche Sektor tatsächlich zur Unterstützung von Unternehmen zurückgreifen kann, ohne daß es

[508] Anders Kassow, Die Beihilfe im Sinne des Art. 87 I EG, S. 186 f., welcher zu dem Ergebnis kommt, daß eine staatlich zurechenbare Beihilfe nur dann gegeben sein kann, wenn der Vorteil letztendlich aus staatlichen Mitteln stammt, der Staat dem Dritten also nur als Auszahlungsstelle für seine Mittel benutzt. Dies sei auch nur unter zwei Voraussetzungen gegeben, nämlich daß der Private eine begünstigende Leistung aus staatlichen Mitteln erhält sowie zweitens den erhaltenen Vorteil zu Gunsten bestimmter Unternehmen verwenden und so diese staatlichen Mittel an diese weiterleiten muß. Nach dieser Ansicht müßte man die Staatlichkeit der Mittel somit sowohl aufgrund der fehlenden Zuwendung des Staates an die hier involvierten Privaten, als auch aufgrund der nicht gegebenen Vorgaben über die zwingende Verwendung der Mittel scheitern lassen.
[509] EuG, Rs. T-67/94, Slg. 1998, S. II-1ff., Ladbroke Racing/Kommission; bestätigt durch EuGH, Rs. C-83/94, Slg. 2000, S. I-3271 ff., Frankreich/Ladbroke Racing und Kommission.
[510] EuG, Rs. T-67/94, Slg. 1998, S. II-1 (45), Rn. 109, Landbroke Racing/Kommission.
[511] EuG, Rs. T-67/94, Slg. 1998, S. II-1 (45), Rn. 108, Landbroke Racing/Kommission.

dafür eine Rolle spielt, ob diese Mittel auf Dauer zum Vermögen dieses Sektors gehören. Auch wenn die aus der Zuweisung der nicht beanspruchten Gewinne an den PMU resultierenden Beträge nicht auf Dauer dem Staat gehören, genügt folglich der Umstand, daß sie ständig unter staatlicher Kontrolle und somit zur Verfügung der zuständigen nationalen Behörden stehen, damit sie als staatliche Mittel qualifiziert werden können und die genannte Maßnahme in den Anwendungsbereich von Art. 92 Abs. 1 (87 Abs. 1) des Vertrages fällt"[512].

Der Gerichtshof klassifizierte die Geldmittel aufgrund verschiedener Merkmale als Beihilfe. Zunächst einmal seien sie unter staatlicher Kontrolle und ständen damit ständig zur Verfügung der zuständigen nationalen Behörden. Weiterhin unterstrich der Gerichtshof mit dieser Rechtsprechung noch einmal explizit die Tatsache, daß bereits ein Einnahmeverzicht und damit eine Unterlassung, gewisse Mittel zu fordern, ausreichend sei, um eine Einnahme zu bejahen. Die Tatsache hingegen, daß die Geldmittel hier von privaten Dritten geleistet wurden, hatte auf die Entscheidung des Gerichts keine Auswirkungen. Einzig relevant ist nach dieser Rechtsprechung somit nur die Frage, inwieweit eine staatliche Kontrolle über die Mittel bestand.

Festzustellen bleibt aber zweifelsohne, daß zwischen den hier zu entscheidenden Fällen, der Rechtssache Ladbroke/Kommission bzw. Frankreich/Ladbroke Racing und Kommission Unterschiede bestehen. So wurde im Fall Ladbroke/Kommission festgestellt, daß die streitige nationale Regelung um mögliche Verwendungszwecke erweitert wurde und der Staat dadurch auf ihm offensichtlich zustehende Mittel verzichtet hat, was es rechtfertigt, die fraglichen Mittel als staatliche Mittel anzusehen[513]. Im Mittelpunkt stand somit die Änderung des Verwendungszwecks zu Gunsten des PMU.
In den hier zu entscheidenden Fällen sind solche gesetzlichen Regelungen aber regelmäßig nicht gegeben. Es sind zwar Regelungen vorhanden, welche die Einnahmen des Monopolisten beschränken und damit verhindern sollen, daß der Monopolist aufgrund seiner Monopolstellung eine ansonsten nicht zu erhaltene Begünstigung erfährt sowie damit in der Lage ist, seine marktbeherrschende Stellung auszunutzen[514]. Entsprechende gesetzliche Regelungen, welche für den Fall zu hoher Einnahmen die Mittel dem Staat zusprechen, sind aber nicht gegeben.

Fraglich ist, ob diese Unterschiede es rechtfertigen, in dem einen Fall eine Beihilfe anzunehmen, weil entsprechende Mittel als staatlich angesehen werden, und in dem anderen Fall die Staatlichkeit der Mittel und damit die Beihilfe an

[512] EuGH, Rs. C-83/98, Slg. 2000, S. I-3271 (3332), Rn. 50, Frankreich/Ladbroke Racing und Kommission.
[513] EuG, Rs. T-67/94, Slg. 1998, S. II-1 (45), Rn. 109, Ladbroke Racing/ Kommission; bestätigt durch EuGH, Rs. C-83/98, Slg. 2000, S. I-3271 (3331), Rn. 48, Frankreich/Ladbroke Racing und Kommission.
[514] Siehe z.B. §§ 27 ff. TKG und §§ 19 ff. PostG.

sich zu verneinen. Man muß sich vergegenwärtigen, daß zwar regelmäßig keine Regelung vorhanden ist, welche dem Staat überschüssige Mittel zuerkennt, durchaus aber Regelungen bestehen, welche dem Staat die Kontrollfunktion über die Einnahmen insoweit zuerkennen, als er die Monopolbedingungen festlegt. Im einen Fall unterläßt es der Staat, überschüssige Mittel abzuschöpfen, im anderen Fall versäumt er es lediglich, eine adäquate Entgeltregulierung vorzunehmen. Das Ergebnis jedoch ist in beiden Fällen gleich. Der jeweilige Monopolist ist durch ein Unterlassen des Staates begünstigt worden.
Die obigen Beispiele zeigen aber auch, daß wenn die Staaten eine Kompetenz zur Abschöpfung entsprechender Gewinne in die jeweilige Rechtsordnung aufnehmen, ein Unterlassen dieser Abschöpfung zu einer Einstufung der Mittel als staatlich - und damit als beihilferechtlich relevant - führen würde. Würden sie jedoch eine solche Bestimmung nicht in ihre Rechtsordnung aufnehmen, würden diese Mittel automatisch beihilferechtlich irrelevant werden. Durch eine unterschiedliche Behandlung dieser Fälle würde man es den Staaten überlassen, die Weite des Beihilfebegriffs dadurch zu bestimmen, daß sie eine solche Regelung einführen oder dies unterlassen. Daß die Auslegung des Europarechts aber nicht den Mitgliedstaaten überlassen sein kann, ist ein allgemein anerkannter Grundsatz. Erschwerend käme bei einer solchen Differenzierung noch hinzu, daß hierdurch verbotenerweise erneut andere Kriterien als ausschließlich die Wirkung eines staatlichen Verhaltens in die Beihilfeprüfung mit einbezogen werden würden. Nicht zuletzt diese beiden Argumente zeigen, daß es zwingend geboten ist, diese Fälle gleich zu behandeln.

Es gilt somit, die Entscheidung des Gerichts erster Instanz und des Gerichtshofes in der Rechtssache Ladbroke auf die hier in Frage stehenden Fälle zu übertragen und von einer Übertragung der Rechtsprechung des Gerichtshofs in der Rechtssache Preussen Elektra/Schleswag abzusehen. Dies führt dazu, daß in den Fällen, in denen der Staat die Kontrolle über die Monopolbedingungen innehat und die Monopolisten dadurch begünstigt werden, daß der Staat es unterläßt, die entsprechenden Bedingungen so anzupassen, daß die Begünstigung dadurch unterbunden wird, die dem Monopolisten zugewandten Mittel als staatliche Mittel einzustufen sind.
Wenn man somit mit der herrschenden Meinung - entgegen der zu Anfang von mir vertretenen Ansicht[515] - davon ausgeht, daß die Herkunft aus staatlichen Mitteln als zwingendes Beihilfemerkmal gegeben sein muß, so muß in den Fällen, in denen der Staat als Ausgleichsleistung für die Erbringung von Dienstleistungen von allgemeinem wirtschaftlichen Interesse eine Monopolstellung gewährt, eine daraus resultierende Begünstigung der entsprechenden Unternehmen als aus staatlichen Mitteln erfolgt angesehen werden.

[515] Siehe dazu unter III, 2, b, bb, ccc.

d) Die Wettbewerbsverfälschung

Neben den genannten Tatbestandsmerkmalen des Beihilfebegriffs ist auch noch das Merkmal der Wettbewerbsverfälschung problematisch. Eine Wettbewerbsverfälschung ist logischerweise so lange fraglich, wie ein Wettbewerb, welcher verfälscht werden könnte, nicht existent ist. Dieser fehlende Wettbewerb ist in den Fällen, in denen ein staatlich geschütztes Monopol besteht, gegeben. Allerdings darf man hier nicht vergessen, daß nicht nur der bestehende, sondern auch der potentielle Wettbewerb, d.h. die Möglichkeit des Marktzutritts für potentielle Konkurrenten, geschützt wird. Zur Bejahung eines solchen potentiellen Wettbewerbsverhältnisses genügt es, festzustellen, daß der Wettbewerb mit hinreichender Wahrscheinlichkeit in absehbarer Zukunft eintreten kann[516].

Vor diesem Hintergrund muß man zwei verschiedene Konstellationen unterscheiden. Erstens die heute wohl eher unbedeutende Konstellation, in der ein staatlich geschütztes Monopol besteht, in absehbarer Zeit aber nicht damit zu rechnen ist, daß dieses Monopol aufgehoben und der entsprechende Markt oder Teil des Marktes dem Wettbewerb freigegeben wird. In diesen Fällen muß auch ein potentielles Wettbewerbsverhältnis verneint werden, da ein völlig unbestimmter Zeitpunkt, zu dem es in der Zukunft zu einer Öffnung des Marktes kommen könnte, dem Erfordernis der hinreichenden Wahrscheinlichkeit nicht genügt. In diesen Fällen ist somit auch eine Beihilfe insgesamt zu verneinen.

In der zweiten Konstellation, welche größere praktische Relevanz besitzt, steht fest, daß der Markt zu einem genau bestimmten zukünftigen Zeitpunkt für andere Wettbewerber geöffnet werden wird. In diesen Fällen sind die Voraussetzungen für die Bejahung eines potentiellen Wettbewerbsverhältnisses insoweit gegeben, als sowohl die hinreichende Wahrscheinlichkeit gegeben ist, als auch ein absehbarer zukünftiger Zeitpunkt für die Öffnung besteht[517].
Genauso zu behandeln ist der Fall, in dem die Monopolstellung in regelmäßigen Abständen neu vergeben wird. In dieser Konstellation findet zwar keine Marktöffnung statt, durch die Wettbewerb entstehen würde, es besteht aber eine Konkurrenzsituation um den Erhalt des Exklusivrechts. Weiterhin sind auch hier sowohl die zeitliche Komponente als auch die hinreichende Wahrscheinlichkeit, welche zur Bejahung des potentiellen Wettbewerbsverhältnisses gegeben sein müssen, zu bejahen. In diesen beiden Konstellationen ist somit ein potentielles Wettbewerbsverhältnis gegeben.

Dieses potentielle Wettbewerbsverhältnis müßte auch durch die Begünstigung verfälscht werden. Dies könnte insoweit problematisch sein, als aufgrund der

---

516 Siehe dazu unter III, 3, a.

517 Zu diesem Ergebnis kommen Schnelle/Bartosch, EWS 2001, S. 411 (415), für den Bereich des Postdienstleistungssektors in Deutschland.

Monopole gerade kein Wettbewerbsverhältnis besteht, welches verfälscht werden könnte. Allerdings gilt es hier zu bedenken, daß der Art. 87 Abs. 1 EG neben der akuten Verfälschung auch die drohende Verfälschung eines solchen Wettbewerbsverhältnisses umfaßt. Eine solche ist zu bejahen, wenn die konkrete, nicht außerhalb der Wahrscheinlichkeit liegende Gefahr der Veränderung der Konkurrenzsituation besteht[518]. Dies wird in den hier zu diskutierenden Fällen regelmäßig der Fall sein. Wird ein Monopolist begünstigt, wird diesem dadurch die Möglichkeit geboten, finanzielle Ressourcen anzusammeln, welche es ihm ermöglichen, sich in den absehbaren Konkurrenzsituationen einen Vorteil gegenüber den Konkurrenten zu verschaffen[519]. Da die Begünstigung bereits zum gegenwärtigen Zeitpunkt gegeben ist, muß eine konkrete, nicht außerhalb der Wahrscheinlichkeit liegende Gefahr der Veränderung der Konkurrenzsituation somit in jedem Fall bejaht werden.

e) Ergebnis

Für die Monopole im Bereich der Daseinsvorsorge gilt, daß sich bereits die Monopolvergabe, genauer gesagt, die Ausgestaltung des Monopols, an Art. 87 Abs. 1 EG messen lassen muß. Entgegen der Rechtsprechung des Gerichtshofes zu den Handelsmonopolen, in der Art. 31 EG gegenüber Art. 87 Abs. 1 EG als lex specialis angesehen wurde, geht im Bereich der Dienstleistungsmonopole Art. 49 EG dem Art. 87 Abs. 1 EG nicht vor. Dies ergibt sich nicht zuletzt aus der Rechtsprechung des Gerichtshofs zu dem Verhältnis zwischen Art. 82 EG und Art. 49 EG. Genau die Gründe, welche den Gerichtshof dazu bewogen haben, beide Vorschriften nebeneinander zur Anwendung zu bringen bzw. sogar dem Art. 87 Abs. 1 EG den Vorzug zu geben, müssen auch für das Verhältnis zwischen Art. 87 Abs. 1 und Art. 49 EG gelten. Insgesamt muß somit der Art. 87 Abs. 1 EG wegen seiner größeren Prüfungsintensität zur Anwendung kommen.

Nachdem man die Anwendbarkeit des Art. 87 Abs. 1 EG bejaht hat, erscheint es unproblematisch, festzustellen, ob eine Begünstigung vorliegt oder nicht. Auch hier ist auf das Vorliegen einer marktgerechten Gegenleistung abzustellen. Bezüglich der Überprüfung dieser Gegenleistung muß das gelten, was bereits zu direkten oder indirekten Subventionen ausgeführt wurde.

Deutlich schwieriger hingegen gestaltet sich die Frage, ob es sich um eine Begünstigung handelt, welche als staatlich oder als aus staatlichen Mitteln kommend angesehen werden kann. Eine staatliche Initiative läßt sich zumindest insofern noch relativ mühelos bejahen, als durch die Vergabe und die Ausgestal-

---

[518] Schernthaner, Das materielle Beihilfeaufsichtsrecht, S. 99.

[519] Dies stellen Schnelle/Bartosch, EWS 2001, S. 411 (415), für den Bereich des Postdienstleistungssektors fest.

tung des Monopols die Grundlage für den begünstigenden Kapitalfluß geschaffen wird. Weiterhin wird durch die staatlichen Vorgaben dem Privaten jede Wahlmöglichkeit bezüglich des Leistungserbringers genommen. Da allgemein an das Maß der staatlichen Einflußnahme keine zu hohen Ansprüche gestellt werden dürfen, um zu einer staatlichen Initiative zu gelangen, ist eine auf staatlicher Initiative beruhende Begünstigung zu bejahen.

Schwieriger ist es hingegen, das von der herrschenden Meinung in der Literatur und vom EuGH geforderte Merkmal der Herkunft aus staatlichen Mitteln zu bejahen. Eine Herkunft aus staatlichen Mitteln wurde bisher immer unter Hinweis auf die Rechtsprechung des EuGH in der Rechtssache Preussen Elektra/Schleswag abgelehnt. Allerdings zeigte ein Vergleich der beiden Sachverhalte, daß diese zu unterschiedlich sind, um zwangsläufig gleich behandelt zu werden. Der Unterschied besteht primär darin, daß in den hier diskutierten Fällen der Staat wesentlichen Einfluß auf das Marktgeschehen ausübt, während in der Rechtssache Preussen Elektra/Schleswag der Staat nur begrenzt in das Marktgeschehen eingreift. Weiterhin zeigte sich, daß dem Monopolisten nur dann eine Begünstigung zukommt, wenn der Staat es unterläßt, seine Gestaltungsmöglichkeiten auszunutzen und dagegen vorzugehen.

Vorzuziehen ist vielmehr ein Vergleich mit der Ladbroke Racing Rechtsprechung. In diesem Fall wurde eine Beihilfe deswegen bejaht, weil eine staatliche Kontrolle der Begünstigung gegeben war und der Staat auf Einnahmen verzichtete, welche ihm dem Gesetz nach zugestanden hätten. Obwohl solche gesetzlichen Regelungen in den hier zu entscheidenden Fällen nicht gegeben sind, müssen die Fälle trotzdem gleich behandelt werden. Eine solche Gleichbehandlung ergibt sich zwingend daraus, daß es ansonsten den Mitgliedstaaten obliegen würde, die Weite des Beihilfebegriffs zu bestimmen, indem sie es über die Einführungen entsprechender gesetzlicher Regelungen in der Hand hätten, ob ein Sachverhalt unter den Beihilfebegriff fällt oder nicht. Darüber hinaus wäre eine weitere Konsequenz einer solchen Ungleichbehandlung, daß andere Kriterien als die als einziges Kriterium anerkannte Wirkung einer Maßnahme zur Prüfung einer Beihilfe herangezogen werden würden. Insofern ist eine entsprechende Begünstigung als aus staatlichen Mitteln stammend anzusehen.

Abschließend ist noch die Frage nach der aus der Begünstigung resultierenden Wettbewerbsverfälschung problematisch. Obwohl das Vorliegen eines aktuellen Wettbewerbsverhältnisses verneint werden muß und dementsprechend auch keine akute Verfälschung anzunehmen ist, ist dieses Kriterium vor dem Hintergrund einer drohenden Verfälschung des potentiellen Wettbewerbs immer dann zu bejahen, wenn entweder eine Öffnung des entsprechenden Marktes zu einem absehbaren zukünftigen Zeitpunkt erfolgt, oder das Exklusivrecht in regelmäßigen Abständen neu vergeben wird und dementsprechend zumindest ein Wettbewerb um die Vergabe des Monopols zu erwarten ist.

VI. Aktuelle Entwicklungen auf dem Wassermarkt

Die Problematik der Vereinbarkeit von Ausgleichsleistungen stellt sich im Bereich der Wasserversorgung und der Wasserentsorgung insofern selten, als staatliche Leistungen als Ausgleich für Leistungen in diesem Sektor zumeist nicht erforderlich sind, da eine weitestgehende Kostendeckung über Gebühren und Abgaben stattfindet. Anhand der aktuellen Entwicklung in der Wasserwirtschaft zeigt sich allerdings ein weiteres Spannungsfeld zwischen nationaler Daseinsvorsorge und europarechtlichen Vorgaben. Ebenso wie das Beihilferecht kann auch das Vergaberecht massive Auswirkungen auf die nationale Daseinsvorsorge haben. Diese Problematik zeigt sich in zunehmendem Maße durch die Einbeziehung Privater in die Erledigung einzelner Aufgaben. Eine Privatisierung oder Liberalisierung kann daher vor dem Hintergrund der europarechtlichen Vorgaben stärkere (ungewollte) Auswirkungen haben, als dies aus nationaler Sicht bisher möglich erscheint.

Der Bereich der Wasserwirtschaft ist hier von besonderem Interesse, da in diesem Sektor das letzte Entscheidung über die künftige Ausrichtung im Hinblick auf eine mögliche Liberalisierung oder Privatisierung, im Gegensatz zu anderen Bereichen der Daseinsvorsorge, wie z.B. Telekommunikation, Post, Energie, Verkehr, noch nicht gefallen ist. Hinzu kommt, daß eine Neuorientierung in diesem Sektor insofern besonders schwierig ist, als es sich bei der Wasserversorgung der Bevölkerung um einen besonders sensiblen Bereich handelt, in dem die Folgen mißglückter Neuerungen unter Umständen schlimmste Nebenwirkungen hervorrufen können. Die Rechtsgüter, welche durch eine ordnungsgemäße Versorgung der Bevölkerung mit Trinkwasser höchster Qualität bzw. durch die ordnungsgemäße Entsorgung von Abwässern geschützt werden, sind keine geringeren als die Volksgesundheit und damit untrennbar verbunden, das reibungslose Funktionieren der gesamten Volkswirtschaft.

Erschwerend kommt hinzu, daß eine Übertragung von Erfahrungen aus anderen Bereichen auf die Wasserver- und die Wasserentsorgung schwierig erscheint, da dieser Sektor Besonderheiten zeigt, welche andere Märkte in dieser Art und Weise nicht aufweisen[520]. Hieraus resultiert, daß die unterschiedlichen Ansichten, welche bezüglich der verschiedenen Möglichkeiten der Erbringung von Leistungen der Daseinsvorsorge existieren, sich in diesem Bereich besonders stark einander gegenüberstehen und Neuerungen überaus vorsichtig und zaghaft angegangen werden.

---

[520] Siehe dazu unter VI, 2.

Die nachfolgenden Ausführungen werden sich daher mit der Ausgestaltung der Wasserwirtschaft auf nationaler und europäischer Ebene beschäftigen. Es wird dann untersucht werden, welche Vorgaben für die Wasserwirtschaft existieren und inwieweit eine Privatisierung und/oder Liberalisierung auf nationaler und europäischer Ebene überhaupt sinnvoll erscheint. Zudem wird herausgearbeitet, inwieweit solche Änderungen unter Umständen bereits zu erkennen sind und welche Auswirkungen sie haben könnten. Vor diesem Hintergrund wird dann das bestehende Recht bzw. werden die bestehenden Entwicklungen auf eventuell vorhandene Defizite untersucht, um gegebenenfalls einen eigenen Ansatz für Rahmenbedingungen für eine zukunftsfähige Wasserwirtschaft zu entwickeln.

1. Gegenwärtiger Stand auf nationaler Ebene

a) Gegenwärtige Marktstruktur in Deutschland

Der Anschlußgrad ist in Deutschland mit 95,45 %[521] sehr hoch. Ca. 76 % der abgegebenen Wassermenge entfällt auf Haushaltskunden und auf kleine Gewerbebetriebe. Nur ca.16 % der abgegebenen Menge entfallen auf Industriekunden und 8 % auf andere Einrichtungen. Der Grad der Eigenversorgung der Industrie beträgt ca. 90 %. Im Gegensatz zu anderen europäischen Staaten wird in Deutschland die Wasserversorgung durch eine Vielzahl sehr kleiner und eine geringe Anzahl größer Versorgungsunternehmen erbracht. Aus den Zahlen für das Jahr 1995 ergibt sich, daß die Wasserversorgung von 6655 Wasserversorgungsunternehmen erbracht wird, welche 10273 Wasserwerke betreiben. Für den Bereich der Abwasserentsorgung sind 8000 Betriebe zuständig, welche 10273 Anlagen betreiben. Diese Unternehmen befinden sich größtenteils im Eigentum der Kommunen und werden zu ca. 85 % in öffentlich-rechtlicher Form betrieben. 15 % der Unternehmen werden in privatrechtlicher Form betrieben und lediglich 1,6 % der Unternehmen befinden sich ausschließlich in privatem Eigentum[522].

Die in öffentlich-rechtlicher Form betriebenen Unternehmen erbringen ca. 52 % der Wasserabgabemenge, während die privatrechtlichen Unternehmen trotz ihrer geringeren Anzahl ca. 48 % der Wasserabgabemenge erbringen.

---

[521] Zahlen des Statistischen Bundesamtes vom 31.12.2004, abrufbar unter: www.statistik-portal.de/Statistik-Portal/de_jbjahrtabu3.asp.

[522] Insgesamt wurden ca. 6 % der Unternehmen als Regiebetriebe, 48,3 % als Eigenbetriebe, 17,1 % als Zweckverbände, 4 % als Wasser- und Bodenverband, 13,6 % als Eigengesellschaft in Form einer AG oder GmbH, 3,7 % als öffentliche Gesellschaft in Form einer AG oder GmbH, 6,1 % als gemischt öffentlich-privatwirtschaftliche Gesellschaft und 2,2 % als sonstige privatrechtliche Unternehmung geführt (Quelle: BGW-Wasserstatistik 1999).

b) Rechtlicher Rahmen der Wasserversorgung

Für den Bereich der Wasserversorgung finden sich sowohl verfassungsrechtliche als auch einfachgesetzliche Vorgaben. Diese müssen bei Reformen Beachtung finden bzw. können auch ein Hindernis für zukünftige Entwicklungen darstellen.

aa) Verfassungsrechtliche Vorgaben

Neben den noch zu besprechenden einfachgesetzlichen Regelungen ergeben sich zahlreiche Vorgaben bereits aus dem Grundgesetz. Die Wasserversorgung ist eine der ureigensten Aufgaben der gemeindlichen Selbstverwaltung und zählt zum Kernbereich des eigenen Wirkungskreises der Gemeinden[523]. Dieser wesentliche Bestandteil der kommunalen Selbstverwaltung unterliegt somit dem Schutz des Art. 28 Abs. 2 GG. Ein Eingriff in diesen Schutzbereich durch eine Reform der Wasserversorgung muß entsprechend gerechtfertigt sein. Die Rechtfertigung eines Eingriffs in den Kernbereich der kommunalen Selbstverwaltung ist nach dem Bundesverfassungsgericht nur möglich, „wenn anders die ordnungsgemäße Aufgabenerfüllung nicht mehr sicherzustellen wäre“[524] bzw. wenn „ein Belassen bei der Aufgabe bei der Gemeinde zu einem unverhältnismäßigen Kostenanstieg führen würde“[525]. Eine bloße Beschränkung des Aufgabenzugriffsrechts bzw. der eigenverantwortlichen Aufgabenwahrnehmung stellt allerdings nur einen Eingriff in den Randbereich der kommunalen Selbstverwaltung dar. Ein solcher Eingriff kann bereits dann gerechtfertigt sein, wenn überwiegende Belange des Allgemeinwohls dies erfordern und eine solche Einschätzung des Gesetzgebers vertretbar ist[526].

Neben dem Schutz des Art. 28 Abs. 2 GG unterliegt die Wasserversorgung aber noch weiteren Normen des Grundgesetzes. So resultiert aus der Schutzpflicht des Art. 2 Abs. 2 S. 1 GG, daß die Versorgung der Bevölkerung mit einwandfreiem, hygienischem und gesundem Wasser sichergestellt werden muß. Der Staat muß ebenfalls die ökologische Verträglichkeit des Wassers garantieren. Dies resultiert sowohl aus der Pflicht zum Schutz von Leib und Leben aus Art. 2 Abs. 1 S. 1 GG als auch aus der Staatszielbestimmung des Art. 20 a GG[527]. Zudem muß das Sozialstaatsprinzip bei zukünftigen Reformen Beachtung finden. Dieses garantiert den Zugang zu den wesentlichen Gütern und Dienstleistungen, was auch nach einer Neugestaltung sichergestellt sein muß[528].

---

[523] BVerfG, JZ 1990, S. 335, in der Literatur anstatt vieler Brüning, Der Private bei der Erledigung kommunaler Aufgaben, S.199 ff.

[524] BVerfGE 79, S. 127 (153).

[525] BVerfGE 79, S. 127 (153).

[526] Püttner, HdbStR IV, § 107, Rn. 19 ff., Besche, Wasser und Wettbewerb, S. 209.

[527] Besche, Wasser und Wettbewerb, S. 210.

[528] Noch, DÖV 1998, S.623 (631 f.); Besche, Wasser und Wettbewerb, S. 211.

bb) Einfachgesetzliche Vorgaben

Im Bereich der Wasserversorgung ist ein besonderes Spannungsverhältnis von Bundes- und Landeskompetenzen auszumachen. Es besteht eine Rahmengesetzgebungskompetenz des Bundes nach Art. 75 Abs. 1 Nr. 4 GG. Aufgrund dieser Kompetenz hat der Bund das Wasserhaushaltsgesetz erlassen. Hier ist im Hinblick auf mögliche Reformen insbesondere das Prinzip der ortsnahen Versorgung zu nennen, das als Auftrag zur Regelung für den Landesgesetzgeber in § 1 a Abs. 3 WHG enthalten ist.
Die genaue Ausgestaltung des durch den Bundesgesetzgeber vorgegebenen Rahmens erfolgt durch die Wassergesetze der einzelnen Länder. Aufgrund dieser Gesetzte wird in vielen Bundesländern die Wasserversorgung den Gemeinden als Pflichtaufgabe auferlegt[529]. Für die Abwasserentsorgung ist dies sogar der Regelfall[530]. Das vom Bundesgesetzgeber den Ländern aufgetragene Ortsnäheprinzip findet sich bisher in sechs Landeswassergesetzen[531].

Als ein wesentliches Instrument zur Erledigung ihrer Aufgaben steht den Kommunen der in den Kommunalgesetzen geregelte Anschluß- und Benutzungszwang zur Verfügung. Durch den Anschlußzwang werden die Grundstückseigentümer verpflichtet, diejenigen Vorkehrungen zu treffen bzw. die Anbringungen zu dulden, welche notwendig sind, um eine Abnahme der öffentlichen Leistung möglich zu machen. Durch den Benutzungszwang wird dann die Verpflichtung auferlegt, die angebotene Leistung nach Bedarf zu nutzen und gleichzeitig ein Verbot ausgesprochen, andere Einrichtungen zu errichten oder zu nutzen[532]. Das zur Anordnung dieser Zwänge benötigte dringende öffentliche Bedürfnis ist sowohl für den Bereich der Wasserver- als auch für den Bereich der Wasserentsorgung regelmäßig gegeben[533].

Eine weitere einfachgesetzliche Regelung, die die Wasserwirtschaft betrifft, ist der § 103 GWB a.F., dessen Fortbestand durch den § 131 Abs. 8 GWB angeordnet wird. Durch den Fortbestand dieser Vorschrift unterliegen weder Demarkationsverträge über die Abgrenzung der jeweiligen Versorgungsgebiete zwischen Gebietskörperschaften und Versorgungsunternehmen oder zwischen Versorgungsunternehmen untereinander noch Konzessionsverträge, durch welche sich

529 § 59 Bbg WG, § 43 WG Me-Vo, § 57 SächsWG, § 146 WG LSA, § 46 RhPfWG.

530 Vorreiter waren hier Baden-Württemberg und Sachsen, allerdings sind die hierfür erforderlichen Rechtsverordnungen bis heute noch nicht erlassen worden. Seit Beginn 2005 besteht die Möglichkeit der Einbeziehung Dritter auch in Niedersachsen.

531 § 43 BaWüWG, § 37 Abs. 4 BerlWG, § 56 HessWG, § 45 WG MeVo, § 59 SächsWG, § 63 ThüWG.

532 Anstatt vieler, Schmidt-Jortzig, Kommunalrecht, Rn. 655.

533 Für den Bereich der Wasserversorgung siehe Besche, Wasser und Wettbewerb, S. 35; für den Bereich der Wasserentsorgung siehe Breuer, Öffentliches und privates Wasserrecht, Rn. 514.

die Gebietskörperschaften zur ausschließlichen Übertragung des Rechts zum Verlegen von Leitungen und Nutzung auf oder unter öffentlichen Wegen verpflichten, den kartellrechtlichen Bestimmungen[534]. Zumindest zeitlich befristet kann somit die Wasserversorgung ausschließlich durch den Konzessionsnehmer erbracht werden.

2. Die Besonderheiten des Wassermarktes

Wasser kann nur schwerlich als ein normales Handelsgut angesehen werden. Sowohl seitens der Europäischen Union als auch der Nationalstaaten ist anerkannt, daß es sich bei Wasser um eine Ressource handelt, mit welcher im Sinne nachfolgender Generationen gegenwärtig und zukünftig verantwortungsvoll umgegangen werden muß. Da Phänomene, wie Flutkatastrophen oder extreme Trockenheit oftmals auf eine verantwortungslose Handhabung dieses kostbaren Gutes zurückzuführen sind, ist im Umgang mit diesem Rohstoff dem Prinzip der Nachhaltigkeit eine besondere Bedeutung zuzuerkennen. Wasser sollte somit nur im Umfang seiner Regenerationsrate genutzt werden, das heißt insofern, als es sich im Wasserkreislauf selbst erneuert[535].

Einigkeit besteht insofern, als die Wasserwirtschaft viele wirtschaftliche Besonderheiten aufweist. Wasser ist im Gegensatz zu anderen von Netzwerken abhängigen Sektoren, wie z.B. Strom oder Gas, ein deutlich schwereres und voluminöseres Gut, welches entsprechend schwieriger zu transportieren ist und dadurch deutlich höhere Transportkosten verursacht, als es bei Strom oder Gas der Fall ist. Hiermit verbunden sind die hohen Kosten, welche für die Schaffung und den Erhalt einer den Anforderungen der Wasserwirtschaft genügenden Infrastruktur erforderlich sind[536].
Damit sich diese enorm hohen Investitionen in die notwendige Infrastruktur rechnen, ist es, noch stärker als in anderen auf ein Netzwerk angewiesenen Sektoren, erforderlich, langfristig zu planen, um durch die Erhebung von Durchschnittskosten über die gesamte Lebensdauer eines solchen Wassersystems eine Kostendeckung zu realisieren[537]. Hinzu kommt, daß eine höhere Qualität bei sinkenden Preisen nicht wie in anderen Sektoren zu einem höheren Konsum

[534] Frenz, ZHR 166 (2002), S. 307 (311).
[535] Statt vieler, Beaucamp, in: Änderungsbedarf im Wasserrecht, S.13(14).
[536] Anstatt vieler, WRc Report, Study on the application of the competition rules to the water sector in the european community, S. 26, abrufbar unter:
http://europa.eu.int/comm/competition/publications/studies/water_sector_report.pdf.
[537] WRc Report, Study on the application of the competition rules to the water sector in the european community, S.31, abrufbar unter:
http://europa.eu.int/comm/competition/publications/studies/water_sector_report.pdf.

führen wird, sondern dieser höchstwahrscheinlich gleich bleibt. Eine bessere Deckung der Kosten durch eine Erhöhung des Konsums scheidet daher aus[538].

Unabhängig von der Frage der Kosten ist zu beachten, daß Wasser, im Gegensatz zu Gas oder Strom, nicht beliebig transportiert werden kann, da sich die Wasserqualität auf dem Transport deutlich verschlechtern kann. Gleiches gilt auch für die Vermischung von Wässern verschiedener Herkunft. Diese kann zu einer deutlichen Verschlechterung der Wasserqualität und durch die sich ständig verändernde Zusammensetzung des Wassers zu einer zusätzlichen Abnutzung und Beschädigung der Leistungssysteme führen. Hieraus resultiert, daß auch eine Verbindung einzelner Leitungssysteme nicht beliebig möglich ist[539].

Eine weitere Besonderheit der Wasserwirtschaft ist historisch begründet. Traditionell erfolgte die kostenlose oder kostengünstige Bereitstellung von Wasser durch den Staat. Auch wenn dieses Prinzip heute durch das Prinzip der Kostendeckung durch den Nutzer abgelöst sein sollte, ist dies in der Realität nicht der Fall. Noch heute besteht in einer Vielzahl der europäischen Staaten eine Subventionierung der Wasserwirtschaft zu Gunsten der Nutzer[540]. Problematisch ist hier insbesondere, daß dies zu unterschiedlichsten Preisen und damit zu einer fehlenden Vergleichbarkeit führt. Dies ist um so gravierender, als eine Vergleichbarkeit ohnehin besonders schwierig ist, da auch in der Wasserqualität große Unterschiede bestehen[541].

Eine weitere Besonderheit der Wasserwirtschaft ist eine gewisse natürliche Verbundenheit zwischen den einzelnen Segmenten des Sektors. Wassergewinnung, Wasserbehandlung, Transport und Bereitstellung, Entsorgung und Behandlung des Abwassers folgen in einer gewissen logischen Verbundenheit aufeinander und sind daher nur schwer voneinander zu trennen. Die genannten Faktoren führten daher dazu, daß die Wasserversorgung bzw. die Entsorgung bisher als natürliches Monopol angesehen wurden[542].

---

538 WRc Report, Study on the application of the competition rules to the water sector in the european community, S. 33, abrufbar unter:
http://europa.eu.int/comm/competition/publications/studies/water_sector_report.pdf.

539 Lattmann, GWF 2001, S. 100.

540 WRc Report, Study on the application of the competition rules to the water sector in the european community, S. 31, abrufbar unter:
http://europa.eu.int/comm/competition/publications/studies/water_sector_report.pdf.

541 Lattmann, GWF 2001, S. 100.

542 WRc Report, Study on the application of the competition rules to the water sector in the european community, S. 28, abrufbar unter:
http://europa.eu.int/comm/competition/publications/studies/water_sector_report.pdf.

3. Zusammenfassung

Der Wassermarkt in Deutschland unterliegt zahlreichen gesetzlichen Normen, die auf die bisherige Marktstruktur zugeschnitten sind. Bisher wurde die Wasserversorgung in Deutschland überwiegend von den Gemeinden in Form von Eigen- oder Regiebetrieben erbracht. Will man diese Marktstruktur ändern, muß man die entsprechenden gesetzlichen Vorgaben beachten und gegebenenfalls, je nach Weite der angestrebten Reformen, diese Vorgaben, wenn dies im einzelnen möglich ist, ändern. Beachtung müssen aber auch die Besonderheiten finden, die das Handelsgut Wasser von anderen Gütern unterscheiden und die geplanten Veränderungen erschweren oder gar unmöglich machen können.

4. Reformbestrebungen

a) Privatisierungstendenzen

In den letzten Jahren ist eine Tendenz erkennbar, daß verstärkt private Organisationsformen zur Aufgabenerledigung genutzt und darüber hinaus private Dritte in die Aufgabenerledigung mit einbezogen werden, damit diese zur Finanzierung der Versorgungsaufgaben beitragen können. Für die Notwendigkeit einer solchen Entwicklung könnte angesichts knapper Kassen die Tatsache sprechen, daß es den öffentlichen Haushalten zukünftig schwerer möglich sein könnte, die enorm hohen Investitionskosten aufzubringen, welche zum notwendigen Erhalt und Ausbau der Infrastruktur erforderlich sind.

Von einer Privatisierung wird grundsätzlich dann gesprochen, wenn eine vollständige oder teilweise Beteiligung an oder die Übernahme von öffentlichen Aufgaben durch Personen des Privatrechts erfolgt[543]. Diese zukünftig wohl verstärkt auftretende Einbeziehung Privater kann auf verschiedene Arten erfolgen[544]. Zu unterscheiden ist zwischen einer formellen, einer funktionalen und einer materiellen Privatisierung[545].

Bei der formellen Privatisierung werden die bisherigen staatlichen Verwaltungseinheiten durch private Organisationsformen in Form von Eigengesellschaften der Gemeinde ersetzt. Der Staat bleibt hier weiter der verantwortliche Träger der Aufgabe[546]. Die weitestgehende Form der Privatisierung ist die materielle Privatisierung. Bei dieser findet eine Aufgabenverlagerung vom öffentlichen in den

---

[543] Wolfers, in: Änderungsbedarf im Wasserrecht, S. 67; grundlegend zum Begriff der Privatisierung Kämmerer, Privatisierung, S. 16 ff.

[544] Siehe hierzu insbesondere Schoch DVBl. 1994, S. 962 ff.; Tettinger, NWVBl. 2005, S. 1 ff.; Bausback, DÖV 2006, S. 901 ff.; für den Bereich der Wasserwirtschaft Brüning, Der Private bei der Erledigung kommunaler Aufgaben, S. 77 ff.

[545] Zu den einzelnen Privatisierungsformen ausführlich Tettinger, NWVBl. 2005, S. 1 (1 ff.) m.w.N.

[546] Tettinger, NWVBl. 2005, S. 1 (2)

privaten Sektor statt. Der Staat entledigt sich der Aufgabe somit komplett. Die Erbringung der entsprechenden Leistungen erfolgt nun zeitlich unbefristet unabhängig vom öffentlichen Sektor[547].

Die funktionale Privatisierung ist eine Mittelweg zwischen den beiden anderen Privatisierungsformen und kann in unterschiedlichen Ausprägungen gegeben sein. Gemeinsam ist den möglichen Ausprägungen, daß eine Hinzuziehung privater Wirtschaftssubjekte zu der staatlichen Aufgabenerledigung stattfindet, die Erfüllungsverantwortung aber weiter hoheitlich bleibt[548]. Diese Umschreibung zeigt schon, daß eine Fülle von Ausprägungen denkbar und eine abschließende Darstellung daher nicht möglich ist, so daß eine Beschränkung auf die häufigsten Formen der funktionalen Privatisierung notwendig ist.

Diese sind im Bereich der Wasserwirtschaft das Betriebsführungsmodell, das Betreibermodell und das Betriebsüberlassungsmodell. Bei dem Erstgenannten erfolgt der Betrieb auf vertraglicher Basis durch einen Betriebsführer, der die Leistung im Namen des öffentlichen Auftraggebers sowie auf dessen Rechnung und Risiko erbringt. Eine unmittelbare Rechtsbeziehung zu Nutzern ist bei diesem Modell nicht gegeben[549]. Demgegenüber sieht das Betreibermodell weitergehende Kompetenzen im Rahmen der Aufgabenerledigung vor, indem der Betreiber eigenverantwortlich (in Abstimmung mit dem öffentlichen Auftraggeber) und auf eigenes Risiko sowohl die Planung als auch gegebenenfalls den Bau sowie den Betrieb von Anlagen etc. betreibt[550]. Eine Zwischenlösung bietet das Betriebsüberlassungsmodell, welches gegenüber dem Betreibermodell größere Gestaltungsspielräume beim laufenden Betrieb und partielle Möglichkeiten zum außenwirksamen Handeln beinhaltet[551].

Neben diesen Modellen existiert noch das Konzessionsmodell. Bei diesem wird dem Unternehmen für eine gewisse Zeit ein Gebietsmonopol übertragen, innerhalb dessen ihm die eigenständige Leistungserbringung obliegt und wofür es als Ausgleich von den Nutzern Entgelte verlangen kann[552].

Die Privatisierungsform, die in der Wasserwirtschaft die wichtigste Rolle spielt und zunehmend verstärkt genutzt wird, ist die Gründung von gemischtwirtschaftlichen Unternehmen mit einer Mehrheitsbeteiligung der öffentlichen Hand. Nach der Gründung eines kommunalen Eigenbetriebs werden bis 49,9 %

---

[547] Schoch, DVBl. 1994, S. 962 (962 f.).

[548] Tettinger, NWVBl. 2005, S. 1 (2).

[549] Tettinger, NWVBl. 2005, S. 1 (3), Wolfers, in: Änderungsbedarf im Wasserrecht, S. 67 (68).

[550] Bausback, DÖV 2006, S. 901 (903); Tettinger, NWVBl. 2005, S. 1 (3).

[551] Tettinger, NWVBl. 2005, S. 1 (3).

[552] Frenz, ZHR 166, S. 307 (309 f.); Wolfers, in: Änderungsbedarf im Wasserrecht, S. 67 (68). Das Konzessionsmodell wird nachfolgend noch im Zusammenhang mit der Liberalisierungsdebatte behandelt, da einer Konzessionsvergabe häufig ein Vergabeverfahren und damit ein Wettbewerb um den Markt vorausgeht.

an einen privaten Investor veräußert, wodurch ein sogenanntes gemischtwirtschaftliches Unternehmen entsteht. Dieses wird dann im Rahmen der oben dargestellten Modelle mit der Betriebsführung beauftragt. Durch diese Minderheitsbeteiligung eines privaten Unternehmens wird seitens der Gemeinde versucht, einerseits Kapital und Know-how aus dem privaten Sektor zu erlangen und andererseits die Kontrolle über die Aufgabenerledigung zu behalten[553].

Aus ökonomischer Sicht wird diese Gründung gemischt-wirtschaftlicher Unternehmen zunehmend begrüßt. Privatrechtliche Organisationsformen werden als flexibler und unabhängiger von politischen Entscheidungen betrachtet. Bei der Rekrutierung von Führungskräften seien sie ebenfalls aufgrund leistungsabhängiger Entlohungssysteme im Vorteil[554]. Weiterhin seien sie weniger rechtlichen Vorgaben unterworfen und hätten durch die Möglichkeit, private Dritte einzubeziehen, einen deutlichen Vorteil gegenüber öffentlich-rechtlichen Organisationsformen[555].
Kritik im Zusammenhang mit der Gründung von gemischt-wirtschaftlichen Unternehmen richtet sich in den seltensten Fällen gegen die private Beteiligung an sich, sondern zumeist gegen die Verwendung der Verkaufserlöse zum Stopfen der Haushaltslöcher und nicht zur Erhöhung des Kapitals der jeweiligen Unternehmen. Als problematisch werden weiterhin die häufig zu hohen Verkaufserlöse angesehen, die die Angst schüren, daß die privaten Unternehmen sich diese Ausgaben in den folgenden Jahren über den Wasserpreis wieder hereinholen[556]. Von dieser Ausgestaltung im Einzelfall abgesehen muß, man insgesamt feststellen, daß die Gründung gemischt-wirtschaftlicher Unternehmen als zukünftige Gestaltungsform in der Wasserwirtschaft weitestgehend anerkannt ist. Aus ökonomischer Sicht ist dem kaum etwas entgegenzuhalten. Wenn man diese Möglichkeit nicht als eine Art „Allheilmittel" zur Lösung aller bestehenden Probleme ansieht, so ist hierin, rein wirtschaftlich betrachtet, eine wichtige Alternative zu den traditionellen Arten der Leistungserbringung zu sehen, um die genannten positiven Effekte erzielen zu können.

Betrachtet man jedoch die oben genannte Gesamtzahl der in der Wasserwirtschaft tätigen Unternehmen, so erscheinen die in Privatrechtsform betriebenen Unternehmen mit einem Anteil von nur 15 %, wovon lediglich 6,1 % gemischtwirtschaftliche Unternehmen sind, eher vergleichsweise unbedeutend. Verdeutlicht man sich aber, daß bereits 48 % der Wasserabgabemenge von diesen Unternehmen erbracht werden, so wird einem die Bedeutung dieser Unternehmen bewußt. Betrachtet man dann noch das Interesse international sehr aktiver Un-

553 Wolfers, in: Änderungsbedarf im Wasserrecht, S. 67 (67 f.).
554 Michaelis, GWF 2002, S. 399 (403).
555 Michaelis, GWF 2002, S. 399 (403).
556 Merkel, GWF 2002, S. 801 (804) und GWF 2001, S. 684 (686).

ternehmen am deutschen Wassermarkt[557], so wird sehr schnell deutlich, wie stark der Anteil der gemischt-wirtschaftlichen Unternehmen in naher Zukunft steigen könnte.

b) Rechtliche Grenzen der Privatisierung

Vor dem Hintergrund der aktuellen Privatisierungstendenz stellt sich die Frage, wo die rechtlichen Grenzen dieser Entwicklung zu ziehen sind. Bei der Frage nach der Möglichkeit einer Privatisierung muß immer das Gebot staatlicher Ingerenz Beachtung finden, welches vornehmlich aus dem Demokratie- und Rechtsstaatsprinzip abgeleitet wird. Hieraus resultiert, daß je näher eine von einer möglichen Privatisierung betroffene Aufgabe dem Kernbereich staatlicher Verantwortung ist, desto höher sind die Anforderungen in Bezug auf die Möglichkeit staatlicher Einflußnahme, die an eine Privatisierung zu stellen sind[558].
Vor diesem Hintergrund sind zumindest die formelle und die funktionale Privatisierung, in Form der Gründung gemischt-wirtschaftlicher Unternehmen, relativ unproblematisch, da es sich bei der Wasserversorgung, wie auch bei der Wasserentsorgung um einen Bereich handelt, der nicht zum Kernbereich staatlicher Verantwortung zählt. Für diese ist daher nicht zwangsläufig ein öffentlich-rechtliches Handeln vorgeschrieben; sie sind daher nicht vollständig einer Privatisierung entzogen ist[559].
Gleiches muß aber auch für weitergehende Privatisierungen bis hin zur vollständigen materiellen Privatisierung gelten. Die Wasserver- und -entsorgung ist nicht mit der Justiz, Polizei, Bundeswehr oder Steuererhebung[560] gleichzusetzen, so daß hier grundsätzlich keine unmittelbaren rechtlichen Probleme entgegenstehen, wodurch die Entscheidung für oder gegen einen solchen Schritt grundsätzlich zu einer Frage des politischen Willens wird[561].

Anders sind aber die Fälle zu beurteilen, in denen die Wasserversorgung bzw. die Wasserentsorgung den Gemeinden durch Landesgesetz als Pflichtaufgabe zugewiesen ist. Hier kann sich die Gemeinde dieser Aufgabe zumindest nicht entledigen, da eine gesetzliche Pflicht nicht zur Disposition des Adressaten steht[562]. Eine solche Pflichtzuweisung steht aber auch nicht grundsätzlich jeder Form der Privatisierung entgegen. Bei einer Privatisierung einer solchen Pflicht-

---

557 Hierzu Schmalz, ZUR 2001, S. 152 (154).
558 Tettinger, NWVBl. 2005, S. 1 (5).
559 Brünning, Der Private bei der Erledigung kommunaler Aufgaben, S. 91.
560 Diese Beispiele gibt Tettinger für Bereiche die einer Privatisierung nicht zugänglich sind, NWVBl. 2005, S. 1 (5).
561 Schoch, DVBl. 1994, S. 962 (974).
562 Brünning, Der Private bei der Erledigung kommunaler Aufgaben, S. 81; Insgesamt ist aber eine Tendenz zu erkennen, daß immer mehr Landesgesetze Dritte zur Aufgabenerledigung zulassen.

aufgabe muß sichergestellt sein, daß eine ausreichende demokratische Legitimation und Kontrolle besteht[563]. Dies resultiert sowohl, wie oben bereits dargestellt wurde, aus dem Demokratieprinzip als auch dem Selbstverwaltungsrecht der Gemeinden aus Art. 28 Abs. 2 GG[564]. In der Entscheidung einer Gemeinde über eine Privatisierung kann sich aber gerade die Ausübung ihres Selbstverwaltungsrechts manifestieren. Sie kann damit gerade Ausdruck der demokratischen Legitimation und Kontrolle sein[565]. Eine Privatisierung findet im Bereich gemeindlicher Pflichtaufgaben dementsprechend erst dann ihre Grenzen, wenn die geforderte Legitimation und Kontrolle nicht mehr gegeben ist. Davon ist grundsätzlich dann auszugehen, wenn eine mehrheitliche Beteiligung Privater erfolgt oder davon auszugehen ist, daß nicht mehr die Gemeinde den bestimmenden Einfluß besitzt[566]. Einer über die Gründung gemischt-wirtschaftlicher Unternehmen hinausgehende Aufgabenprivatisierung[567] oder der Einführung eines Konzessionsmodells[568] steht eine solche Zuweisung daher immer entgegen.

c) Liberalisierungsansätze

Über die Privatisierungsdebatte hinaus werden in jüngster Vergangenheit auch Diskussionen über eine mögliche Liberalisierung des Wassermarktes geführt. Im Gegensatz zu der oben bereits beschriebenen Privatisierung ändern sich bei einer möglichen Liberalisierung nicht die Anteilstrukturen an den Unternehmen, sondern die gesetzlichen Rahmenbedingungen, unter denen die Unternehmen, egal ob diese öffentliche oder private Unternehmen sind, auf einem Markt agieren können[569]. Im Mittelpunkt der Debatte steht somit die Frage, ob und wenn ja, wie die gesetzlichen Rahmenbedingungen geändert werden müssen, damit in Deutschland eine zukunftsfähige Wasserwirtschaft betrieben werden kann.
Grundlage für diese Diskussion über eine mögliche Liberalisierung der Wasserwirtschaft in Deutschland bildet primär ein Gutachten, welches vom Bundesministerium für Wirtschaft und Technologie in Auftrag gegeben und im Juli 2001

---

[563] Ossenbühl, VVDStRL 29, S. 159 f.
[564] Brünning, Der Private bei der Erledigung kommunaler Aufgaben, S. 91 f.; Tettinger, NWVBl. 2005, S. 1 (5).
[565] Kloweit, Die Beteiligung Privater an der Abfallentsorgung, S. 141; Tettinger, NWVBl. 2005, S. 1 (5).
[566] Grundsätzlich ist diese Grenze bei einer Mehrheitsbeteiligung des Dritten überschritten, Brünning, Der Private bei der Erledigung kommunaler Aufgaben, S. 101; Wolfers, in: Änderungsbedarf im Wasserrecht, S. 67 (67), BerlVerfGH, NVwZ 2000, S. 794 ff.; Im BMWi-Gutachten, Optionen, Chancen und Rahmenbedingungen einer Marktöffnung für eine nachhaltige Wasserversorgung wird aber ausgeführt, daß bereits eine private Beteiligung von nur 25,1 % ausreichen kann, um die Machtverhältnisse zu Gunsten des/der privaten Beteiligten zu verändern; ebenso Salzwedel, GWF 2001, S. 606 (607).
[567] Brünning, Der Private bei der Erledigung kommunaler Aufgaben, S. 81.
[568] Wolfers, in: Änderungsbedarf im Wasserrecht, S. 67 (68).
[569] Hein/ Neumann, GWF 2001, S. 279 (281).

der Öffentlichkeit präsentiert wurde. In den auf das Gutachten folgenden Publikationen wurde dieses Gutachten häufig, benannt nach dem Projektleiter, als Ewers-Gutachten bezeichnet.

aa) Gutachten des BMWi

In dem Ewers-Gutachten wird sich grundsätzlich für eine Liberalisierung der Wasserwirtschaft ausgesprochen. Eine höhere Wettbewerbsintensität sei grundsätzlich geeignet, positive Effekte auf dem Markt hervorzurufen. Als solche werden benannt[570]:

- *Die verstärkte Ausnutzung von Rationalisierungspotentialen*
- *Die verstärkte Ausnutzung von Größen- und Verbundvorteilen*
- *Die Weitergabe von Kostenvorteilen an die Verbraucher, welche bei diesen zu niedrigeren Preisen führen würden*
- *Die stärkere Beachtung wirtschaftlicher Gesichtspunkte bei Entscheidungen über den Zuschnitt von Versorgungsgebieten*
- *Die Erhöhung der internationalen Wettbewerbsfähigkeit deutscher Anbieter von Wasserversorgungsleistungen*
- *Die schnellere und unbürokratischere Mittelbeschaffung*
- *Die bessere und effektivere Verwendung von Fachpersonal durch vermehrte gebietsübergreifende Einsetzbarkeit*

Gleichzeitig sei auch nicht davon auszugehen, daß eine Erhöhung der Wettbewerbsintensität zu einer schlechteren Erfüllung der umwelt-, gesundheits- und verteilungspolitischen Ziele führen würde.
Zur Erreichung des Ziels einer höheren Wettbewerbsintensität und den mit ihr verbundenen positiven Effekten werden zwei unterschiedliche Wettbewerbsmodelle vorgestellt. Es handelt sich um ein Modell des Wettbewerbs im Markt und um ein Modell des Wettbewerbs um den Markt. Nachfolgend werden die Modelle vorgestellt und die mit ihnen aus Sicht der Gutachter verbundenen Konsequenzen für die Wasserwirtschaft dargestellt.

(1) Wettbewerb im Markt

Zunächst einmal könnte der Wettbewerb um den Endkunden eröffnet werden. Dabei handele es sich dann um den *Wettbewerb im Markt*. Eine Erhöhung der Wettbewerbsintensität sei durch verschiedene Maßnahmen zu realisieren, wie beispielsweise der Bau von Stichleitungen, die Aufhebung rechtlicher Beschränkungen zum Bau konkurrierender Leitungssysteme sowie die gemeinsame Nutzung der vorhandenen Netze. Weiterhin könnten die Möglichkeiten für

[570] BMWi-Gutachten, Optionen und Rahmenbedingungen einer Marktöffnung für eine nachhaltige Wasserversorgung, S.3.

Großkunden verbessert werden, Wasser in eigenen Anlagen zu gewinnen. Abschließend könnte man auch über die Einschaltung von Zwischenhändlern nachdenken, bei welchen Nachfragen von Kunden gebündelt werden könnten[571].
Zum gegenwärtigen Zeitpunkt sei ein solcher Wettbewerb aber nach Ansicht der Gutachtenkommission nicht möglich, da es den Gemeinden kartellrechtlich möglich sei, ausschließliche Konzessionsverträge und Demarkationsabsprachen abschließen zu können. Ein weiterer Behinderungsgrund sei die Möglichkeit der Gemeinden, Anschluß- und Benutzungszwänge zu verhängen[572]. Würde man diese Hinderungsgründe abschaffen, entstehe nach Ansicht der Gutachtenkommission ein gewisser Handlungsbedarf, um mögliche negative Folgen dieser Marktöffnung zu verhindern.

(a) Wirtschaftliche Folgen und Handlungsbedarf

Zunächst einmal werden von der Kommission wirtschaftliche Folgen und der aus ihnen resultierende Handlungsbedarf benannt. Als solche werden aufgeführt:

- *Die zu erwartende, aus der erwünschten Ausnutzung von Rationalisierungspotentialen resultierende, stärkere Konzentration seitens der Anbieter, welche die Wettbewerbsfähigkeit der deutschen Versorger auf internationaler Ebene verbessern soll, müßte wettbewerbsrechtlich überwacht werden, um eine zu große Marktmacht auf dem Versorgungsmarkt selbst und eine Ausweitung auf vorgelagerte Märkte zu verhindern*[573].
- *Der zu erwartende neue Zuschnitt der Versorgungsgebiete würde sich nicht mehr an administrativen, sondern an technisch-ökonomischen Gesichtspunkten orientieren. Es werden aber Gebiete verbleiben, in denen die Monopole verbleiben. Hier muß durch eine konsequente Überwachung verhindert werden, daß Versorgungsunternehmen zukünftig in diesen Monopolen Gewinne realisieren, die sie in den im Wettbewerb stehenden Bereichen nicht verdienen könnten. Hier wird man einen Vergleich mit den Entgelten und Geschäftsbedingungen anstellen können, welche in den im Wettbewerb stehenden Bereichen gelten werden*[574].
- *Auch wenn zukünftig nicht mit einer Vernachlässigung der Netz- und Anlagenpflege zu rechnen sei, sollte der Möglichkeit einer solchen Vernachlässigung entgegengetreten werden, indem man mittels Bundesgesetz den Betrei-*

---

[571] BMWi-Gutachten, Optionen und Rahmenbedingungen einer Marktöffnung für eine nachhaltige Wasserversorgung, S. 42 f..
[572] BMWi-Gutachten, Optionen und Rahmenbedingungen einer Marktöffnung für eine nachhaltige Wasserversorgung, S. 39.
[573] BMWI-Gutachten, Optionen und Rahmenbedingungen einer Marktöffnung für eine nachhaltige Wasserversorgung, S.45.
[574] BMWI-Gutachten, Optionen und Rahmenbedingungen einer Marktöffnung für eine nachhaltige Wasserversorgung, S. 45 f..

bern Rückstellungspflichten auferlegt, damit aus diesen Mitteln eine ständige Pflege betrieben werden könne[575].

- *Es müßte zukünftig seitens des Bundesgesetzgebers Sorge dafür getragen werden, daß eine Marktöffnung nur dann stattfinden darf, wenn das jeweilige Landesgesetz es auch privaten Unternehmen ermöglicht, in den bisher durch die Kommunen betriebenen Bereich eindringen zu dürfen. Darüber hinaus dürften künftig nur noch solche länderspezifischen Regulierungen bestehen, welche durch regionale Besonderheiten gerechtfertigt sind, da ansonsten die Gefahr von Wettbewerbsverzerrungen gegeben sei*[576].
- *Es wäre damit zu rechnen, daß zukünftig eine verursachergerechte Anlastung der Kosten stattfinden würde, da zukünftig weniger Ausgleich über Quersubventionierungen erfolgen würde. Eventuell entstehende Härten müßten zukünftig dann über staatliche Ausgleichsleistungen kompensiert werden*[577].
- *Sinkendem Einfluß der Verbraucher auf die Wasserversorgung sollte, wenn dies notwendig erscheint, durch die Einrichtung eines Verbraucherkomitees nach englischem Vorbild entgegengewirkt werden*[578].

(b) Folgen für den Gesundheitsschutz und Handlungsbedarf

Neben den wirtschaftlichen werden auch die Folgen für den Gesundheitsschutz und der daraus resultierende Handlungsbedarf näher beleuchtet. Diesbezüglich nannte die Kommission:

- *Um eine ordnungsgemäße Qualität des Trinkwassers in einem liberalisierten Markt gewährleisten zu können, wird es erforderlich sein, die privaten Unternehmen strenger, als die bisherigen im kommunalen Eigentum befindlichen Unternehmen zu überwachen. Die Kosten können durch eine regelmäßige Eigenkontrolle der Unternehmen niedrig gehalten werden*[579].
- *Geht der Wasserdurchfluß in Folge zu geringer Absatzmengen zurück, muß es zukünftig auch nach einer Abschaffung des § 103 GWB a.F. möglich sein, den Eintritt neuer Anbieter auf den Markt zu verhindern, um die Durchfluß-*

[575] BMWI-Gutachten, Optionen und Rahmenbedingungen einer Marktöffnung für eine nachhaltige Wasserversorgung, S. 46.
[576] BMWI-Gutachten, Optionen und Rahmenbedingungen einer Marktöffnung für eine nachhaltige Wasserversorgung, S. 46.
[577] BMWI-Gutachten, Optionen und Rahmenbedingungen einer Marktöffnung für eine nachhaltige Wasserversorgung, S. 47.
[578] BMWI-Gutachten, Optionen und Rahmenbedingungen einer Marktöffnung für eine nachhaltige Wasserversorgung, S. 47.
[579] BMWI-Gutachten, Optionen und Rahmenbedingungen einer Marktöffnung für eine nachhaltige Wasserversorgung, S. 48.

menge wieder über den erforderlichen Mindestdurchfluß zu steigern und dadurch die Stabilität der bestehenden Versorgungssysteme zu erhalten[580].

- *Da die Eigenversorgung von Kleinverbrauchern häufig nicht den qualitativen Anforderungen entspricht, sollte die Eigenversorgung nur in Ausnahmefällen zulässig sein. Weiterhin sollte erwogen werden, im Bundesrecht einen versorgerunabhängigen Anschlußzwang für Notstandsfälle vorzusehen*[581].
- *Die mit einer zukünftigen gemeinsamen Netznutzung verbundene Mischung verschiedener Wässer führt zu zahlreichen Problemen. Eine Lösung dieser Probleme könne darin liegen, daß die Übergabe des Fremdwassers an einem bestimmten Punkt erfolgt und zuvor in einem speziellen Bauwerk nach den Regeln der Technik aufbereitet wird. Die bisher bestehenden technischen Regeln zur hydraulischen und wasserchemischen Gestaltung der Mischung sollten auch für die fachgerechte gemeinsame Nutzung der Netze ausreichend sein*[582]. *Für die mikrobiellen und hygienischen Folgen einer Wassermischung kann eine solche Einschätzung nicht gelten. Hierfür müßte erst ein Regelwerk erstellt werden, welches dann als Leitfaden für eine mögliche erzwungene Durchleitung oder Mischung von Wasser dienen würde. Erforderlich wäre dann aber auch die Schaffung einer sachkundigen Prüfungsstelle, welche in Zweifelsfällen zu entscheiden hätte.*
  Abschließend müßten noch die haftungsrechtlichen Fragen im Zusammenhang mit einer gemeinsamen Nutzung durch den Gesetzgeber klar geregelt werden[583].

(c) Folgen für den Umweltschutz und Handlungsbedarf

Abschließend analysierte die Kommission noch die Folgen für den Umweltschutz und kam zu den folgenden Ergebnissen:

- *Die bisher von den öffentlichen Wasserversorgern erbrachten gemeinwirtschaftlichen Umweltleistungen müßten in einem liberalisierten Wassermarkt auch von den privaten Anbietern erbracht werden. In Bereichen, wo dies keinen ökonomischen Vorteil verspricht, müßte diese Verpflichtung gesetzlich verankert werden*[584].

---

580 BMWI-Gutachten, Optionen und Rahmenbedingungen einer Marktöffnung für eine nachhaltige Wasserversorgung, S.48.

581 BMWI-Gutachten, Optionen und Rahmenbedingungen einer Marktöffnung für eine nachhaltige Wasserversorgung, S. 49.

582 BMWI-Gutachten, Optionen und Rahmenbedingungen einer Marktöffnung für eine nachhaltige Wasserversorgung, S. 50.

583 BMWI-Gutachten, Optionen und Rahmenbedingungen einer Marktöffnung für eine nachhaltige Wasserversorgung, S. 51 f.

584 BMWI-Gutachten, Optionen und Rahmenbedingungen einer Marktöffnung für eine nachhaltige Wasserversorgung, S. 53.

- *Die privaten Anbieter müßten verpflichtet werden, die bisher von den öffentlichen Anbietern erbrachten Überwachungsaufgaben in gleichem Maße zu erbringen*[585].
- *Zusätzliche Leistungen privater Anbieter, welche über das notwendige oder gesetzlich vorgeschriebene Maß hinausgehen, sollten mittels Zuwendungen aus dem allgemeinem Steueraufkommen honoriert werden*[586].
- *Wassereinzugsgebiete sollten in Bereichen, wo diese über Wasserschutzgebiete hinausgehen, zur Deckung gebracht werden. Wasserschutzgebiete sollten zukünftig auch dann beibehalten werden, wenn sie z.B. aufgrund von Fernwasserversorgung über einen gewissen Zeitraum nicht als solche genutzt werden*[587].
- *Den mit einer eventuellen Ausweitung der Fernwasserversorgung möglicherweise entstehenden Umweltproblemen sollte durch konkrete umweltpolitische Maßnahmen begegnet bzw. mittels des bereits bestehenden Rechtsrahmens die erhöhte Wasserentnahme verhindert werden*[588].
- *Der Möglichkeit eines erhöhten Chemikalieneinsatzes könnte durch eine Aufnahme des Minimierungsgebots für den Einsatz dieser Stoffe unmittelbar in die Trinkwasserverordnung wirksam begegnet werden*[589].

(2) Wettbewerb um den Mark

Die zweite Variante für eine zukünftige Neuausrichtung der deutschen Wasserwirtschaft ist neben dem *Wettbewerb im Markt* der *Wettbewerb um den Markt*. Ein solcher findet statt, wenn Versorgungsaufgaben zeitlich befristet einem Dritten übertragen werden, welcher zuvor in einem Ausschreibungswettbewerb ermittelt wurde. Dieser Dritte hat dann für den entsprechenden Zeitraum eine Monopolstellung. Solche Ausschreibungen sollten flächendeckend erfolgen oder aber zumindest dann, wenn im Rahmen eines Wirtschaftsvergleiches festgestellt wird, daß die Versorgungsstrukturen einer Gemeinde offensichtlich unwirtschaftlich sind[590]. Bei der Einführung eines Wettbewerbs um den Markt wären allerdings auch Maßnahmen zu ergreifen, um mögliche negative wirtschaftliche

---

585 BMWI-Gutachten, Optionen und Rahmenbedingungen einer Marktöffnung für eine nachhaltige Wasserversorgung, S. 53.

586 BMWI-Gutachten, Optionen und Rahmenbedingungen einer Marktöffnung für eine nachhaltige Wasserversorgung, S. 54.

587 BMWI-Gutachten, Optionen und Rahmenbedingungen einer Marktöffnung für eine nachhaltige Wasserversorgung, S. 54 f.

588 BMWI-Gutachten, Optionen und Rahmenbedingungen einer Marktöffnung für eine nachhaltige Wasserversorgung, S. 55 f..

589 BMWI-Gutachten, Optionen und Rahmenbedingungen einer Marktöffnung für eine nachhaltige Wasserversorgung, S. 56 f.

590 BMWI-Gutachten, Optionen und Rahmenbedingungen einer Marktöffnung für eine nachhaltige Wasserversorgung, S. 39.

sowie die Umwelt und die Gesundheit betreffende Folgen zu verhindern. Als solche werden benannt:

- *Um eine hohe Wettbewerbsintensität zu erreichen, sollten möglichst viele Anbieter in die Ausschreibung mit einbezogen werden und die Ausschreibung so oft wie möglich wiederholt werden*[591].
- *Alle weiteren Probleme könnten aufgrund einer entsprechenden Ausgestaltung der Ausschreibung und durch die Vertragsgestaltung verhindert werden. Hier werden exemplarisch die Festlegung von ausreichenden Kontrollmöglichkeiten, der Ausschluß einer stärkeren Belastung einzelner Verbraucher, die Verpflichtung zur Weiterbeschäftigung der bisherigen Beschäftigten, die Verpflichtung zur ausreichenden Netzpflege, die Einhaltung bestimmter Qualitätsstandarts, die Erbringung bestimmter Informationspflichten, die Erbringung von Umweltleistungen sowie die klare Festlegung des/der zu nutzenden Wasservorkommen sowie die Menge der zulässigen Wasserentnahme genannt. Für den Fall der Mißachtung einzelner Vertragsvorschriften sollte sich weiterhin das Recht vorbehalten werden, den entsprechenden Vertrag vorzeitig zu kündigen*[592].

bb) Literatur

Im Anschluß an dieses Gutachten des Bundeswirtschaftsministeriums wurde die Option einer Liberalisierung in der Literatur diskutiert. Hier zeigt sich, daß die Ergebnisse des Gutachtens, die Öffnung des Marktes im Sinne eines Wettbewerbs um den Markt bzw. eines Wettbewerbs im Markt, auf ein unterschiedliches Echo stießen.

(1) Kritische Stimmen

Eine mögliche Liberalisierung des Wassermarktes stieß primär in der nicht juristischen Literatur auf Ablehnung.
Lattmann hebt hervor, daß die für eine höhere Wettbewerbsintensität erforderliche Durchleitung verschiedener Wässer unzweifelhaft zu instabilen ständig wechselnden Mischverhältnissen führe. Dies würde dauerhaft zu einer wechselnden Belagbildung bzw. Ablösung führen, was zu einer Verkeimung des Wassers führen würde. Die hierauf notwendigerweise folgende chemische Behandlung führe dann zwangsläufig zu einer Verschlechterung der Wasserqualität. Bei dieser Vermischung von verschieden Wässern sei weiterhin eine Kontrolle des Wassers nur noch mit einem erheblich größeren Aufwand möglich, da

---

[591] BMWI-Gutachten, Optionen und Rahmenbedingungen einer Marktöffnung für eine nachhaltige Wasserversorgung, S. 58.
[592] BMWI-Gutachten, Optionen und Rahmenbedingungen einer Marktöffnung für eine nachhaltige Wasserversorgung, S. 58 ff.

deutlich schwieriger festzustellen sei, woher eine auftretende Verunreinigung stamme[593].

Leymann ergänzt in diesem Zusammenhang, daß die Gefahr bestehe, eine möglicherweise zu erwartende Verschlechterung der Rohrqualität würde zu einer Verschlechterung der Wasserqualität führen, da durch entstehende Löcher in den Rohren Erreger in die Systeme gelangen könnten (sog. Ventur-Effekt). Erfahrungen in Großbritannien würden eine solche Verschlechterung der Systeme zeigen, da hier ein höherer Wasserverlust (teilweise bis zu 60 %) als wirtschaftlicher angesehen würde, als die notwendigen aufwendigen Reparaturen[594].

Mehlhorn weist darauf hin, daß die Durchleitung auch aus Wirtschaftlichkeitsüberlegungen in den meisten Fällen wenig sinnvoll erscheine, da mit der Durchleitung ein enormer Zusatzaufwand verbunden sei, welcher in der Regel eventuell bestehende Kostenvorteile neutralisieren würde. Weiterhin würde die Durchleitung zu dem unlösbaren Problem führen, daß bei einer Durchleitung auch die Kunden des Netzbetreibers zwangsläufig in Mitleidenschaft gezogen würden[595].

Die Kritik an den zu hohen Wasserpreisen, welche sicherlich einen wesentlichen Grund für die Liberalisierungsdebatte darstellt, wird von *Lattmann* als unberechtigt angesehen, da verschiedene Faktoren außer Acht gelassen worden seien. Der Wasserpreis sei nur deshalb so hoch, weil sich in ihm auch die zahlreichen Umweltleistungen widerspiegelten, welche von den Wasserversorgungsunternehmen erbracht würden. Hinzu käme außerdem, daß die Wasserqualität einen Standard erreicht habe, welcher mit Mineralwasser vergleichbar sei, welches noch wesentlich teurer ist. Weiterhin läge die Jahresbelastung der Bürger durch die Kosten der Wasserversorgung durch den niedrigen Wasserverbrauch im EU-Vergleich lediglich im Mittelfeld. Hier seien nicht einmal die Subventionen mit eingerechnet, welche in einigen Länder durchaus üblich sind[596]. Überhaupt sei es fraglich, ob eine Veränderung der Rahmenbedingungen sinkende Wasserpreise zur Folge hätte. Im Fall Großbritanniens hätten sich die Wasserpreise nach der Versorgungsreform mehr als verdoppelt[597].

Michaelis führt zu den Kosten der Wasserversorgung weiter aus, dass, selbst wenn man von einer positiven Entwicklung durch eine Liberalisierung ausgehen würde, bestenfalls Effizienzgewinne in Höhe von 10 bis 15 % zu erwarten seien. Damit würde selbst bei optimistischster Schätzung die Entlastung pro Einwohner und Jahr nicht mehr als 11 Euro betragen[598].

---

593 Lattmann, GWF 2001, S.98 (100).
594 Leymann, GWF 2001, S.551 (555).
595 Mehlhorn, GWF 2001, S.103 (113).
596 Lattmann, GWF 2001, S. 98 (100).
597 Lattmann, GWF 2001, S. 98 (100).
598 Michaelis, GWF 2002, S.399 (404).

Auch im Bereich des Umweltschutzes sieht *Lattmann* zahlreiche Schwierigkeiten. Das Durchleitungsmodell würde zu einer Entkopplung von Quellschutz und Wasserversorgung führen. Hiermit verbunden würde auch die Notwendigkeit des regionalen Haushaltens entfallen, da die einzelne Region nicht mehr darauf angewiesen wäre, mit ihren jeweiligen Wasserressourcen auszukommen. Hinzukommen könnte das Problem, daß dem auch nicht mit der Ausweitung von Wasserschutzzonen begegnet werden könnte, da wirtschaftlicher Druck auf die Gemeinden ausgeübt werden könnte, um eine entsprechende Ausweisung zu verhindern[599].
Hansen/Interwies und Kraemer ergänzen in diesem Zusammenhang, daß im Fall einer Liberalisierung der Wasserwirtschaft ein umfangreiches Regelwerk geschaffen werden müßte, damit zahlreiche Verpflichtungen, welche bisher von kommunalen Unternehmen freiwillig erbracht wurden, auch weiterhin erledigt werden. Dies gelte aber nicht nur für den Bereich des Umweltschutzes, sondern sei auf alle genannten Problembereiche zu übertragen[600].

(2) Stimmen für eine Neuordnung der Wasserwirtschaft
Die Liberalisierungsvorschläge fanden in jüngster Zeit gerade in der juristischen Literatur zahlreiche Befürworter.
So beschäftigt sich *Salzwedel*, der auch Angehöriger der Ewers-Kommission war, mit der Frage, wie eine zukünftige Liberalisierung gesetzlich ausgestaltet werden müßte. Die Tatsache, daß eine solche Liberalisierung stattfinden wird, ist für ihn eine zwingende Notwendigkeit und die bisherige Ausgestaltung ein „Anachronismus einer Verhoheitlichung der Wasserversorgung“[601]. Es könne nicht mehr überzeugen, daß die Städte und Gemeinden zumindest über die Konzessionsverträge stets einen bestimmenden Einfluß auf das Versorgungsnetz, die Versorgungsbedingungen und die Wasserpreise behalten würden[602].

In den Mittelpunkt seiner Überlegungen stellt er ein neu zu schaffendes Bundesgesetz, welches die bisher bestehenden Unklarheiten über die wahren Entscheidungsträger bei dem Zusammentreffen von privaten „Unternehmen am Markt“ und öffentlichen „politisch gesteuerten Anstalten“ klären sollte. Bisher sei dies in der Realität äußerst unklar und für Außenstehende nur schwer nachzuvollziehen. Der Klärungsbedarf nehme auch insofern stetig zu, als die Bereitschaft zur Veräußerung von Anteilen und zur Vergabe von teilweise recht langfristigen Konzessionen wachsen würde. Im Fall der Veräußerung von Anteilen sei auch davon auszugehen, daß ab einem gewissen Umfang dieser Veräußerung (welche

599 Lattmann, GWF 2001, S.98 (100).
600 Hansen/ Interwies/ Kraemer, GWF 2001, S.563 (564).
601 Salzwedel, GWF 2001, S.606 (608); zu dem gleichen Ergebnis kommt wohl auch Glötzl, GWF 2001, S.140 (142).
602 Salzwedel, GWF 2001, S.606 (610).

für ihn bereits bei 25,1 % liegen kann) ein wesentlicher Teil der Entscheidungsbefugnis bei dem Unternehmen liege[603].
Ein weiterer positiver Effekt eines solchen Bundesgesetzes wären auch klare Vorgaben für auf den deutschen Markt drängende internationale Unternehmen. Aufgrund klarer Vorgaben würde jeglicher Raum für die allgemein bestehende Verdächtigung genommen werden, daß diese Unternehmen nur rücksichtslos Gewinne abschöpfen würden und einige der Verpflichtungen, welche bisher den öffentlichen Unternehmen oblagen, vernachlässigen würden[604].

Der neue bundesgesetzliche Ordnungsrahmen müßte daher folgende Regelungen umfassen[605]:

- *Die Versorgungspflichten des privaten Wasserunternehmens und Begrenzungen für den Fall von unverhältnismäßigen Kosten*
- *Die Möglichkeit der Preiskontrolle durch das Bundeskartellamt*
- *Die Anforderungen an die Zuverlässigkeit und Fachkunde der Wasserunternehmen*
- *Die Grundsätze über die Unterhaltung, Instandhaltung, Erneuerung und Ausbau von Versorgungsanlagen sowie die Verpflichtung zur Bildung von Rückstellungen*
- *Die Vorgaben zur Sicherstellung der Versorgung mit Löschwasser*
- *Die Vorgaben für die Mindesthöhe der Wasserreserven für den Fall von Engpässen*

Neben der Schaffung eines entsprechenden Bundesgesetzes sieht *Salzwedel* allerdings auch Handlungsbedarf seitens der jeweiligen Landesgesetzgeber[606]. Dieser müßte gesetzlich die Pflicht zur Ausschreibung in den Fällen festlegen, in welchen bereits das Ewers-Gutachten die entsprechende Notwendigkeit sah[607].

Im Gegensatz zu *Salzwedel* hält *Weiß*[608] eine Einführung des Modells des Wettbewerbs im Markt für verfassungsrechtlich unzulässig. Teilbereiche der Wasserversorgung würden dem Schutz des Art. 28 Abs. 2 S. 1 GG unterliegen und könnten nicht gegen den Willen der Gemeinden ohne Rechtfertigung liberalisiert werden[609]. Lediglich der Bereich der Wasserförderung/-aufbereitung sei ein Bereich, in dem bei gleichzeitiger Schaffung neuer gesetzlicher Rahmenbedingungen Private tätig werden sollten. Allerdings müsse auch hier die private Tä-

---

603 Salzwedel, GWF 2001, S.606 (607).
604 Salzwedel, GWF 2001, S.606 (610).
605 Salzwedel, GWF 2001, S.606 (610).
606 Salzwedel, GWF 2001, S.606 (610).
607 Siehe dazu unter VI, 4, c, aa, (2).
608 Weiß, Liberalisierung der Wasserversorgung.
609 Weiß, Liberalisierung der Wasserversorgung, S.177 f.

tigkeit lediglich auf die reine Leistungserbringung beschränkt bleiben. Der Bereich der Planung, Genehmigung etc. stelle aber eine hoheitliche Tätigkeit dar, welche weiterhin beim Staat verbleiben müsse[610].
Ähnliches gelte für den Bereich der Wasserverteilung. Hier müsse eine Trennung von Netz und Betrieb erfolgen. Die Verantwortung über die Netze müsse beim bisherigen Träger verbleiben, während der Betrieb mittels Ausschreibungsverfahren vergeben werden solle[611].

Für Veränderungen auf dem Wassermarkt spricht sich auch *Besche*[612] aus. Allerdings sieht sie eine Liberalisierung in Form des Wettbewerbs im Markt als nicht empfehlenswert an. Die hiermit verbundene Notwendigkeit der Durchleitung verschiedener Wässer weise zu große Probleme im Hinblick auf die Wasserqualität auf[613]. Neben diesen qualitativen Problemen seien mit diesem Modell zu hohe Zusatzkosten verbunden, welche die mit der Durchleitung verbundenen wirtschaftlichen Vorteile aufheben würden[614]. Dem Modell seien aber auch noch weitere Probleme immanent, wobei hier insbesondere noch technische und haftungsrechtliche Schwierigkeiten zu nennen seien. Des weiteren beinhalte eine solche Ausgestaltung der Wasserwirtschaft große Risiken für die Umwelt[615].

Die Möglichkeit, ein flächendeckendes Parallelnetz aufzubauen sei ebenfalls abzulehnen, da die hierfür neu zu schaffende zusätzliche Infrastruktur mit Wasserleitungen, Quellfassungen oder Grundwasserpumpen zu kapitalintensiv sei und sich dadurch nicht rentieren würde[616]. Anstelle eines Wettbewerbs im Markt mittels Durchleitung durch bestehende Netze oder dem zusätzlichen Bau von Parallelnetzen solle ein Wettbewerb um den Markt in Form von Ausschreibungen stattfinden[617].
Der Inhalt der Ausschreibung sollte nach *Besche* ebenso wie bei *Weiß*[618] nur der Versorgungsbetrieb sein, während das Netz von der Ausschreibung ausgeschlossen werden und bei den bisherigen Trägern verbleiben sollte. Da einerseits die Versorgung des Netzes einer gewissen Kontinuität und Investitionen in diesem Bereich langer Zeiträume bedürften, um sich zu amortisieren, könne dies unmöglich Gegenstand zu häufiger Ausschreibungen sein. Andererseits bedürfe es allerdings häufiger Ausschreibungen, um überhaupt ausreichende Effizienzge-

---

610 Weiß, Liberalisierung der Wasserversorgung, S. 240.
611 Weiß, Liberalisierung der Wasserversorgung, S.240 ff; ebenso Pöcherstorfer, ZUR Sonderheft 2003, S. 185.
612 Besche, Wasser und Wettbewerb.
613 Besche, Wasser und Wettbewerb, S.153 f.
614 Besche, Wasser und Wettbewerb, S.154 f.
615 Besche, Wasser und Wettbewerb, S.157.
616 Besche, Wasser und Wettbewerb, S.149 f.
617 Besche, Wasser und Wettbewerb, S.174 ff.
618 Weiß, Liberalisierung der Wasserversorgung, S. 240 ff.

winne realisieren zu können. Durch eine Trennung von Netz und Betrieb sei es somit möglich, die Frequenz der Ausschreibung zu erhöhen und trotzdem eine gewisse Kontinuität der Netzversorgung zu gewährleisten[619].
Für die Einführung eines solchen Wettbewerbs um den Markt sei als erster Schritt die Regelung des § 131 Abs. 8 GWB zu streichen. Gleichzeitig seien aber zahlreiche flankierende gesetzliche Maßnahmen (z.B. zur Verhinderung von unzulässigen Absprachen) zu treffen, damit von den Ausschreibungen die gewünschten Effekte ausgehen können[620].

cc) Zusammenfassung

Die in dem Ewers-Gutachten angeregten Liberalisierungsvorschläge sind auf äußerst unterschiedliche Resonanz gestoßen. In der die Wasserwirtschaft betreffenden Literatur stießen die beiden genannten Optionen des Wettbewerbs im Markt und des Wettbewerbs um den Markt auf breite Ablehnung. Hier wird besonders die Qualität der bisherigen Wasserversorgung hervorgehoben und die Kritik an zu hohen Preisen als unberechtigt zurückgewiesen. Gleichzeitig wird auf die mit den vorgeschlagenen Veränderungen einhergehenden Risiken wirtschaftlicher und gesundheitlicher Art sowie auf die möglichen Folgen für den Umweltschutz verwiesen. Selbst wenn man dieses Problem bewältigen würde, seien die zu erwartenden Effizienzgewinne gering.

In der juristischen Literatur fanden zumindest Teile des Gutachtens eine positivere Resonanz. Allerdings ist hier umstritten, wieweit eine Reform gehen sollte. Während *Salzwedel* eine umfangreiche Liberalisierung begleitet von einem die erforderlichen Neuerungen regelnden Bundesgesetz fordert, wird dies weitestgehend abgelehnt. Sinnvoll sei lediglich die Einführung des Modells des Wettbewerbs um den Markt. Dieses Modell sei aber auf Teilbereiche der Wasserversorgung zu beschränken bzw. seien Netz und Betrieb voneinander zu trennen und nur Letzteres dem Wettbewerb um den Markt zu unterwerfen. Dies resultiere sowohl aus den rechtlichen Vorgaben als auch aus den Besonderheiten des Wassermarktes.

dd) Stellungnahme

Während eine Privatisierung im Rahmen der aufgezeigten Grenzen als unproblematisch angesehen und in zunehmendem Maße von den Gemeinden praktiziert wird, um Kapital und Know-how von der Privatwirtschaft zu erhalten, ist eine Liberalisierung der Wasserwirtschaft immer noch umstritten und findet bisher nur in sehr eingeschränktem Maße statt.

---

[619] Besche, Wasser und Wettbewerb, S.187 f.
[620] Besche, Wasser und Wettbewerb, S.199 ff.

aaa) Wettbewerb im Markt

Eine solche Zurückhaltung ist auch berechtigt. Wie dargelegt wurde, stehen einer Liberalisierung der Wasserwirtschaft zahlreiche Rechtsnormen entgegen. Dies gilt in stärkerem Maße für das Modell des Wettbewerbs im Markt, aber auch für das Modell des Wettbewerbs um den Markt. Sollte man eines der Modelle einführen wollen, müßten zahlreiche Normen geändert oder abgeschafft und gleichzeitig ein umfangreiches Regelwerk geschaffen werden, um den mit der Änderung verbundenen Risiken entgegenwirken zu können. Schwierigkeiten treten hier aber schon deswegen auf, weil auch die Einführung von Rechtsnormen erforderlich wäre, über deren notwendige Inhalte man sich bisher noch nicht im Klaren ist. So wird von der Ewers-Kommission die Erstellung eines Regelwerkes gefordert, um zum einen die negativen mikrobiellen und hygienischen Folgen einer - für die Liberalisierung in Form des Wettbewerbs im Markt erforderlichen - Mischung von Wässern zu verhindern oder zu kompensieren und zum anderen die sich an die Vermischung anschließenden haftungsrechtlichen Fragen hinreichend beantworten zu können[621]. Gleichzeitig erkennt die Ewers-Kommission aber an, daß noch wesentliche Forschungsarbeiten an den bisher bestehenden Wasserversorgungssystemen notwendig seien, um ein solches Regelwerk überhaupt erstellen zu können[622]. Der Gesetzgeber könnte somit zum gegenwärtigen Zeitpunkt ein solches Regelwerk gar nicht erstellen. In Anbetracht der Tatsache, daß es sich bei dem zu schaffenden Regelwerk aber um eine zwingende Notwendigkeit handelt, sollte so lange von einer Reform Abstand genommen werden, bis diese Fragen nicht in hinreichendem Maße geklärt sind.

Ein weiteres Problem eröffnet sich im Bereich des Umweltschutzes. Gegenwärtig werden Umweltleistungen aus langfristigen ökonomischen Überlegungen oder als gemeinwirtschaftliche Leistungen durch die öffentlichen Wasserversorger erbracht. Die Kosten hierfür werden über die Wasserpreise auf den Bürger umgelegt. Im Wettbewerb stehende Unternehmen werden diese Leistungen aber nur dann erbringen, wenn sie einen ökonomischen Vorteil versprechen oder rechtlich vorgeschrieben sind und überwacht werden. Jegliche darüber hinausgehenden Umweltschutzmaßnahmen werden zukünftig entweder vom Staat erbracht oder, falls sie von den im Wettbewerb stehenden Unternehmen erbracht werden, finanziell aus dem allgemeinen Steueraufkommen ausgeglichen werden müssen. Da diese Kosten aber auch bisher vom Bürger zu tragen waren, komme

[621] BMWI-Gutachten, Optionen und Rahmenbedingungen einer Marktöffnung für eine nachhaltige Wasserversorgung, S. 51 f.
[622] BMWI-Gutachten, Optionen und Rahmenbedingungen einer Marktöffnung für eine nachhaltige Wasserversorgung, S. 51.

es nach Ansicht der Ewers-Kommission durch diese Änderungen nicht zu einer zusätzlichen Belastung[623].

Die Ewers-Kommission verkennt aber, daß eine solche Entwicklung genau dem widersprechen würde, was auf europäischer Ebene vorgegeben wird. Hier wurde als Zielvorgabe formuliert, daß die Wasserpreise zukünftig kostendeckend sein sollen[624]. Durch eine solche Veränderung würde man aber gerade von dem derzeitigen weitestgehend kostendeckenden System abweichen und ein System einführen, in dem die Wasserpreise nicht mehr sämtliche entstandenen Kosten widerspiegeln.

Das vorgeschlagene System würde neben den rechtlichen Schwierigkeiten noch Nachteile für den Bürger mit sich bringen. Konnte der Bürger bisher durch einen geringeren Wasserverbrauch seine Wasserkosten und damit auch seinen Anteil an den durch die Wasserkosten gedeckten Umweltleistungen reduzieren, wird ihm diese Möglichkeit bei einer Finanzierung aus dem allgemeinen Haushalt verwehrt, da die Kosten dann verbrauchsunabhängig finanziert würden. Die Einzigen, die von einer solchen Veränderung profitieren könnten, wären die Unternehmen, die Leistungen der Wasserversorgung erbringen. Da diese aber bisher die zusätzlichen Kosten an die Konsumenten weitergeben konnten, wären auch diese unter dem Strich nicht besser gestellt als bisher. Insgesamt brächte ein solches System somit höchstens den vermeintlichen Vorteil leicht sinkender Wasserpreise, was aber dadurch aufgefangen würde, daß der Staat mehr Geld aus dem allgemeinen Steueraufkommen aufbringen müßte und damit der Bürger auf diesem Wege stärker belastet würde.

Neben den oben dargestellten Problemen können auch ökonomische Gründe nicht von der Richtigkeit einer Einführung eines Wettbewerbs im Markt überzeugen. Selbst optimistischste Studien kommen zu dem Ergebnis, daß bei einer umfassenden Liberalisierung höchstens Effizienzgewinne in Höhe von 10 bis 15 % zu erwarten wären. Notwendig wäre aber hierfür, daß ein Wettbewerb im Markt auf Basis des Durchleitungskonzepts eingeführt werden würde[625]. Bei diesem Konzept würde aber auf den Staat, da er zur Überwachung der Einhaltung der vorgeschriebenen Regelungen gezwungen wäre, ein großer zusätzlicher Kostenaufwand zukommen. Nimmt man zum Beispiel das britische Modell, so sind hier gleich drei unterschiedliche Regulierungsbehörden für die Bereiche Ökonomie, Umwelt und Trinkwassergüte sowie Verbraucherkomitees auf nationaler und regionaler Ebene gegründet worden. Auch wenn sich die hierdurch

---

[623] BMWI-Gutachten, Optionen und Rahmenbedingungen einer Marktöffnung für eine nachhaltige Wasserversorgung, S. 53 f.

[624] Siehe hierzu unter VI, 5, b.

[625] Bei einer Liberalisierung in Form des Wettbewerbs im Markt auf Grundlage eines parallelen Leitungsbaues wären die Kosten für die Schaffung eines solchen Systems so hoch, daß nicht mit höheren Effinziensgewinnen zu rechnen wäre.

entstandenen Kosten nicht in den Wasserpreisen widerspiegeln, so müßten sie zumindest vom Staat und damit indirekt durch den Bürger aufgebracht werden. Selbst wenn man über diese Vielzahl an Gegenargumenten hinwegsehen würde, würde sich aber die Frage aufdrängen, ob eine Liberalisierung überhaupt zu Effizienzgewinnen und damit zu sinkenden Wasserpreisen führen würde. Die Entwicklung in Großbritannien zeigt, daß dies nicht zwangsläufig gegeben sein muß. Dort haben sich die Wasserpreise im Zeitraum von 1989/90 bis 1997/98 sogar mehr als verdoppelt[626]. Auch wenn man die Erfahrungen aus diesem Markt nicht eins zu eins auf den deutschen Wassermarkt übertragen kann, so erscheint eine ähnliche Entwicklung in Deutschland jedenfalls nicht abwegig. Aufgrund dieser Summe an Kritikpunkten ist eine Liberalisierung in Form des Wettbewerbs im Markt aus rechtspolitischen Gründen abzulehnen.

bbb) Wettbewerb um den Markt

Eine Alternative zum Wettbewerb im Markt bietet die Reformierung der Wasserversorgung durch das Konzept des Wettbewerbs um den Markt. Bei diesem ließen sich umwelt- und gesundheitspolitische Probleme, wie sie einer Einführung des Wettbewerbs im Markt entgegenstehen, weitestgehend vermeiden. Hierfür wäre allerdings auch die Einführung eines entsprechenden Ordnungsrahmens und eine im Einzelfall geeignete Vertragsgestaltung erforderlich[627]. Wichtig wäre vor allem die Stärkung der mit der Überwachung der einzuhaltenden Regelungen betrauten Behörden, um den aus der Trennung von Betrieb und Kontrolle resultierenden Risiken entgegenzuwirken[628]. Betrachtet man auch hier wieder das Beispiel Großbritannien, so werden die Dimensionen bewußt, die eine solche Überwachungsbehörde annehmen muß. Die britische Überwachungsbehörde, das Office of Water Services (OFWAT), hat 227 Mitarbeiter[629]. Neben dem OFWAT existieren aber noch weitere neu gegründete Regulierungsbehörden. Diese sind die Environment Agency, die für die Einhaltung der Umweltvorschriften und die Drinking Water Inspectorate die für die Kontrolle der Trinkwassergüte zuständig sind. Ferner wurden zum Schutz der Verbraucherinteressen regionale Verbraucherkomitees und ein gesetzlich festgelegter Konsumentenrat gegründet[630]. Insgesamt zeigt sich somit der zusätzliche Aufwand an Bürokratie und der damit verbundene Kostenaufwand.

---

626 Zu diesem Ergebnis kommt eine Studie der internationalen Forschungsabteilung Öffentliche Dienste der Universität Greenwich London. Diese ist zitiert bei Lattmann, GWF 2001, S. 98 (100).
627 Michaelis, GWF 2002, S. 399 (404).
628 Siehe hierzu unter VI, 4, c, aa, (2).
629 Besche, Wasser und Wettbewerb, S.85.
630 BMWI-Gutachten, Optionen und Rahmenbedingungen einer Marktöffnung für eine nachhaltige Wasserversorgung, S. 27.

Erscheinen die Einführung eines solchen Ordnungsrahmens und die geeignete Vertragsgestaltung im Einzelfall noch als durchaus lösbare Probleme, so sind es primär ökonomische Gesichtspunkte, die gegen dieses Modell sprechen. Zunächst wird man bei diesem Modell geringere Effizienzgewinne erwarten können, als dies bei der Einführung eines Wettbewerbs im Markt der Fall sein würde, da dieses Konzept deutlich weniger weitreichend ist als das Modell des Wettbewerbs im Markt. Erschwerend kommt noch hinzu, daß man einerseits zur Erreichung einer hohen Wettbewerbsintensität möglichst kurze Vertragslaufzeiten und sich häufig wiederholende Ausschreibungen benötigt, andererseits aber eine lange Laufzeit der Verträge notwendig ist, damit eine langfristige Planung zum Bau und Erhalt der nötigen Infrastruktur überhaupt erfolgen kann. Vor dem Hintergrund dieser Problematik erscheint es einleuchtend, daß man den in der Literatur vorgeschlagenen Weg geht, der eine Trennung von Betrieb und Netz vorsieht und somit nur den Betrieb ausschreibt[631].
Eine solche Lösung stellt allerdings nur auf den ersten Blick eine Verbesserung gegenüber dem jetzigen System dar. Man muß sich vergegenwärtigen, daß mehr als 80 % der Gesamtkosten der Wasserversorgung auf investitionsbedingte Fixkosten entfallen[632]. Eine Trennung von Netz und Betrieb würde dazu führen, daß der Teil der Wasserversorgung aus den Ausschreibungen ausgeklammert würde, der die weitaus größten Kosten verursacht. Selbst wenn man beim Betrieb der Wasserversorgung durch die regelmäßigen Ausschreibungen einen Effizienzgewinn erreichen könnte, so würde dieser im Hinblick auf die Gesamtkosten minimal ausfallen. Bezieht man jetzt noch die Kosten für die Ausschreibungen und die steigenden Überwachungskosten mit ein, so können diese Kosten durch die Einsparungen im Bereich des Betriebs kaum aufgewogen werden.

Abschließend besteht im Bereich der Wasserwirtschaft noch das große Problem, daß die Wahrscheinlichkeit wettbewerbsbeschränkender Absprachen zwischen den wenigen Anbietern, die auch bei den einzelnen Ausschreibungen immer wieder aufeinandertreffen, relativ groß sein würde, so daß dies die Entfaltung der notwendigen Wettbewerbsintensität verhindern könnte[633]. Dieses Problem ist in jüngster Zeit z.B. in Frankreich vermehrt aufgetreten[634].
Ohne diese - durch die Absprachen unterbundene - Wettbewerbsintensität wird es aber kaum möglich sein, eine kostengünstigere Leistungserbringung als bisher zu erreichen. Damit verbunden besteht die Gefahr, daß solche Absprachen zu einer geringer werdenden Akzeptanz der privaten Versorgung innerhalb der

---

[631] Siehe dazu unter VI, 4, c, bb, (2).
[632] Michaelis, GWF 2002, S. 399 (401).
[633] Hein, ZögU 21 (1998), S. 397 (401 f.), Michaelis, GWF 2002, S. 399 (401).
[634] BMWI-Gutachten, Optionen und Rahmenbedingungen einer Marktöffnung für eine nachhaltige Wasserversorgung, S. 27; zu diesem Ergebnis kommt auch der französische Rechnungshof, zitiert bei Merkel, GWF 2002, S.801 (806).

Bevölkerung führen. Dieses Phänomen läßt sich ebenfalls gegenwärtig in Frankreich verstärkt erkennen[635].

Betrachtet man noch die sich bei der Realisierung dieses Systems ergebende Notwendigkeit einer umfangreichen staatlichen Überwachung der gesetzlichen Vorgaben speziell im Bereich des Gesundheits- und Umweltschutzes sowie des Wettbewerbsrechts und die mit ihr verbundenen zusätzlichen Kosten sowie den zusätzlichen Aufwand und die zusätzlichen Kosten durch die notwendigerweise möglichst häufig zu wiederholenden Ausschreibungen und setzt diese ins Verhältnis zu den bestenfalls nur geringen Effizienzgewinnen, so muß man insgesamt zu dem Ergebnis kommen, daß auch die Einführung des Modells des Wettbewerbs um den Markt - auch in der in der Literatur vorgeschlagenen modifizierten Form- abzulehnen ist.

d) Zusammenfassung

Es bleibt festzuhalten, daß die Liberalisierung sowohl in Form des Wettbewerbs im Markt als auch in Form des Wettbewerbs um den Markt abzulehnen ist. Während gegen das erstgenannte Modell primär hygienische, umweltpolitische und haftungsrechtliche Probleme sprechen sowie die vermeintlichen ökonomischen Vorteile in Zweifel zu ziehen sind, sprechen gegen das zweitgenannte Modell primär ökonomische Gründe. Insgesamt ist bei beiden Modellen stark zu bezweifeln, daß sie eine Verbesserung gegenüber dem jetzigen Stand der Wasserwirtschaft bringen würden.
Weniger kritisch wird hingegen die Tendenz zur Privatisierung und der Gründung gemischt-wirtschaftlicher Unternehmen betrachtet. Zunächst einmal erweist sich eine solche Vorgehensweise auf nationaler Ebene, solange die aufgezeigten Grenzen der Privatisierung eingehalten werden, als rechtlich relativ unproblematisch. Weiterhin wird sie in zunehmendem Maße als probates Mittel angesehen, um einerseits Kapital und Know-how von der Privatwirtschaft zu erlangen und andererseits trotzdem die staatliche Kontrolle in diesem sensiblen Sektor zu wahren. Aus nationaler Sicht erscheint die Gründung gemischtwirtschaftlicher Unternehmen daher als zukunftsfähiges Modell für die Wasserwirtschaft, welches, anders als die vorgeschlagenen Liberalisierungsansätze, die Vorteile des bisherigen vom Staat dominierten Systems mit den Vorzügen einer stärkeren Einbindung der Privatwirtschaft verbindet. Fraglich ist jedoch, ob sich an diesem Befund etwas ändern könnte, wenn man die europarechtlichen Vorgaben in diese Debatte mit einbezieht.

---

635 BMWI-Gutachten, Optionen und Rahmenbedingungen einer Marktöffnung für eine nachhaltige Wasserversorgung, S. 27; zu diesem Ergebnis kommt auch der französische Rechnungshof, zitiert bei Merkel, GWF 2002, S.801 (806).

5. Gegenwärtiger Stand auf europäischer Ebene

Neben den nationalen Vorgaben gilt es die europäischen Vorgaben für die Wasserwirtschaft zu beachten. Es muß somit untersucht werden, wie sich diese Vorgaben auf die Problemfelder der Liberalisierung und der Privatisierung auswirken und ob hieraus neue Erkenntnisse für eine mögliche Reform der Wasserwirtschaft resultieren.

a) Transparenzrichtlinie

Grundsätzliche weitreichende Veränderungen speziell für die Kommunen ergeben sich durch die Änderung der Richtlinie 80/723/EWG über die Transparenz der finanziellen Beziehungen zwischen den Mitgliedstaaten und den öffentlichen Unternehmen durch die Richtlinie 2000/52/EG[636]. Nach dieser Änderung der Richtlinie werden öffentliche und private Unternehmen, die Dienstleistungen von allgemeinem öffentlichen Interesse erbringen und einen jährlichen Jahresumsatz von mehr als 40 Millionen Euro haben, verpflichtet, über den Bereich ihrer öffentlichen Aktivitäten sowie den Bereich ihrer kommerziellen Aktivitäten getrennte Bücher zu führen. Ziel dieser Maßnahme soll unter anderem sein, zu verhindern, daß Unternehmen denen bisher ein nationales, regionales oder örtliches Monopol zur Verfügung stand, im Fall einer Marktöffnung die dadurch erworbene Marktposition mißbrauchen oder mit dem Markt unvereinbare Beihilfen erhalten[637].

Bisher hat diese Änderung der Richtlinie speziell für die Wasserwirtschaft keine großen Auswirkungen. Dies resultiert zunächst einmal daraus, daß im Bereich der Wasserwirtschaft in Deutschland in deutlich geringerem Maße subventioniert wird als z.B. in den südeuropäischen Staaten[638], da hier fast bundesweit die den Verbrauchern in Rechnung gestellten Preise nur der Kostendeckung dienen. Weiterhin haben von den in Deutschland agierenden Wasserversorgungsunternehmen lediglich 85 einen so großen Jahresumsatz, daß sie von dieser Regelung überhaupt betroffen sind[639].

Nichtsdestotrotz ist diese Richtlinie, zumindest bei den Unternehmen, die über dem erforderlichen Mindestumsatz liegen, gegenwärtig und zukünftig geeignet, deren finanzielle Beziehungen zum Staat und eventuelle Verstöße gegen das Gemeinschaftsrecht offenzulegen. So unbedeutend dies gegenwärtig aufgrund

---

[636] Richtlinie der Kommission vom 26.07.2000 zur Änderung der Richtlinie 80/733/EWG über die Transparenz der finanziellen Beziehungen zwischen den Mitgliedstaaten und den öffentlichen Unternehmen, ABl. EG 2000, L 193/75.

[637] Richtlinie der Kommission vom 26.07.2000 zur Änderung der Richtlinie 80/733/EWG über die Transparenz der finanziellen Beziehungen zwischen den Mitgliedstaaten und den öffentlichen Unternehmen, ABl. EG 2000, L 193/75, Erwägungsgrund 2.

[638] Siehe hierzu z.B. die Grafik bei Merkel, GWF 2001, S. 684 (681).

[639] Statistisches Bundesamt, 1999, zitiert in: BMWI-Gutachten, Optionen und Rahmenbedingungen einer Marktöffnung für eine nachhaltige Wasserversorgung, S. 32.

des weitestgehend fehlenden Wettbewerbs auch erscheinen mag, so bedeutend könnte dies im Fall einer zu mehr Wettbewerb führenden Reform werden. Sollte seitens der Gemeinschaft eine solche Reform initiiert werden, wäre mit der Richtlinie bereits ein Regelwerk vorhanden, mit welchem sichergestellt wäre, daß eine marktbeherrschende Stellung oder unerlaubte Beihilfen, die zu einer Beeinträchtigung des Marktes führen, aufgedeckt werden könnten.

b) Wasserrahmenrichtlinie

Umfangreiche Vorgaben für die Wasserwirtschaft finden sich in der am 22.12.2000 mit Veröffentlichung im Amtsblatt in Kraft getretenen Wasserrahmenrichtlinie (WRRL)[640]. Diese Richtlinie wurde bereits mittels einer Novelle des WHG zum 25.06.2002 in deutsches Recht umgesetzt. Durch die Richtlinie wird ein Ordnungsrahmen geschaffen, der dem Schutz von Oberflächengewässern und des Grundwassers dienen soll. Gemäß Art. 1a WRRL ist ein wesentliches Ziel der Richtlinie die Verbesserung des Zustandes der aquatischen Ökosysteme sowie die Vermeidung deren weiterer Verschlechterung. Weiterhin verfolgt die Richtlinie gemäß Art. 1b WRRL das Ziel einer nachhaltigen Wassernutzung auf Grundlage eines langfristigen Ressourcenschutzes.
Obwohl die Auswirkungen der Richtlinie auf die deutsche Wasserwirtschaft in der Literatur als gravierend bezeichnet werden – es wird z.B. auf die den Wasserversorgern entstehenden höheren Kosten durch die Übernahme von Umwelt- und Ressourcenkosten und einem Mehraufwand durch umfangreiches Monitoring[641], die umfangreichen Neuerungen im administrativen Bereich[642] und nicht zuletzt auch auf die „größeren Dimensionen", welche durch die Richtlinie vorgeschrieben werden, hingewiesen –, sei sie trotzdem im Hinblick auf eine mögliche Neuordnung der Wasserwirtschaft in Richtung Liberalisierung oder Privatisierung neutral und zeige dementsprechend keine unmittelbare Auswirkungen auf diese Problemfelder[643].

Für eine zukünftige Neuregelung der Wasserwirtschaft könnte jedoch der Art. 9 WRRL von Interesse sein, welcher die Forderung beinhaltet, daß zukünftig das Verursacher- und das Prinzip der Kostendeckung für die Gestaltung der Wasserpreise maßgeblich sein sollten. Ziel dieser Richtlinie ist, die entstehenden Kosten ausschließlich über die Wasserpreise zu decken, damit die Preise nicht mehr,

---

640 Richtlinie des Europäischen Parlaments und des Rates zur Schaffung eines Ordnungsrahmens für Maßnahmen der Gemeinschaft im Bereich der Wasserpolitik (Wasserrahmenrichtlinie) vom 23.10.2000, ABl. EG 2000 L 327/ 1ff.
641 Besche, Wasser und Wettbewerb, S. 201.
642 Caspar, DÖV 2001, S. 529 (530 ff.).
643 Wolfers, in: Änderungsbedarf im Wasserrecht, S. 67 (71 f.); Besche, Wasser und Wettbewerb, S. 201.

wie es heute speziell in den südeuropäischen Ländern der Fall ist, in starkem Maße subventioniert werden[644].
Für die deutsche Wasserwirtschaft dürften die Auswirkungen zunächst einmal tatsächlich gering sein, da die Preise in Deutschland beinahe bundesweit kostendeckend sind[645]. Eine unmittelbare Auswirkung für eine mögliche Neuordnung der Wasserwirtschaft kann somit in der Tat verneint werden[646]. Es darf allerdings nicht übersehen werden, daß ein Abbau der bestehenden Subventionen über die Einführung dieses Kostendeckungsprinzips dazu führen würde, daß eine größere Transparenz und Vergleichbarkeit der Preise geschaffen würde. Genau dies ist, nach einer Studie über die Anwendbarkeit der Wettbewerbsregeln auf den Wassersektor der Europäischen Gemeinschaft[647], eine von mehreren Grundvoraussetzungen, welche für die Einführung von mehr Wettbewerb gegeben sein muß[648].
Ziel ist es, über die Einführung des Prinzips der Nachhaltigkeit zu einer Vergleichbarkeit zu gelangen, welche eine der Grundvoraussetzungen für eine mögliche Liberalisierung sein wird. Das, was auf den ersten Blick keine Auswirkungen auf eine mögliche Neuausrichtung der europäischen Wasserwirtschaft hat, erweist sich somit bei genauerer Betrachtung als möglicherweise erster Schritt für eine Neuordnung dieses Wirtschaftszweigs. Für die Wasserrahmenrichtlinie gilt daher das Gleiche, was bereits für die Transparenzrichtlinie festgestellt wurde. Sie beinhaltet keine Regelung, die unmittelbar zu einer Neuordnung der Wasserwirtschaft führt, enthält aber eine Regelung, die als Voraussetzung für zukünftige Reformen unverzichtbar ist.

c) WEV-Vergaberichtlinie

Wesentlich deutlicher sind die Auswirkungen der Richtlinie zur Koordinierung der Zuschlagserteilung durch Auftraggeber im Bereich der Wasser-, Energie- und Verkehrsversorgung sowie der Postdienste[649] auf die deutsche Wasserwirtschaft. Hiernach wird die Vergabe von Aufträgen im Rahmen bestimmter Tätig-

---

644 Siehe hierzu z.B. die Grafik bei Merkel, GWF 2001, S. 684 (687).
645 Knopp, GWF 2001, S.110 (112).
646 Laut Besche steht die WRRL einer möglichen Einführung von mehr Wettbewerb lediglich nicht entgegen, Wasser und Wettbewerb, S. 200 f.; zu diesem Ergebnis kommt auch das BMWI-Gutachten, Optionen und Rahmenbedingungen einer Marktöffnung für eine nachhaltige Wasserversorgung, S. 34.
647 WRc Report, Study on the application of the competition rules to the water sector in the european community, abrufbar unter:
http://europa.eu.int/comm/competition/publications/studies/water_sector_report.pdf.
648 WRc Report, Study on the application of the competition rules to the water sector in the european community, S. 40.
649 Richtlinie des Europäischen Parlaments und des Rates vom 31.03.2004 zur Koordinierung der Zuschlagserteilung durch Auftraggeber im Bereich der Wasser-, Energie-, und Verkehrsversorgung sowie der Postdienste, ABl. EG L 134/ 1ff.

keiten durch bestimmte Auftraggeber einem Verfahren unterworfen, welches diese Auftraggeber bei der Auftragsvergabe zu beachten haben.

aa) Die anzuwendenden Verfahren

Für die Fälle, in denen eine Auftragsvergabe gemäß den Vorschriften der Richtlinie erfolgen muß, greift diese in Art. 40 auf die bereits durch die klassischen Vergaberichtlinien bekannten Verfahren des offenen, nicht offenen und des Verhandlungsverfahrens zurück. In den Art. 40 ff. werden weiterhin detaillierte Vorgaben für das jeweils anzuwendende Verfahren aufgestellt. Ergänzt werden diese Vorgaben durch Art. 55, wo die zulässigen Zuschlagskriterien genannt werden. Zulässig sind hiernach gemäß Art. 55 Abs. 1 a das wirtschaftlich günstigste Angebot oder gemäß Abs. 1 b der niedrigste Preis. Insgesamt geben die Verfahrensvorschriften der Richtlinie somit klare Vorgaben für einen Wettbewerb um den Markt. Es bleibt zu untersuchen, in welchem Umfang diese Vorschriften auf die deutsche Wasserwirtschaft überhaupt Anwendung finden.

bb) Die Auftraggeber

In Art. 2 der Richtlinie werden zunächst einmal die Personen bestimmt, die einen Auftraggeber im Sinne der Richtlinie darstellen und damit in deren Anwendungsbereich fallen. Genannt sind öffentliche Auftraggeber und öffentliche Unternehmen.
Gemäß Art. 1a sind öffentliche Auftraggeber der Staat, die Gebietskörperschaften, die Einrichtungen öffentlichen Rechts und die Verbände, die aus einer oder mehrerer dieser Körperschaften oder Einrichtungen des öffentlichen Rechts bestehen. Für den Begriff der Einrichtung des öffentlichen Rechts wird auf das Erfordernis einer Rechtspersönlichkeit, auf den besonderen Gründungszweck - die Erfüllung von im Allgemeininteresse liegenden Aufgaben nicht gewerblicher Art - und auf eine bestehende Abhängigkeit vom Staat in Bezug auf Finanzierung und Kontrolle abgestellt.
Der Begriff des öffentlichen Unternehmens wird in Art. 1 b definiert als ein Unternehmen, auf das der öffentliche Auftraggeber aufgrund von Eigentum, finanzieller Beteiligung oder der für das Unternehmen geltenden Vorschriften unmittelbar oder mittelbar einen beherrschenden Einfluß ausüben kann. Ein solcher Einfluß wird vermutet, wenn er unmittelbar oder mittelbar die Mehrheit des gezeichneten Kapitals des Unternehmens hält, über die Mehrheit der mit den Anteilen am Unternehmen verbundenen Stimmrechte verfügt oder mehr als die Hälfte der Mitglieder des Verwaltungs-, Leitungs- oder Aufsichtsorgans des Unternehmens ernennen kann.
Erweitert wird der Anwendungsbereich der Richtlinie zusätzlich durch Art. 2 Abs. 2 lit. b, wonach die Richtlinie auch auf Auftraggeber Anwendung findet, die zwar nicht unter die genannten Definitionen fallen, aber eine Tätigkeit im

Sinne der Artikel 3 bis 7 auf Grundlage eines ihnen zugestandenen besonderen oder ausschließlichen Rechts ausüben.

Für die deutsche Wasserwirtschaft bedeuten diese weiten Vorgaben, daß, von den wenigen Ausnahmen abgesehen, bei denen Unternehmen überwiegend oder ausschließlich in privatem Eigentum stehen und der Staat damit keinen Einfluß auf sie ausüben kann, die Leistungserbringer unter den Auftraggeberbegriff dieser Richtlinie fallen. Auch wenn durch den Begriff des öffentlichen Auftraggebers nur Bund, Länder und Kommunen als Gebietskörperschaften und Zweckverbände etc. als Einrichtungen des öffentlichen Rechts erfaßt werden, so werden durch die Einbeziehung der öffentlichen Unternehmen und deren weite Definition sowie der darüber hinaus gehenden Einbeziehung der Unternehmen, die ihre Tätigkeit aufgrund eines besonderen oder ausschließlichen Rechts ausüben, nahezu sämtliche Unternehmen im Bereich der Wasserwirtschaft als Auftraggeber im Sinne der Richtlinie erfaßt.

cc) Die Tätigkeiten

Nach Art. 2 Abs. 2 a gilt die Richtlinie nur für Auftraggeber, die Tätigkeiten ausüben, wie sie in den Artikeln 3 bis 7 genannt sind. Der für die Wasserwirtschaft relevante Artikel ist Art. 4. In Art. 4 Abs. 1 und 2 werden zunächst einmal die Tätigkeiten aufgelistet, die in den Anwendungsbereich der Richtlinie fallen.

aaa) Von der Richtlinie erfaßte Tätigkeiten

Nach Art. 4 Abs.1 fallen die Bereitstellung und das Betreiben fester Netze zur Versorgung der Allgemeinheit im Zusammenhang mit der Gewinnung, der Fortleitung und der Abgabe von Trinkwasser und die Einspeisung von Trinkwasser in diese Netze unter diese Richtlinie. Erfaßt werden sollen nach der etwas verklausulierten Formulierung des Abs. 2 auch Wasserbauvorhaben sowie Bewässerungs- und Entwässerungsvorhaben, wenn diese von einem Auftraggeber vergeben werden, der eine Tätigkeit im Sinne des Abs. 1 ausübt und zumindest 20 % der aus diesem Vorhaben resultierenden Gesamtwassermenge der Trinkwasserversorgung dienen. Ebenfalls in den Anwendungsbereich soll auch die Vergabe von Aufträgen fallen, die mit der Ableitung oder Klärung von Abwässern im Zusammenhang steht und ebenfalls von einem eine Tätigkeit im Sinne des Abs. 1 ausübenden Auftraggeber vergeben wird.
Diese Tätigkeiten sollen aber nur dann in den Anwendungsbereich der Richtlinie fallen, wenn sie einen bestimmten Schwellenwert nicht überschreiten. Dieser beträgt bei Liefer- und Dienstleistungsaufträgen 499.000 Euro und bei Bauaufträgen 6.242.000 Euro.

bbb) Von dem Anwendungsbereich der Richtlinie ausgenommene Tätigkeiten

Unter bestimmten Bedingungen soll nach Art. 4 Abs. 3 die Einspeisung von Trinkwasser zur Versorgung der Allgemeinheit eine Tätigkeit darstellen, die nicht unter Art. 4 Abs.1 fällt. Hierfür muß es sich bei der die Einspeisung vornehmenden Person zunächst einmal um einen Auftraggeber handeln, der kein öffentlicher Auftraggeber ist. Weiterhin müssen noch drei weitere Kriterien erfüllt sein. Zunächst muß die Erzeugung dieses Trinkwassers einer Tätigkeit dieses Auftraggebers gedient haben, die nicht unter den Anwendungsbereich der Richtlinie fällt. Ferner darf die Einspeisung in das Netz nur von dem Eigenverbrauch dieses Auftraggebers abhängig sein und drittens im Mittel der letzten drei Jahre einschließlich des laufenden nicht mehr als 30 % seiner gesamten Trinkwassererzeugung ausmachen.

Nach dieser Vorschrift sind also nur solche Einspeisungen durch bestimmte Personen vom Anwendungsbereich der Richtlinie ausgenommen, die Wasser betreffen, das ein unbedeutendes Nebenprodukt einer Tätigkeit darstellt, die ohnehin nicht dem Anwendungsbereich der Richtlinie unterliegt.

Eine weitaus bedeutendere Ausnahme findet sich in Art. 26 a. Hiernach werden Aufträge zur Beschaffung von Wasser von dem Anwendungsbereich der Richtlinie ausgenommen. Nach dem Erwägungsgrund 26 der Richtlinie ist diese Ausnahme erforderlich, da es bei der Beschaffung von Wasser notwendig sei, sich nahe des Verwendungsortes gelegener Quellen zu bedienen. Die Anwendung der Vergabevorschriften sei insofern für die Beschaffung von Wasser nicht geeignet.

ccc) Von dem Anwendungsbereich der Richtlinie ausgenommene Aufträge an bestimmte Unternehmen

Neben den von der Richtlinie ausgenommenen Tätigkeiten finden sich in Art. 23 noch Ausnahmen für den Fall, daß ein grundsätzlich unter die Richtlinie fallender Auftrag an bestimmte Unternehmen vergeben wird.

Nach Art. 23 Abs. 2 gilt diese Richtlinie nicht für Aufträge, die ein Auftraggeber an ein mit ihm verbundenes Unternehmen vergibt oder die ein gemeinsames Unternehmen, das mehrere Auftraggeber ausschließlich zur Durchführung von Tätigkeiten im Sinne der Artikel 3 bis 7 gebildet haben, an ein Unternehmen vergibt, das mit einem dieser Auftraggeber verbunden ist. Die Definition eines solchen verbundenen Unternehmens findet sich in Art. 23 Abs. 1. Demnach ist ein verbundenes Unternehmen jedes Unternehmen, das entweder seinen Jahresabschluß gemäß der siebten Richtlinie 83/349 EWG des Rates vom 13. Juni 1983 mit dem des Auftraggebers konsolidieren muß oder, soweit diese Richtlinie keine Anwendung findet, mittelbar oder unmittelbar ein Beherrschungsverhältnis zwischen dem Auftraggeber und dem Unternehmen besteht. Als Indiz für

das Vorliegen eines solchen Beherrschungsverhältnisses wird auf die Definition des öffentlichen Unternehmens in Art. 2 Abs. 1 b verwiesen.
Eine Einschränkung des Abs. 2 findet sich in Abs. 3. Hiernach muß der Umsatz des verbundenen Unternehmens in dem jeweiligen Bereich (Dienstleistungs-, Liefer- und Bauaufträge) in den letzten drei Jahren zumindest zu 80 % aus einer entsprechenden Verbindung resultieren.

Eine ähnliche Ausnahme findet sich in Art. 23 Abs. 4. Hiernach unterliegen Aufträge nicht der Richtlinie, wenn ein von mehreren Auftraggebern zur Durchführung von Tätigkeiten im Sinne der Art. 3 bis 7 gegründetes Unternehmen Aufträge an einen dieser Auftraggeber vergibt oder dieses Unternehmen Aufträge von einem an ihm beteiligten Auftraggeber erhält. Der Art. 23 der Richtlinie bildet also eine Ausnahme für die sogenannten in-house-Geschäfte. Immer wenn zwischen dem Auftraggeber und dem Beauftragten ein den Vorgaben des Art. 23 Abs.2 genügendes Verhältnis besteht, ist eine solche Auftragsvergabe vom Anwendungsbereich der Richtlinie ausgenommen.

Eine weitere Ausnahme ist noch in Art. 25 gegeben. Hiernach werden auch Dienstleistungsaufträge vom Anwendungsbereich der Richtlinie ausgenommen, die an einen öffentlichen Auftraggeber im Sinne der Richtlinie oder an einen Zusammenschluß solcher Auftraggeber aufgrund eines ausschließlichen Rechts vergeben werden. Nach dieser Vorschrift ist es somit weiterhin möglich, daß die Leistungserbringung, abgesichert durch ein ausschließliches Recht, z.B. von einer Gemeinde erbracht wird, ohne daß diese sich einem Wettbewerb um den Markt stellen muß.

dd) Zusammenfassung und Bewertung

Der Auftraggeberbegriff der Richtlinie ist umfassend und erfaßt durch seine Weite nahezu sämtliche Arten von Akteuren der deutschen Wasserwirtschaft. Dies wird nicht zuletzt durch die Miteinbeziehung der öffentlichen Unternehmen erreicht. Durch die weite Definition des öffentlichen Unternehmens werden auch jene Unternehmen erfaßt, die zwar privatisiert sind, aber doch der Kontrolle des Staates unterstehen.
In Art. 4 findet sich hier ein Katalog der Tätigkeiten, die von den oben genannten Auftraggebern in einem Vergabeverfahren vergeben werden. Die Auflistung in Art. 4 zeigt, daß neben den Tätigkeiten, die mit der Wasserversorgung zwangsläufig verbunden sind (Art. 4 Abs. 1 lit. a und b), unter bestimmten Bedingungen auch Aufträge aus dem Bereich der Wasserbauvorhaben ebenso unter den Anwendungsbereich der Richtlinie fallen, wie Aufträge, die mit der Ableitung und Klärung von Abwässern in Zusammenhang stehen. Die Richtlinie erfaßt damit Teile der in der Wasserwirtschaft zu erbringenden Aufgaben, ist aber nicht allumfassend. Aufträge bezüglich der Ableitung und Klärung von Abwäs-

sern unterliegen z.B. grundsätzlich nicht der Richtlinie, es sei denn es liegt eine der in Art. 4 genannten Bedingungen vor. Ebenfalls nicht in den Anwendungsbereich der Richtlinie fallen Aufträge, die über die in Art. 16 genannten Schwellenwerte hinausgehen. Diese Schwellenwerte sind allerdings so hoch angesetzt, daß hiervon nur wenige Aufträge betroffen sein dürften.

Neben diesen Teilen der Wasserwirtschaft, die nicht unter die genannten Tätigkeiten fallen, existieren aber noch weitere zahlreiche in der Richtlinie aufgeführte Ausnahmen. Eher unbedeutend ist hier die in Art. 4 Abs. 3 geregelte Ausnahme für jene Fälle, in denen eine bestimmte Menge Trinkwasser ein überschüssiges Nebenprodukt einer anderen der Richtlinie nicht unterliegenden Tätigkeit darstellt. Bedeutender ist hingegen die Ausnahme des Art. 26. Die hier verwirklichte Befreiung der Wasserbeschaffung von den Vergaberegelungen soll den speziell in der Literatur aus umweltpolitischen Gründen geforderten Grundsatz der ortsnahen Versorgung sicherstellen. Diese umfangreiche Befreiung schmälert den Anwendungsbereich der Richtlinie beträchtlich. Aber auch wenn durch diese Befreiung die Wasserbeschaffung per se von einem Wettbewerb um den Markt befreit wird, so hat diese Befreiung unter gewissen Umständen auch wettbewerbsfördernde Auswirkungen. Findet nämlich in allen Bereichen der Wasserwirtschaft, mit Ausnahme der Wasserbeschaffung, ein Vergabeverfahren statt, so kann dies dazu führen, daß es zu einer Trennung der unterschiedlichen Bereiche innerhalb der Wasserwirtschaft kommt. Genau diese Trennung der horizontalen Einheiten - welche in der Wasserwirtschaft bisher eng miteinander verbunden sind – war in anderen an Netzwerke gebundenen Industrien (Gas-, Elektrizitäts- und Ölindustrie) der erste notwendige Schritt für eine Liberalisierung der entsprechenden Märkte. Die Befreiung der Wasserbeschaffung von den Vergabevorschriften kann somit durchaus differenziert zu betrachtende Auswirkungen haben.

Insgesamt muß die Betrachtung der unter die Richtlinie fallenden Tätigkeiten und des in der Richtlinie verwendeten Auftraggeberbegriffs aber trotz der Befreiung der Wasserbeschaffung zu dem Ergebnis gelangen, daß ein Wettbewerb in Form des Wettbewerbs um den Markt vorgegeben wird, dem ein großer Teil der Wasserwirtschaft unterliegt.

Eine solche Betrachtung würde aber insgesamt zu kurz greifen. Diesem weiten Anwendungsbereich der Richtlinie stehen die gewichtigen Ausnahmen des Art. 25 sowie speziell des Art. 23 gegenüber. Art. 25 erlaubt es, Gebietskörperschaften und Einrichtungen des öffentlichen Rechts die Leistungserbringung aufgrund eines ausschließlichen Rechts unter Ausschluß von Konkurrenz durchzuführen. Es wird somit Gemeinden und Körperschaften die Möglichkeit eröffnet, Aufträge untereinander zu vergeben, ohne daß es hierfür eines Vergabeverfahrens bedarf. Ergänzt wird Art. 25, welcher nur öffentliche Auftraggeber gemäß Art. 2

Abs.1 a und damit keine Unternehmen erfaßt, durch Art. 23. Dieser nimmt alle Unternehmen von den Vergabevorschriften aus, die die Voraussetzungen des Art. 2 Abs.1 b oder die Voraussetzungen der Richtlinie über den konsolidierenden Abschluß erfüllen. Diese Ausnahme, durch welche die sogenannten in-house-Geschäfte ausgenommen werden, ist von elementarer Bedeutung für die deutsche Wasserwirtschaft, da sie dem Staat Möglichkeiten eröffnet, die Vergabevorschriften zu umgehen und damit einen Wettbewerb um den Markt zu verhindern. Die großzügige Ausgestaltung der Vorschrift erlaubt es zu privatisieren und private Unternehmen an diesen Unternehmen zu beteiligen, solange eine Beherrschung durch den Staat noch sichergestellt ist. Dies soll nach Art. 2 Abs. 2 b so lange vermutet werden, wie der Staat die Mehrheit des Kapitals des Unternehmens hält, über die Mehrheit der Stimmrechte verfügt oder mindestens die Hälfte der Mitglieder in den Führungsgremien des Unternehmens stellt. Diese Anforderung wird in nahezu allen in der Wasserwirtschaft tätigen Unternehmen gegeben sein.

Nimmt man somit eine Gesamtbetrachtung unter Einbeziehung der Ausnahmeregelungen der Art. 23 und Art. 25 vor, ergibt sich ein anderes Bild der Richtlinie. Die Richtlinie, die in Erwägungsgrund 10 von einer „wirklichen Marktöffnung" durch die Anwendung der Vergabevorschriften spricht, ist gegenwärtig durch diese umfangreichen Ausnahmeregelungen – speziell durch die bisherige Ausgestaltung des Art. 23 – kaum geeignet, den status quo in der deutschen Wasserwirtschaft zu ändern.
Würde sich aber an der Ausgestaltung der Ausnahmevorschriften, insbesondere an der Reichweite der Ausnahme des Art. 23 etwas ändern, würde dies zu einem gänzlich anderen Befund führen. Gerade solche Änderungen sind in naher Zukunft durchaus möglich und müssen an späterer Stelle im Zusammenhang mit der Rechtsprechung des EuGH zu den in-house-Geschäften eingehend problematisiert werden.

d) Die Richtlinien 93/36[650], 92/50[651] und 93/37[652] EG

Neben der WEV-Vergaberichtlinie haben auch die Vergaberichtlinien für die Vergabe von Liefer-[653], Dienstleistungs-[654] und Bauaufträgen[655] wesentliche

---

[650] Richtlinie 93/36/EG des Rates vom 14.06.1993 über die Koordinierung der Verfahren zur Vergabe öffentlicher Lieferaufträge, Nr. ABl. EG Nr. L 199/ 1 ff.
[651] Richtlinie 92/50/EG des Rates vom 18.06.1992 über die Koordinierung der Verfahren zur Vergabe öffentlicher Dienstleistungsaufträge, ABl. EG L 209/ 1 ff.
[652] Richtlinie 93/37/EG des Rates vom 14.06.1993 zur Koordinierung der Verfahren zur Vergabe öffentlicher Bauaufträge, ABl. EG L 199/ 54 ff.
[653] Richtlinie 93/36/EG des Rates vom 14.06.1993 über die Koordinierung der Verfahren zur Vergabe öffentlicher Lieferaufträge, Nr. ABl. EG Nr. L 199/ 1 ff.

Bedeutung für die deutsche Wasserwirtschaft[656]. Auf die Aufträge, die nicht dem Anwendungsbereich der WEV-Vergaberichtlinie unterliegen, finden die klassischen Vergaberichtlinien für öffentliche Dienstleistungs-, Bau- und Lieferverträge Anwendung.

Die Definitionen der unter die Richtlinie fallenden Aufträge finden sich jeweils in Art. 1 a. Diese Definitionen sind weit gefaßt und erfassen jeglichen schriftlichen entgeltlichen Vertrag in dem jeweiligen Bereich. Eine weitere Voraussetzung für die Anwendbarkeit der jeweiligen Richtlinie ist auch hier das Vorliegen der Eigenschaft als öffentlicher Auftraggeber. Während der Staat, Gebietskörperschaften, Einrichtungen des öffentlichen Rechts und Verbände auch hier vom Wortlaut erfaßt sind, werden private Auftraggeber anders als in der WEV-Vergaberichtlinie vom Wortlaut nicht erfaßt. Sie sind aber unter bestimmten Bedingungen unter den Begriff der Einrichtung des öffentlichen Rechts zu fassen. Hierfür muß es sich um eine „Einrichtung" handeln, „die zu dem besonderen Zweck gegründet wurde, im Allgemeininteresse liegende Aufgaben zu erfüllen, die nicht gewerblicher Art sind, die Rechtspersönlichkeit besitzt und die überwiegend vom Staat, von Gebietskörperschaften oder von anderen Einrichtungen der öffentlichen Hand finanziert wird oder die hinsichtlich ihrer Leitung der Aufsicht durch letztere unterliegt. Letztere Bedingung ist auch dann erfüllt, wenn das Verwaltungs-, Leitungs- und Aufsichtsorgan mehrheitlich aus Mitgliedern besteht, die vom Staat, den Gebietskörperschaften oder anderen Einrichtungen des öffentlichen Rechts ernannt worden sind"[657]. Auch wenn die Formulierung in der WEV-Vergaberichtlinie deutlich klarer ist, sind die Richtlinien bezüglich des Begriffs des öffentlichen Auftraggebers, aufgrund dieser Einbeziehung von privaten Auftraggebern, aber inhaltlich identisch.
Damit die Vergabe eines Auftrages durch einen öffentlichen Auftraggeber aber unter die klassischen Vergaberichtlinien fällt, muß der Wert des Auftrages im Gegensatz zur WEV-Vergaberichtlinie einen gewissen Schwellenwert überschreiten. Für Bauleistungen gilt ein Wert von 5 Mio. Euro. Für Liefer- und Dienstleistungsaufträge gilt grundsätzlich ein Wert von 200.000 Euro.

In den klassischen Vergaberichtlinien finden sich ebenso wie in der WEV-Vergaberichtlinie Aufträge, die von dem jeweiligen Anwendungsbereich ausgeschlossen werden sollen. Eine Art. 25 der WEV-Vergaberichtlinie entsprechende Ausnahmevorschrift enthält aber lediglich Art. 6 DKLR. Dies erscheint aber insofern nicht sonderlich gravierend, als die Vergabe von unter die Richtlinie

---

[654] Richtlinie 92/50/EG des Rates vom 18.06.1992 über die Koordinierung der Verfahren zur Vergabe öffentlicher Dienstleistungsaufträge, ABl. EG L 209/ 1 ff.
[655] Richtlinie 93/37/EG des Rates vom 14.06.1993 zur Koordinierung der Verfahren zur Vergabe öffentlicher Bauaufträge, ABl. EG L 199/ 54 ff.
[656] Diese Richtlinien werden auch als klassische Vergaberichtlinien bezeichnet.
[657] Siehe Art. 1 b BKRL, Art. 1 b LKRL, Art.1 b DKRL.

fallenden Dienstleistungsaufträgen an andere unter den Auftraggeberbegriff fallende Stellen in der Praxis deutlich relevanter ist, als eine entsprechende Vergabe im Bereich der beiden anderen Richtlinien.
In den klassischen Vergaberichtlinien ist eine dem Art. 23 WEV-Vergaberichtlinie entsprechende Ausnahme für in-house-Geschäfte hingegen nicht enthalten. Eine solche Ausnahme wird jedoch durch die Rechtsprechung des EuGH auch für die klassischen Richtlinien grundsätzlich anerkannt. Allerdings unterlag die Rechtsprechung des EuGH bezüglich der Reichweite dieser Ausnahme in jüngster Zeit zahlreichen Änderungen. Da, wie bereits im Rahmen der Untersuchung der WEV-Vergaberichtlinie gezeigt, die Ausnahme von in-house-Geschäften vom Anwendungsbereich der Richtlinie von elementarer Bedeutung für deren Auswirkungen auf die Wasserwirtschaft ist, ist es unerläßlich, sich eingehend mit dieser Rechtsprechung des EuGH zu befassen.

e) Die in-house-Rechtsprechung des EuGH

Die in-house-Rechtsprechung des EuGH läßt sich inhaltlich in zwei verschiedene Abschnitte unterteilen. Der inhaltliche Wechsel in der Rechtsprechung fällt zeitlich mit der Entstehung und dem Erlaß der WEV-Vergaberichtlinie zusammen. Betrachtet man, daß gleich im ersten Erwägungsgrund der WEV-Vergaberichtlinie festgestellt wird, daß sich diese Richtlinie auf der Rechtsprechung des Gerichtshofes gründet, so liegt es nah, daß die Änderungen in der in-house-Rechtsprechung nicht nur Auswirkungen auf die klassischen Vergaberichtlinien, die Gegenstand der einzelnen Entscheidungen waren, sondern auch auf die WEV-Vergaberichtlinie haben könnten. Änderungen der Rechtsprechung könnten also nicht nur dazu führen, daß sich der Anwendungsbereich der klassischen Richtlinien ändert, sondern daß auch die in der WEV-Vergaberichtlinie angeführten Ausnahmeregelung des Art. 23 in naher Zukunft Änderungen unterworfen sein könnten.

aa) Verfahren vor dem EuGH vor Erlaß der WEV-Vergaberichtlinie

Zunächst müssen die Verfahren vor dem EuGH zu der Problematik der in-house-Geschäfte untersucht werden, welche zeitlich vor Erlaß der Richtlinie lagen. Hieran kann aufgezeigt werden, in welchem Umfang in-house-Vergaben von dem Anwendungsbereich der klassischen Richtlinien ausgenommen waren und inwieweit die Rechtsprechung die entsprechenden Regelungen der WEV-Vergaberichtlinie beeinflußt haben. Im Anschluß daran muß dann die neuste Rechtsprechung des EuGH untersucht werden, um hieraus Rückschlüsse auf die Auswirkungen möglicher Änderungen auf die Richtlinien und somit auf die Wasserwirtschaft in Deutschland ziehen zu können.

aaa) Schlußanträge in der Rechtssache C-360/96 Gemeenten Arnhem und Rheden gegen BFI Holding BV[658]

In seinen Schlußanträgen in Rechtssache C-360/96 setzte sich Generalanwalt La Pergola mit dem Problem der in-house-Geschäfte auseinander[659]. Im Mittelpunkt seiner Überlegungen stand die Frage, unter welchen Bedingungen diese eine mögliche Ausnahme von dem Anwendungsbereich der Richtlinie 92/50/EG über die Koordinierung der Vergabe öffentlicher Dienstleistungsaufträge darstellen[660].

Er kam zu dem Ergebnis, daß, obwohl die im Mittelpunkt des Verfahren stehende Gesellschaft ARA (Ara Holding BV) eine Kapitalgesellschaft war, diese zumindest mittelbar Teil der öffentlichen Verwaltung sei. Dies ergebe sich zum einen aus der entsprechend gestalteten Gesellschaftsstruktur (Ara befand sich zu 100 % in der Hand von zwei Gemeinden) und zum anderen aus der Zusammensetzung der Leitungsorgane der Gesellschaft. Die Mehrheit der Mitglieder des Aufsichtsrates wurde nämlich von den Gemeinden ernannt[661]. Aus dieser Konstellation resultiere eine Ausnahme vom Anwendungsbereich der Richtlinie zur 92/50/EG[662].

In seinen Schlußanträgen stellte Generalanwalt La Pergola somit auf zwei Kriterien ab, die zu einer Befreiung von den Vorschriften der Richtlinie 90/50/EG führen, welche sich auch in Art. 2 Abs. 1 b der WEV-Vergaberichtlinie wiederfinden. Zunächst stellte er auf die Eigentumsverhältnisse ab. Der Generalanwalt stellte fest, daß Beteiligungen der öffentlichen Hand an privatrechtlichen Unternehmen zu einer Einbeziehung dieser Unternehmen in die Verwaltungsstruktur führen können und damit die Vergabe von Aufträgen an diese Unternehmen in-house-Geschäfte darstellen, welche von einem Vergabeverfahren befreit sind. Auch wenn La Pergola sich nicht inhaltlich zu der Reichweite dieses in Art. 2 Abs. 1 b Alt. 1 genauer definierten Kriteriums äußern mußte, so wird es hier doch erstmalig als ein zu einer Befreiung von den Vergabevorschriften führendes Kriterium genannt.

Bei dem zweiten von La Pergola genannten Kriterium findet sich sogar eine Übereinstimmung zwischen den Schlußanträgen und Art. 2 Abs. 1 b Alt. 3. Beide stellen auf die Notwendigkeit ab, mindestens die Mehrheit der Mitglieder der

[658] EuGH, Rs. C-360/96, Slg. 1998, S. I-6821 ff., Gemeenten Arnhem und Rheden/BFI Holding BV.

[659] Eine anschließende Stellungnahme des EuGH unterblieb, da die Frage für die Entscheidung nicht maßgeblich war.

[660] Richtlinie des Rates vom 18.06.1992 über die Koordinierung der Vergabe öffentlicher Dienstleistungsaufträge, ABl. EG L 209/1 ff.

[661] Generalanwalt la Pergola, Schlußanträge zu EuGH, Rs. C-360/96, Slg. 1998, S. I-6821 (6839), Rn. 36, Gemeenten Arnhem und Rheden/BFI Holding BV.

[662] Generalanwalt la Pergola, Schlußanträge zu EuGH, Rs. C-360/96, Slg. 1998, S. I-6821 (6840), Rn. 38, Gemeenten Arnhem und Rheden/BFI Holding BV.

Leitungsorgane stellen zu können. Nimmt man diese beiden Kriterien zusammen, ergibt sich automatisch auch das letzte noch fehlende Kriterium der Richtlinie, welches in Art. 2 Abs. 1 b Alt. 2 genannt wird. Eine mehrheitliche Beteiligung an einem Unternehmen und die Möglichkeit die Mehrheit der Mitglieder der Leitungs-, Führungs- oder Verwaltungsorganen ernennen zu können, führt regelmäßig zu einer Mehrheit der Stimmrechte, wie sie in der zweiten Alternative gefordert wird. Ein Vergleich dieser Schlußanträge mit den in Art. 2 Abs. 1 b genannten Ausnahmen zeigt somit deutliche Übereinstimmungen.

bbb) Schlußanträge in der Rechtssache C-108/98 RI.SAN.Srl gegen Commune di Ischia u.a.[663].

In seinen Schlußanträgen mußte sich Generalanwalt Alber ebenfalls mit der Problematik der Anwendbarkeit der Richtlinie über die Vergabe von Dienstleistungsaufträgen auf ein mögliches in-house-Geschäft auseinandersetzen[664]. In diesem Zusammenhang stellte er fest, daß ein in-house-Geschäft dann gegeben sei, wenn die beauftragte Einheit wie ein Teil der öffentlichen Verwaltung erscheint[665]. Hierfür sei einerseits die Beteiligung des Staates (finanzielle Verflechtung) maßgeblich und andererseits eine interorganische Aufgabenübertragung notwendig[666]. Bei dem hier vorliegenden Sachverhalt seien jedoch zu wenig Informationen gegeben, um entscheiden zu können, ob ein solches in-house-Geschäft vorläge[667]. Die starke finanzielle Beteiligung der öffentlichen Hand sei aber auch ohne weitere Kenntnis der inneren Organisation ein starkes Indiz für das Vorliegen eines entsprechenden Geschäfts[668].

Auch wenn Generalanwalt Alber die Kriterien der finanziellen Verflechtung und der interorganischen Aufgabenübertragung nicht weiter ausführte, so bestätigte er die Ausführungen von Generalanwalt La Pergola und stellte die Möglichkeiten der staatlichen Einflußnahme in den Mittelpunkt seiner Ausführungen.

---

[663] EuGH, Rs. C-108/98, Slg. 1999, S. I-5219 ff., RI.SAN.Srl/Commune di Ischia u.a.

[664] Eine Entscheidung des EuGH bezüglich der aufgeworfenen Fragen unterblieb, da der EuGH sich mangels Vorlage der tatsächlichen und rechtlichen Gesichtspunkte nicht in der Lage sah, in diesem Fall eine Entscheidung zu treffen.

[665] Generalanwalt Alber, Schlußanträge zu EuGH, Rs. C-108/98, Slg. 1999, S. I-5219 (5234), Rn. 52, RI.SAN.Srl/Commune di Ischia u.a.

[666] Generalanwalt Alber, Schlußanträge zu EuGH, Rs. C-108/98, Slg. 1999, S. I-5219 (5235), Rn. 54, RI.SAN.Srl/Commune di Ischia u.a.

[667] Generalanwalt Alber, Schlußanträge zu EuGH, Rs. C-108/98, Slg. 1999, S. I-5219 (5236), Rn. 57, RI.SAN.Srl/Commune di Ischia u.a.

[668] Generalanwalt Alber, Schlußanträge zu EuGH, Rs. C-108/98, Slg. 1999, S. I-5219 (5234 f.), Rn. 53, RI.SAN.Srl/Commune di Ischia u.a.

ccc) Rechtssache C-107/98 Teckal Srl. gegen Gemeinde Viano und Azienda Gas-Acqua Consorziale (AGAC) Reggio Emilia

In der Rechtssache C-107/98[669] äußerte sich neben Generalanwalt Cosmas auch erstmalig der EuGH zu der Problematik der in-house-Geschäfte. In den vorangegangenen Entscheidungen war diese für den EuGH entweder nicht entscheidungserheblich oder konnte aufgrund fehlender Informationen nicht entschieden werden.

In seinen Schlußanträgen bestätigte Generalanwalt Cosmas, daß auch die Richtlinie 93/36/EWG zur Koordinierung der Verfahren zur Vergabe öffentlicher Lieferaufträge keine Anwendung finde, wenn ein öffentlicher Auftraggeber für die Lieferung der gewünschten Waren die eigenen Ressourcen in Anspruch nähme, damit also ein in-house-Geschäft vorläge. In diesen Fällen sei der Beauftragte kein Dritter, wodurch kein unter die Richtlinie fallendes Vertragsverhältnis gegeben sei[670].

Indizien, die im vorliegenden Fall gegen eine solche in-house-Vergabe sprächen, seien aber die Tatsache, daß die AGAC in größerem Umfang für Dritte tätig werden dürfe und auch tätig würde und daß der Grad der hierarchischen Kontrolle des Auftraggebers unklar sei[671]. Aber auch wenn zahlreiche Indizien gegen ein solches in-house-Geschäft sprächen, so läge die endgültige Entscheidung bei dem nationalen Gericht, welches den Einzelfall zu würdigen habe[672].

Der EuGH ließ in seiner Entscheidung die Frage, ob es sich in dem vorliegenden Fall um ein in-house-Geschäft handelt, ebenso offen wie der Generalanwalt. Er benannte aber konkrete Voraussetzungen, die gegeben sein müssen, damit es sich bei einer Vergabe um ein in-house-Geschäft handelt. Hierfür sei erforderlich, daß der Auftraggeber eine Kontrolle über die fragliche Person ausübe, die der über seine eigenen Dienststellen entspreche und daß diese ihre Tätigkeit im wesentlichen für die Gebietskörperschaft erbringe, die ihre Anteile inne habe[673].

Zusammenfassend bleibt festzuhalten, daß sowohl der Gerichtshof als auch Generalanwalt Cosmas die Notwendigkeit der Kontrolle des Auftraggebers über die fragliche Person bestätigte. Wurde zuvor immer von einer mehrheitlichen

669 EuGH, Rs. C-107/98, Slg. 1999, S. I-8121 ff., Teckal Srl/Gemeinde Viano und Azienda Gas-Acqua Consorziale (AGAC) Reggio Emilia.

670 Generalanwalt Cosmas, Schlußanträge zu EuGH, Rs. C-107/98, Slg. 1999, S. I-8121 (8134), Rn. 53 f., Teckal Srl/Gemeinde Viano und Azienda Gas-Acqua Consorziale (AGAC) Reggio Emilia.

671 Generalanwalt Cosmas, Schlußanträge zu EuGH, Rs. C-107/98, Slg. 1999, S. I-8121 (8136 f.), Rn. 61 ff., Teckal Srl/Gemeinde Viano und Azienda Gas-Acqua Consorziale (AGAC) Reggio Emilia.

672 Generalanwalt Cosmas, Schlußanträge zu EuGH, Rs. C-107/98, Slg. 1999, S. I-8121 (8135 f. u. 8137), Rn. 58 u. 66, Teckal Srl/Gemeinde Viano und Azienda Gas-Acqua Consorziale (AGAC) Reggio Emilia.

673 EuGH, Rs. C-107/98, Slg. 1999, S. I-8121 (8154), Rn. 50, Teckal Srl/Gemeinde Viano und Azienda Gas-Acqua Consorziale (AGAC) Reggio Emilia.

Beteiligung und der Möglichkeit der staatlichen Einflußnahme gesprochen. So wird dieses Kriterium hier näher ausgeführt und von der Notwendigkeit einer hierarchischen Kontrolle bzw. einer Kontrolle wie über eine eigene Dienststelle gesprochen.
Durch dieses Verfahren ist die Notwendigkeit neu hinzugekommen, daß die fragliche Person ihre Tätigkeiten im wesentlichen für die Gebietskörperschaft erbringen muß, die ihre Anteile innehat. Genau dieses zweite Kriterium findet sich in Art. 23 Abs. 3 der WEV-Vergaberichtlinie, wo dieses Erfordernis mit einem Prozentsatz von 80 % festgeschrieben wird.

ddd) Rechtssache C-94/99 ARGE Gewässerschutz gegen Bundesministerium für Land- und Forstwirtschaft[674]

In der Rechtssache C-94/99 mußten sich aufgrund einer Vorlage des österreichischen Vergabeamtes Generalanwalt Léger und der EuGH mit der Frage befassen, ob eine Auftragsvergabe an eine Einrichtung, die von dem Auftraggeber oder von einer anderen staatlichen Institution Zuwendungen erhalten hat, einen Verstoß gegen den Grundsatz der Gleichbehandlung aller Bieter darstelle. Zudem wurde erneut das Problem der Anwendbarkeit der Richtlinie 92/50[675] auf ein mögliches in-house-Geschäfte problematisiert, da sich die beiden für diesen Fall maßgeblichen Unternehmen zu 100 % bzw. zu 50,1 % in staatlicher Hand befanden.
Generalanwalt Léger befaßte sich in seinen Schlußanträgen umfassend mit dem Problem der in-house-Geschäfte. Er bestätigte, daß die Richtlinie nur dann Anwendung finden dürfe, wenn der Beauftragte im Verhältnis zu dem Auftraggeber tatsächlich die Eigenschaft eines Dritten besäße. Dies sei bei in-house-Geschäften aber nicht gegeben[676]. Ein in-house-Geschäft liege immer dann vor, wenn eine Behörde eine Leistung von ihrer eigenen Dienststelle oder von einer zwar organisatorisch unterschiedenen, aber doch abhängigen Stelle erbringen lasse[677]. Hierfür verwies Léger auf die in der Teckal-Rechtsprechung entwickelten Voraussetzungen, daß eine Kontrolle wie über eine eigene Dienststelle ausgeübt und die Tätigkeiten des Beauftragten im wesentlichen für die beauftragende Gebietskörperschaft erbracht werden müßten[678]. Bezüglich des Grades der

[674] EuGH, Rs. C-94/99, Slg. 2000, S. I-11037 ff., ARGE Gewässerschutz/Bundesministerium für Land- und Forstwirtschaft.
[675] Richtlinie des Rates vom 18.06.1992 über die Koordinierung der Vergabe öffentlicher Dienstleistungsaufträge, ABl. EG L 209/1 ff.
[676] Generalanwalt Léger, Schlußanträge zu EuGH, Rs. C-94/99, Slg. 2000, S. I-11037 (11048 f.), Rn. 49, ARGE Gewässerschutz/Bundesministerium für Land- und Forstwirtschaft.
[677] Generalanwalt Léger, Schlußanträge zu EuGH, Rs. C-94/99, Slg. 2000, S. I-11037 (11049), Rn. 50, ARGE Gewässerschutz/Bundesministerium für Land- und Forstwirtschaft.
[678] Generalanwalt Léger, Schlußanträge zu EuGH, Rs. C-94/99, Slg. 2000, S. I-11037 (11049), Rn. 53, ARGE Gewässerschutz/Bundesministerium für Land- und Forstwirtschaft.

Kontrolle seien eine Vielzahl von Faktoren maßgeblich[679]. Für den Fall, in dem sich das Unternehmen jedoch zu 100 % im Eigentum der sie beauftragenden Gebietskörperschaft befände, sei auch bei fehlender Kenntnis der inneren Organisation grundsätzlich von einer Einbeziehung in die Verwaltung auszugehen[680]. Für den Fall, in dem die beauftragende Gebietskörperschaft 50,1 % der Anteile an dem Unternehmen hielte, sei dann die Anzahl der von der Körperschaft bestellten Vertreter in den Organen maßgeblich. Dies aber auch nur dann, wenn, trotz der Beteiligungsmehrheit aufgrund des nationalen Rechts, Zweifel an der Kontrolle bestünden[681].
Aufgrund fehlender Entscheidungsrelevanz mußte sich der EuGH zu der Frage der in-house-Geschäfte nicht äußern. Er verwies jedoch explizit auf die Gültigkeit der Rechtsprechung in der Teckal-Entscheidung[682].

Sowohl in den Schlußanträgen als auch in dem Urteil des EuGH findet sich somit auch hier eine Bestätigung der Teckal-Rechtsprechung. In den Schlußanträgen findet sich darüber hinaus eine inhaltliche Ausgestaltung des Merkmals der Beherrschung. Bereits bei einer staatlichen Beteiligung von 50,1 % sei, wenn keine Indizien dagegen sprächen, von einer Beherrschung des Unternehmens auszugehen. Diese Aussage findet ist inhaltlich identisch in Art. 2 Abs. 1 b der WEV-Vergaberichtlinie enthalten, wo für den Fall einer mehrheitlichen Beteiligung des Auftraggebers eine Beherrschung ebenfalls vermutet wird.

eee) Zwischenergebnis

In den Schlußanträgen und der Rechtsprechung des EuGH vor Erlaß der WEV-Vergaberichtlinie zeigt sich eine stetige Entwicklung der Voraussetzungen einer in-house-Vergabe, welche sich auch in der WEV-Vergaberichtlinie findet. Diese Entwicklung erfolgte in zwei Entwicklungssträngen. Zunächst wurde die Voraussetzung der Beteiligung der öffentlichen Hand an dem beauftragten Unternehmen hervorgehoben, in den aufeinanderfolgenden Verfahren bestätigt und zunehmend mit Inhalt gefüllt. Die Ergebnisse dieser Entwicklung finden sich in Art. 2 Abs. 1 b fast wörtlich identisch wieder. Sowohl in der Rechtsprechung als auch in Art. 2 Abs. 1 b der Richtlinie wird die Vermutung einer Beherrschung eines Unternehmens durch einen Auftraggeber dadurch begründet, daß dieser die Mehrheit des gezeichneten Kapitals hält, über die Mehrheit der Stimmrechte

---

679 Generalanwalt Léger, Schlußanträge zu EuGH, Rs. C-94/99, Slg. 2000, S. I-11037 (11050), Rn. 55 f., ARGE Gewässerschutz/Bundesministerium für Land- und Forstwirtschaft.

680 Generalanwalt Léger, Schlußanträge zu EuGH, Rs. C-94/99, Slg. 2000, S. I-11037 (11051), Rn. 61, ARGE Gewässerschutz/Bundesministerium für Land- und Forstwirtschaft.

681 Generalanwalt Léger, Schlußanträge zu EuGH, Rs. C-94/99, Slg. 2000, S. I-11037 (11051), Rn. 63 f., ARGE Gewässerschutz/Bundesministerium für Land- und Forstwirtschaft.

682 EuGH, Rs. C-94/99, Slg. 2000, S. I-11037 (11080), Rn. 40, ARGE Gewässerschutz/Bundesministerium für Land- und Forstwirtschaft.

im Unternehmen verfügt oder mehr als die Hälfte der Mitglieder in den maßgeblichen Organen des Unternehmens ernennen kann.

Neben diesem Kriterium der Beherrschung wurde ab dem Verfahren in der Rechtssache C-107/98 (Teckal) die Notwendigkeit betont, daß das Unternehmen seine Tätigkeiten im wesentlichen für die sie beauftragende Gebietskörperschaft erbringen muß. Dieses auch in den nachfolgenden Verfahren bestätigte Kriterium findet sich ebenfalls in der Richtlinie wieder, indem in Art. 23 Abs. 2 niedergeschrieben wurde, daß nur dann eine Befreiung von den Vorschriften des Vergabeverfahrens erfolgen kann, wenn das beauftragte Unternehmen mindestens 80 % des Umsatzes in den letzten drei Jahren aus der Tätigkeit für den Auftraggeber realisiert hat. Dies zeigt insofern die starke Beeinflussung der Richtlinie durch die Rechtsprechung, als dieses Kriterium in der Vorgängerrichtlinie[683] für die Vergabe von Aufträgen an verbundene Unternehmen nicht vorgesehen war.

Insgesamt wird durch die Analyse der Gerichtsverfahren und einen anschließenden Vergleich mit der Richtlinie deutlich, daß der Ausnahmetatbestand des Art. 23 Abs. 2 i.V.m. Art. 2 Abs. 1 b mit der Rechtsprechung übereinstimmt und zumindest teilweise sogar aus deren Vorgaben entwickelt wurde. Dies bestätigt die Aussage im ersten Erwägungsgrund der Richtlinie, wonach sich die Richtlinie auf die Rechtsprechung des EuGH gründet.
Bis zu diesem Zeitpunkt waren somit die Voraussetzungen für die Annahme einer in-house-Vergabe im Anwendungsbereich der klassischen Vergaberichtlinien und der WEV-Vergaberichtlinie identisch.

bb) Verfahren vor dem EuGH nach Erlaß der WEV-Vergaberichtlinie

In jüngster Zeit war die Frage nach den Voraussetzungen einer in-house-Vergabe erneut Inhalt von zwei Verfahren vor dem EuGH.

aaa) Rechtssache C-26/03 Stadt Halle und RPL Recyclingpark Lochau GmbH/Arbeitsgemeinschaft Thermische Restabfall- und Energieverwertungsanlage TREA Leuna

Zunächst hatte sich der EuGH in der Rechtssache C-26/03 mit der Nachprüfung der Vergabe eines Dienstleistungsauftrages der Stadt Halle ohne vorheriges Vergabeverfahren an das Unternehmen RPL zu befassen. Neben Fragen bezüglich des Rechtsschutzes gegen eine unrechtmäßige Vergabe stand auch die Frage nach den Voraussetzungen einer in-house-Vergabe zur Entscheidung an.

---

683 Richtlinie des Rates vom 14.06.1993 zur Koordinierung der Zuschlagserteilung durch Auftraggeber im Bereich der Wasser-, Energie- und Verkehrsversorgung sowie im Telekommunikationssektor, ABl. EG L 199/84.

In ihren Schlußanträgen betonte Generalanwältin Stix-Hackl die Gültigkeit der in der Teckal-Rechtsprechung zur in-house-Vergabe entwickelten Kriterien[684]. Bezüglich des ersten Kriteriums der Teckal-Rechtsprechung (Kontrolle wie über eine eigene Dienststelle) stellte sie klar, daß eine abstrakte Betrachtung zur Beurteilung der Kontrollmöglichkeiten grundsätzlich nicht ausreiche, sondern in jedem Fall die konkrete Ausgestaltung untersucht werden müsse[685]. Hieraus resultiere, daß ein grundsätzlicher Ausschluß ausreichender Kontrollmöglichkeiten bei gemischt-wirtschaftlichen Unternehmen abzulehnen sei[686]. An dieser Stelle verwies sie weiterhin auf die Schlußanträge von Generalanwalt Léger, nach dessen Ansicht eine Beherrschung sogar noch bei einer Beteiligung von 50,1 % gegeben sein könne[687].
Im Anschluß daran beschäftigte sie sich mit der Möglichkeit, die Kriterien der Richtlinie 93/38 auf die allgemeinen Vergaberichtlinien zu übertragen. Da diese Kriterien in den allgemeinen Vergaberichtlinien aber keine Entsprechung fänden und die streitige Konstellation ohnehin eine Ausnahme darstelle , die grundsätzlich eng auszulegen sei, müsse man von einer solchen Übertragung absehen[688].

Der Gerichtshof berief sich in seiner Entscheidung ebenfalls auf die Kriterien der Teckal-Rechtsprechung. Allerdings sei eine Kontrolle wie über eine eigene Dienststelle nur dann gegeben, wenn sich das Unternehmen, an das der Auftrag vergeben wird, zu 100 % in der Hand öffentlicher Stellen befindet. Jegliche private Beteiligung an dem Unternehmen schließe eine solche Kontrolle aus[689]. Dies resultiere nicht zuletzt aus den unterschiedlichen Interessenlagen und Zielen privater und öffentlicher Investoren[690]. Weiterhin würde die Vergabe von Aufträgen an gemischt-wirtschaftliche Unternehmen ohne vorherige Ausschreibung dem Ziel des freien und unverfälschten Wettbewerbs und dem Grundsatz der Gleichbehandlung der Interessenten widersprechen[691].

---

[684] Generalanwältin Stix-Hackl, Schlußanträge zu EuGH, Rs. C-26/03, Rn. 50 f., Stadt Halle und RPL GmbH/TREA Leuna, noch nicht in der amtlichen Sammlung veröffentlicht.
[685] Generalanwältin Stix-Hackl, Schlußanträge zu EuGH, Rs. C-26/03, Rn. 65, Stadt Halle und RPL GmbH/TREA Leuna.
[686] Generalanwältin Stix-Hackl, Schlußanträge zu EuGH, Rs. C-26/03, Rn. 70, Stadt Halle und RPL GmbH/TREA Leuna.
[687] Generalanwältin Stix-Hackl, Schlußanträge zu EuGH, Rs. C-26/03, Rn. 71, Stadt Halle und RPL GmbH/TREA Leuna.
[688] Generalanwältin Stix-Hackl, Schlußanträge zu EuGH, Rs. C-26/03, Rn. 72., Stadt Halle und RPL GmbH/TREA Leuna.
[689] EuGH, Rs. C-26/03, Rn. 49, Stadt Halle und RPL GmbH/TREA Leuna.
[690] EuGH, Rs. C-26/03, Rn. 50, Stadt Halle und RPL GmbH/TREA Leuna.
[691] EuGH, Rs. C-26/03, Rn. 51, Stadt Halle und RPL GmbH/TREA Leuna.

bbb) Rechtssache C-458/03 Parking Brixen GmbH

In der Rechtssache C-458/03 ging es um die Vergabe eines Auftrages zur Verwaltung von Parkplätzen durch die Gemeinde Brixen an die Stadtwerke Brixen AG ohne vorherige Ausschreibung. Neben Fragen zu den Rechtsschutzmöglichkeiten gegen eine solche Vergabe standen wiederum die Voraussetzungen einer in-house-Vergabe zur Diskussion.

In ihren Schlußanträgen verwies die Generalanwältin Kokott auf die Kriterien der Teckal-Rechtsprechung[692] in der Ausgestaltung, die sie durch die Rechtsprechung in der Rechtssache C-26/03 (Stadt Halle) erhalten haben[693].

Im Zusammenhang mit dem ersten Kriterium der Teckal-Rechtsprechung stelle sich das Problem, daß zwar gegenwärtig eine 100 %-ige Beteiligung der Gemeinde an den Stadtwerken Brixen AG bestehe, diese aber innerhalb der nächsten zwei Jahre (ausgehend von dem Zeitpunkt der Auftragsvergabe) zu Gunsten einer Mehrheitsbeteiligung aufgegeben werden solle[694]. Das erste Kriterium aber nur aufgrund dieser Verpflichtung zur Zulassung privater Dritter zu verneinen, sei insofern abzulehnen, als in dem vorliegenden Fall noch kein konkreter Dritter als Partner gefunden und damit noch keine Rücksichtnahme auf einen bestimmten Dritten bei Entscheidungen erforderlich sei[695].

Problematischer sei hingegen die Befugnis der Organe der Stadtwerke Brixen AG, die laufenden Geschäfte eigenständig zu führen[696]. Dies sei im Außenverhältnis zu Dritten zwar durchaus üblich und auch des öfteren bei behördlichen Organen zu beobachten, hier sei aber auf das Innenverhältnis zwischen der Gemeinde und der Stadtwerke Brixen AG abzustellen[697]. Weisungs- und Aufsichtsbefugnisse in der Art, wie sie behördenintern bestünden, seien im Verhältnis zu den Leitungsorganen öffentlicher Unternehmen ohnehin die Ausnahme. Würde man diese somit als Maßstab für die erforderlichen Befugnisse zur Bejahung einer in-house-Vergabe verlangen, so würde jede Umwandlung von Eigenbetrieben in eine private Gesellschaft dazu führen, daß Aufträge an eine solche Gesellschaft einem Vergabeverfahren unterliegen müßten[698]. Es würde somit eine Privatisierung öffentlicher Aufgaben, welche die öffentliche Hand

---

692 Generalanwältin Kokott, Schlußanträge zu EuGH, Rs. C-458/03, Rn. 40 ff., Brixen Parking GmbH.

693 Generalanwältin Kokott, Schlußanträge zu EuGH, Rs. C-458/03, Rn. 51, Brixen Parking GmbH.

694 Generalanwältin Kokott, Schlußanträge zu EuGH, Rs. C-458/03, Rn. 55, Brixen Parking GmbH.

695 Generalanwältin Kokott, Schlußanträge zu EuGH, Rs. C-458/03, Rn. 56 ff., Brixen Parking GmbH.

696 Generalanwältin Kokott, Schlußanträge zu EuGH, Rs. C-458/03, Rn. 63, Brixen Parking GmbH.

697 Generalanwältin Kokott, Schlußanträge zu EuGH, Rs. C-458/03, Rn. 65 f., Brixen Parking GmbH.

698 Generalanwältin Kokott, Schlußanträge zu EuGH, Rs. C-458/03, Rn. 68, Brixen Parking GmbH.

mit eigenen Mittel erfüllen möchte, quasi „durch die Hintertür" mittels des Vergaberechts erfolgen[699]. Die Generalanwältin betont, daß dies auch in sensiblen Bereichen wie z.B. dem Wasserrecht erfolgen könne[700]. Insgesamt folge daraus, daß inhaltlich der Rechtsprechung in der Rechtssache C-26/03 (Stadt Halle) zu folgen und bei einer 100 %-igen Beteiligung der öffentlichen Hand von ausreichenden Befugnissen der öffentlichen Hand auszugehen sei, auch wenn die Organe eine weitergehende Autonomie genießen würden, als es innerhalb einer Behörde üblich sei. Jegliche Beteiligung privater Dritter müsse hingegen zu einer Verneinung dieses ersten Kriteriums der Teckal-Rechtsprechung führen[701]. Bezüglich des zweiten Kriteriums der Teckal-Rechtsprechung (Tätigkeit im Wesentlichen für den Auftraggeber) verneinte die Generalanwältin eine Untersuchung der Tätigkeiten anhand der einschlägigen Bestimmung der Satzung des Unternehmens[702]. Maßgeblich sei vielmehr die tatsächliche Betätigung des Unternehmens. Inhaltlich sei eine wertende Gesamtbetrachtung aller Umstände unter Einbeziehung des örtlichen Aktionsradius des Unternehmens maßgeblich. Weiterhin müsse die Tätigkeit sowohl in qualitativer als auch in quantitativer Hinsicht im Wesentlichen für den Auftraggeber erbracht werden[703].

Der Gerichtshof lehnte in seinem Urteil das Vorliegen einer in-house-Vergabe ab. Bereits eine einer eigenen Dienststelle entsprechende Kontrolle der Stadtwerke Brixen AG sei zu verneinen. Zweifel an einer solchen Kontrolle bestünden bereits aufgrund der Umwandlung der Gesellschaft in eine Aktiengesellschaft durch die vorgeschriebene baldige Öffnung für Fremdkapital und die durch die Ausweitung des geographischen Tätigkeitsbereiches[704]. Maßgeblicher Ablehnungsgrund seien aber die weitreichenden Vollmachten des Verwaltungsrates, die lediglich durch die gesellschaftsrechtlichen Möglichkeiten der Anteilseignerin beschränkt seien[705].

---

699 Generalanwältin Kokott, Schlußanträge zu EuGH, Rs. C-458/03, Rn. 71, Brixen Parking GmbH.

700 Generalanwältin Kokott, Schlußanträge zu EuGH, Rs. C-458/03, Rn. 68, Brixen Parking GmbH.

701 Generalanwältin Kokott, Schlußanträge zu EuGH, Rs. C-458/03, Rn. 74 f., Brixen Parking GmbH.

702 Generalanwältin Kokott, Schlußanträge zu EuGH, Rs. C-458/03, Rn. 79 f., Brixen Parking GmbH.

703 Generalanwältin Kokott, Schlußanträge zu EuGH, Rs. C-458/03, Rn. 81 ff., Brixen Parking GmbH.

704 EuGH, Rs. C-458/03, Rn. 67, Brixen Parking GmbH.

705 EuGH, Rs. C-458/03, Rn. 69, Brixen Parking GmbH.

ccc) Zwischenergebnis

In den Verfahren, die nach dem Erlaß der WEV-Vergaberichtlinie anhängig waren, zeigt sich ein deutlicher Wandel der Rechtsprechung hin zu einer Verschärfung der Anforderungen zur Bejahung einer in-house-Vergabe.
In den Schlußanträgen der Generalanwältin Stix-Hackl in der Rechtssache C-26/03 zeigte sich eine Kontinuität zu den vorherigen Verfahren. Sie stellte weiterhin auf die Untersuchung des Einzelfalles ab und verwies sogar auf die Schlußanträge von Generalanwalt Léger in der Rechtssache C-94/96, welcher eine Beherrschung noch bei einer staatlichen Beteiligung von 50,1 % für möglich erachtete. Desweiteren beschäftigte sie sich mit der im Vorfeld des Verfahrens aufgeworfenen Frage, ob nicht sogar die Kriterien der Richtlinie 93/38 grundsätzlich Anwendung finden sollten. Auch wenn sie diese Frage verneinte, zeigt dies doch deutlich die Kontinuität zu den vorhergehenden Verfahren vor dem EuGH.

Einen grundlegenden Wandel erfuhr die Rechtsprechung jedoch mit dem Urteil in der Rechtssache C-26/03. Lediglich bei einer 100 %-gen staatlichen Inhaberschaft sei eine in-house-Vergabe überhaupt noch möglich. Jegliche Beteiligung privater Dritter müsse automatisch zur Anwendung der Vergabevorschriften führen.
Eine erneute Verschärfung der Kriterien wurde dann bereits in den Schlußanträgen zu der Rechtssache C-458/03 diskutiert. Daß allein die Möglichkeit einer zukünftigen Beteiligung privater Dritter zu einer Verneinung des ersten Teckal-Kriteriums führen müsse, wurde für den zu entscheidenden Fall zwar abgelehnt, die Tatsache, daß dies aber nicht kategorisch verneint, sondern nur in dem vorliegenden Fall als nicht gegeben angesehen wurde, zeigt, wie eng die Ausnahme der in-house-Geschäfte zukünftig ausfallen könnte.
Die weiteren Ausführungen der Generalanwältin, die sich mit der Frage beschäftigten, ob das erste Teckal-Kriterium nur noch dann erfüllt sein sollte, wenn die Kontrollmöglichkeiten über das Unternehmen mit behördeninternen Kontrollmöglichkeiten vergleichbar seien, sind insofern interessant, als sie diese Ausgestaltung deswegen ablehnte, als sie zu weit in die Organisationshoheit der Mitgliedstaaten eingreife und den Effekt einer zwangsweisen Privatisierung „durch die Hintertür" hätte. Genau diese Ausgestaltung der Kontrollmöglichkeiten wurde allerdings vom EuGH in seinem Urteil in dieser Rechtssache bejaht. Hieran zeigt sich deutlich, daß die jüngsten Änderungen in der Rechtsprechung so weit gehen, daß die bisherige Entwicklung hin zu mehr gemischt-wirtschaftlichen Unternehmen zwangsweise zu einer uneingeschränkten Anwendung des Vergaberechts führen wird.

f) Auswirkungen der Änderungen der in-house-Rechtsprechung auf die Richtlinien 93/36[706], 92/50[707] und 93/37[708] EG

Durch die Änderung der Voraussetzungen einer in-house-Vergabe durch den Gerichtshof wird der Anwendungsbereich der sog. klassischen Vergaberichtlinien[709] massiv ausgeweitet. Während nach der alten Rechtsprechung Auftragsvergaben an gemischt-wirtschaftliche Unternehmen, an denen der Auftraggeber eine mehrheitliche Beteiligung hatte, vom Anwendungsbereich der Richtlinien ausgenommen waren, werden diese nun nach der neuen Rechtsprechung von ihm umfaßt. Durch das Erfordernis einer 100 %-igen Beteiligung des Staates werden jetzt auch all jene Unternehmen dem Vergaberegime unterworfen, an denen der Staat nur deswegen eine private Beteiligung zugelassen hat, um Kapital und/oder Know-how zu erhalten, bei denen er aber die Leistungserbringung durch Kontrolle des gemischten Unternehmens eigentlich weiter in den Händen behalten wollte. Dies führt dazu, daß aus einer Privatisierung ein Wettbewerb um den Markt auch in jenen Bereichen entstehen wird, in denen eine solche Entwicklung nicht geplant war, bzw. der Staat eine solche Entwicklung unter Umständen sogar vermeiden wollte.

g) Mögliche Auswirkungen der Änderungen der in-house-Rechtsprechung auf die WEV-Vergaberichtlinie

Nachdem nun festgestellt wurde, daß eine Änderung der Voraussetzungen einer in-house-Vergabe massive Auswirkungen auf die Aufträge hat, die im Anwendungsbereich der klassischen Vergaberichtlinien liegen, gilt es im folgenden zu untersuchen, inwieweit sich die dargestellten Änderungen dieser Rechtsprechung auch auf die WEV-Vergaberichtlinie und damit auf die ihr unterliegende Materie auswirken werden.

Daß sich die geänderte Rechtsprechung auf die Richtlinie auswirken wird, ist aus mehreren Gründen sehr wahrscheinlich. Wie oben bereits erwähnt, wird bereits im ersten Erwägungsgrund die Nähe der Richtlinie zur Rechtsprechung des EuGH betont. Dementsprechend befindet sich die Richtlinie inhaltlich auf

---

[706] Richtlinie 93/36/EG des Rates vom 14.06.1993 über die Koordinierung der Verfahren zur Vergabe öffentlicher Lieferaufträge, Nr. ABl. EG Nr. L 199/ 1 ff.

[707] Richtlinie 92/50/EG des Rates vom 18.06.1992 über die Koordinierung der Verfahren zur Vergabe öffentlicher Dienstleistungsaufträge, ABl. EG L 209/ 1 ff.

[708] Richtlinie 93/37/EG des Rates vom 14.06.1993 zur Koordinierung der Verfahren zur Vergabe öffentlicher Bauaufträge, ABl. EG L 199/ 54 ff.

[709] Richtlinie 93/36/EG des Rates vom 14.06.1993 über die Koordinierung der Verfahren zur Vergabe öffentlicher Lieferaufträge, Nr. ABl. EG Nr. L 199/ 1 ff; Richtlinie 92/50/EG des Rates vom 18.06.1992 über die Koordinierung der Verfahren zur Vergabe öffentlicher Dienstleistungsaufträge, ABl. EG L 209/ 1 ff; Richtlinie 93/37/EG des Rates vom 14.06.1993 zur Koordinierung der Verfahren zur Vergabe öffentlicher Bauaufträge, ABl. EG L 199/ 54 ff.

dem Stand der Rechtsprechung zur Zeit des Erlasses der Richtlinie. Daß Änderungen dieser die Richtlinie inhaltlich prägenden Rechtsprechung sich früher oder später auch in der Auslegung der Richtlinie bemerkbar machen könnten, ist naheliegend. Darüber hinaus wird in dem neunten, zehnten und elften Erwägungsgrund das Ziel einer wirksamen Marktöffnung bzw. einer wirksamen Verhinderung von Wettbewerbsverzerrungen hervorgehoben. Die Durchsetzung genau dieser Zielvorgaben war ebenfalls für den EuGH der Grund, die Kriterien für die in-house-Vergaben zu verschärfen. Das Ziel einer wirksamen Marktöffnung und der Verhinderung von Wettbewerbsverzerrungen wird bei der bisherigen Lesart der Richtlinie aufgrund der umfangreichen Ausnahmetatbestände, speziell des Art. 23, auch im Anwendungsbereich der WEV-Vergaberichtlinie kaum möglich sein. Dementsprechend ist davon auszugehen, daß hier die Ansatzpunkte möglicher Änderungen sein werden.

Ein weiterer Beweggrund für eine Änderung könnte auch die bisherige Parallelität zwischen den klassischen Vergaberichtlinien und der WEV-Vergaberichtlinie sein. Da sich die Richtlinien ergänzen und sich teilweise überschneidende Materien behandeln, wird eine unterschiedliche Behandlung einer in-house-Vergabe im Anwendungsbereich der WEV-Vergaberichtlinie gegenüber einer Vergabe im Bereich der klassischen Vergaberichtlinien dauerhaft kaum zu rechtfertigen sein. Eine unterschiedliche Behandlung im Bereich der in-house-Vergaben wird darüber hinaus auch zu einer steigenden Rechtsunsicherheit in der Praxis führen, da nicht immer offensichtlich sein wird, in welchen Anwendungsbereich eine Auftragsvergabe fallen wird.

Bestätigt werden diese Befürchtungen durch die Ausführungen der Generalanwältin Kokott in der Rechtssache C-458/03 Parking Brixen GmbH, in welchen sie vor einer zu strengen Verschärfung der Kriterien warnte - welche dann trotz der Warnung vom EuGH vorgenommen wurde -, um nicht eine Privatisierung durch die Hintertür zu erreichen. Obwohl durch dieses Verfahren die Richtlinie 2004/17/EG bzw. 93/38/EWG überhaupt nicht berührt wurde, machte sie ihre Befürchtungen speziell an der Wasserwirtschaft fest. Es ist somit offensichtlich, daß die Generalanwältin ebenfalls die Befürchtung hatte, daß eine allgemeine Verschärfung der in-house-Rechtsprechung auch Auswirkungen auf die der Richtlinie 2004/17/EG bzw. 93/38/EWG unterliegende Materie haben würde.

Nachdem nun gezeigt wurde, daß sich die Änderungen in der Rechtsprechung zukünftig wohl auch auf die Richtlinie auswirken werden, muß als nächstes untersucht werden, in welcher Art und Weise sie sich genau auswirken werden. Eine grundsätzliche Übertragung dieser neuen Rechtsprechung auf die Richtlinie ist aufgrund der entgegenstehenden Formulierungen in Art. 2 Abs. 1 b kaum möglich. Allerdings erscheint eine geänderte Auslegung des Art. 2 Abs. 1 b, auf dessen Definitionen der Art. 23 verweist, durchaus wahrscheinlich. Als mögliche Einbruchsstelle für Änderungen könnte sich hier dessen „schwache“ Formulierung erweisen. Bei Vorliegen der in Art. 2 Abs. 1 b genannten Einflußmöglichkeiten des Auftraggebers soll nämlich lediglich **die Vermutung**[710] bestehen, daß ein beherrschender Einfluß vorliegt. Eine solche Vermutung ist aber zu widerlegen. Bei der Widerlegung dieser Vermutung könnten dann im Einzelfall genau die Kriterien herangezogen werden, die der EuGH in seiner jüngsten Rechtsprechung entwickelt hat. Es könnten somit genau die Gründe einfließen, die auch den EuGH dazu bewogen haben, die Voraussetzungen einer in-house-Vergabe enger zu fassen.

Auf längere Sicht ist wohl sowohl mit einer engeren Auslegung der bestehenden Richtlinie als auch mit einer Änderung der Richtlinie selbst zu rechnen. Die Forderungen nach einer solchen Änderung werden spätestens dann aufkommen, wenn sich die Richtlinie aufgrund der zahlreichen Ausnahmen nicht als weitgehend genug erweist, um die in den Erwägungsgründen der Richtlinie genannten Ziele verwirklichen zu können. Forderungen, die über eine veränderte Auslegung hinausgehen und auf eine Änderung der Richtlinie selbst zielen, könnten dann auch auf die geänderte Rechtsprechung des EuGH selbst gestützt werden. Dies wäre insofern ein plausibler Begründungsansatz, als der erste Erwägungsgrund der Richtlinie genau diese enge Verbindung zur Rechtsprechung, wie oben bereits erläutert, vorgibt. Für eine Änderung der Richtlinie könnten zudem die oben bereits genannten Argumente der bisherigen Parallelität der Richtlinien sowie der möglichen Rechtsunsicherheit aufgrund der unterschiedlichen Anwendung der Richtlinien genannt werden.

h) Zusammenfassung

Die Wasserwirtschaft wird von zahlreichen europäischen Vorgaben betroffen, die mittelbare oder unmittelbare Auswirkungen auf deren gegenwärtige Struktur haben.

Lediglich mittelbare Auswirkungen haben die Transparenz- und die Wasserrahmenrichtlinie. Durch die Transparenzrichtlinie müssen die Verflechtungen zwischen öffentlichen Unternehmen und dem Staat offengelegt werden. Dies hat zwar keine unmittelbaren Auswirkungen auf die Marktstruktur der Wasserwirtschaft, wäre aber für den Fall der Marktöffnung von wesentlicher Bedeutung, um Wettbewerbsbeschränkungen durch eine erhöhte Transparenz entgegenwirken zu können.

Gleiches gilt für die Wasserrahmenrichtlinie. Durch das hier angestrebte Kostendeckungsprinzip wird eine höhere Transparenz und Vergleichbarkeit der Preise geschaffen. Dies hat keine unmittelbaren Auswirkungen auf die Marktstruktur der Wasserwirtschaft, ist aber ebenfalls eine Grundvoraussetzung für

[710] Hervorhebung durch den Verfasser.

eine zukünftige Einführung von Wettbewerb in diesem Sektor. Die jeweiligen Regelungen in der Transparenz- und Wasserrahmenrichtlinie können somit als Vorbereitungsmaßnahmen für eine zukünftige Marktöffnung im Bereich der Wasserwirtschaft angesehen werden.

Unmittelbare Auswirkungen haben hingegen die WEV-Vergaberichtlinie und die klassischen Vergaberichtlinien. Sie schreiben in ihrem Anwendungsbereich grundsätzlich ein Vergabeverfahren vor und statuieren damit für die ihr unterliegenden Teile der Wasserwirtschaft einen Wettbewerb um den Markt. Eingeschränkt wird dieser Anwendungsbereich allerdings durch zahlreiche Ausnahmeregelungen. Von besonderer Bedeutung sind hier die Ausnahme von Aufträgen, die an andere öffentliche Auftraggeber aufgrund eines ausschließlichen Rechts vergeben werden und insbesondere die Ausnahme von in-house-Geschäften. Durch die neuste Rechtsprechung des EuGH wird die besonders wichtige Ausnahme der in-house-Vergaben für den Bereich der klassischen Vergaberichtlinien jedoch massiv eingeschränkt und damit die bisher vom Vergabeverfahren weitestgehend freigestellte Auftragsvergabe an gemischtwirtschaftliche Unternehmen deren Reglement vollständig unterworfen. Für den Bereich der WEV-Vergaberichtlinie ist aufgrund der engen Bindung an die Rechtsprechung des EuGH mit einer solchen Einschränkung in naher Zukunft zu rechnen. Eine solche Einschränkung könnte entweder durch eine geänderte Auslegung des Art. 2 Abs. 1 b oder durch eine Anpassung der Richtlinie an die Rechtsprechung des EuGH und damit an die klassischen Vergaberichtlinien erfolgen. Insgesamt muß somit zukünftig auch im Anwendungsbereich der WEV-Vergaberichtlinie mit einer Ausweitung des Vergaberegimes auf die Aufträge an gemischt-wirtschaftliche Unternehmen gerechnet werden.

6. Auswirkungen der europarechtlichen Vorgaben auf die deutsche Wasserwirtschaft

Wie gezeigt wurde, ist aus nationaler Sicht weder das Modell des Wettbewerbs im Markt noch das Modell des Wettbewerbs um den Markt ein zukunftsfähiges Konzept für die deutsche Wasserwirtschaft. Weniger skeptisch wird hingegen die Gründung von gemischt-wirtschaftlichen Unternehmen und damit eine Teilprivatisierung des Wassermarktes betrachtet. Sie wird in zunehmendem Maße praktiziert und wirft bei entsprechender Ausgestaltung aus nationaler Sicht kaum Probleme auf.

Nach der Untersuchung der europarechtlichen Vorgaben zeichnet sich aber ein anderes Bild von der notwendigen zukünftigen Ausgestaltung der deutschen Wasserwirtschaft ab. Bisher wurde das Europarecht als neutral bezüglich des

status quo in der deutschen Wasserwirtschaft bezeichnet[711]. Sowohl die Transparenzrichtlinie als auch die Wasserrahmenrichtlinie enthalten Regelungen, die sich zumindest mittelbar auf die wettbewerblichen Rahmenbedingungen der Wasserwirtschaft auswirken können. Auch die unterschiedliche Behandlung der Wasserbeschaffung einerseits und der anderen Bestandteile der Wasserwirtschaft andererseits kann durchaus als erster Schritt angesehen werden, die bisher in der Wasserwirtschaft bestehenden natürlichen Monopole zu zerschlagen. Insgesamt sind aber die Auswirkungen dieser Regelungen für sich allein genommen nicht weitreichend genug, um die bisher bestehende Ansicht der Neutralität des Europarechts revidieren zu müssen.
Zu einer Revision dieser Ansicht müssen aber die aufgezeigten Änderungen in der in-house-Rechtsprechung führen. Bezieht man diese in die Betrachtung mit ein, ändert sich das Bild gravierend. Aufgrund dieser Änderungen fallen zukünftig auch diejenigen Aufträge in den Anwendungsbereich der klassischen Vergaberichtlinien, die an Unternehmen vergeben werden, bei denen eine auch noch so geringe private Beteiligung besteht. Dies bedeutet nichts anderes, als daß jegliche Teilprivatisierung zur Anwendung der klassischen Vergaberichtlinien führen wird. Eine Privatisierung würde somit automatisch zu einer, wie oben bereits gezeigt wurde, unerwünschten Liberalisierung in Form des Wettbewerbs um den Markt (bzw. je nach Art des Auftrages zu einem Wettbewerb um Teile des Marktes) führen.

Besondere Relevanz zeigt dies z.B. im Bereich der Abwasserentsorgung, da diese, bis auf die in der WEV-Vergaberichtlinie festgelegten Ausnahmefälle, überwiegend den klassischen Vergaberichtlinien unterliegt. Wird hier im Rahmen der nationalen Möglichkeiten eine Teilprivatisierung vollzogen, kann die Entsorgung von Abwässern trotz einer Anteilsmehrheit der entsprechenden Gemeinde nicht mehr ohne Vergabeverfahren an das jetzt gemischt-wirtschaftliche Unternehmen vergeben werden. In einem Bereich, der gemäß den meisten landesrechtlichen Vorgaben eine gemeindliche Pflichtaufgabe darstellt, könnte somit als Ergebnis eines Vergabeverfahrens ein Unternehmen mit der Leistungserbringung beauftragt werden, welches sich zu 100 % in privater Hand befindet. Ein Ergebnis, welches nach nationalem Recht unzulässig wäre, aufgrund des Vorrangs des Europarechts gegenüber dem nationalen Recht aber Bestand hätte.
Besonders gravierend würde sich das auch in dem – wenn auch kleinen – Teil der Wasserwirtschaft auswirken, in welchem der Staat für die von Unternehmen erbrachte Daseinsvorsorge Ausgleichsleistungen gewährt. Die oben dargestellte Altmark-Trans-Rechtsprechung des EuGH müßte hier uneingeschränkt Anwendung finden. Aufgrund der dargestellten Defizite dieser Rechtsprechung würde

[711] Besche, Wasser und Wettbewerb, S. 98 f.

dies dann auch im Bereich der Wasserwirtschaft zu den oben genannten Problemen führen[712].

Bezieht man nun noch die zu erwartenden Änderungen der in-house-Vergaben im Bereich der WEV-Vergaberichtlinie in die Betrachtung mit ein, erscheinen die Folgen noch gravierender. Im Fall dieser Änderungen würde jegliche Auftragsvergabe an ein gemischt-wirtschaftliches Unternehmen im Bereich der Wasserwirtschaft automatisch zu einem Wettbewerb um den Markt führen.

7. Eigener Ansatz

Die aufgezeigte Praxis, gemischt-wirtschaftliche Unternehmen zu gründen, um die Leistungen im Bereich der Wasserwirtschaft erbringen zu können, führt somit durch die geänderte in-house-Rechtsprechung quasi zu einer Liberalisierung „durch die Hintertür". Die Liberalisierung wird durch die Privatisierung ausgelöst. Auch wenn dies gegenwärtig noch nicht für die Aufträge im Bereich der WEV-Vergaberichtlinie uneingeschränkt gelten kann, muß dies aber trotzdem schon jetzt bei der Suche nach einem eigenen Ansatz berücksichtigt werden.

a) Privatisierungsverbot

Die Konsequenz dieser Änderungen kann nur darin liegen, daß neben einer möglichen Liberalisierung eine über die formelle Privatisierung hinausgehende Privatisierung grundsätzlich zu unterbleiben hat. Damit muß auch das Konzept der Gründung von gemischt-wirtschaftlichen Unternehmen für die Zukunft aufgegeben werden. Um aber den zumindest vordergründig bestehenden Anreizen einer solchen möglichen Privatisierung konsequent entgegenzutreten, kann man die Entscheidung für oder gegen eine Privatisierung nicht den einzelnen Gemeinden überlassen, sondern sollte ein Privatisierungsverbot, wie es bezüglich der Abwasserentsorgung in den meisten Landesgesetzen besteht, auch hier gesetzlich verankern. Inhaltlich sollte ein solches Privatisierungsverbot die gesamte Wasserwirtschaft von der Wassergewinnung bis zur Abwasserentsorgung umfassen. Ausnahmen sollten nur für den unwahrscheinlichen Fall vorgesehen werden, daß eine ordnungsgemäße Leistungserbringung ohne die Einbeziehung privater Dritter nicht mehr gewährleistet werden kann oder zumindest gefährdet ist. Statuiert werden sollte ein solches Verbot auf Landesebene in den Wassergesetzen der Länder.

---

[712] Siehe dazu unter V, 1, g, bb, bbb.

b) Verpflichtung zum Benchmarking

Neben dem gesetzlich verankerten Privatisierungsverbot sollten aber auch Maßnahmen getroffen werden, die es ermöglichen, die Effizienz in der deutschen Wasserwirtschaft zu erhöhen. Als Grundlage hierfür sollte ein verpflichtendes Benchmarking für alle im Bereich der Wasserwirtschaft tätigen Unternehmen gesetzlich verankert werden.

Unter dem Begriff des Benchmarkings, der erstmals im 19. Jahrhundert im Rahmen der Landvermessung Verwendung fand, versteht man heute ein Instrument, mit dem Vergleiche von Produktionsabläufen innerhalb von Organisationen aber auch Vergleiche zwischen Organisationen, Sektoren oder auch Ländern vorgenommen werden, um daraus Maßnahmen zur Steigerung der Leistungsfähigkeit abzuleiten[713]. Aufgrund der Ergebnisse eines solchen Benchmarkings können aktive Lernprozesse in einem Unternehmen unterstützt und ein Ansporn für Verbesserungen gesetzt werden. Von Vorteil ist, daß man auf die Erfahrungen anderer und damit auf bereits Bewährtes zurückgreifen kann[714].

Auch wenn in jüngster Vergangenheit die Einführung von Benchmarking verstärkt als begleitendes Instrument einer Privatisierung oder Liberalisierung gefordert wird[715], so kann dieses Verfahren auch bei der hier geforderten Ausgestaltung des Marktes wertvolle Dienste leisten. Die anhand eines solchen allgemeinen Benchmarkings gewonnenen Zahlen können als Grundlage für die Maßnahmen dienen, die zur Effizienzsteigerung innerhalb eines Unternehmens ergriffen werden müssen. Hierdurch könnten als erster Schritt die Abläufe innerhalb der Unternehmen optimiert werden.

c) Effizienzsteigerungen durch Schaffung größerer Strukturen

Neben diesen innerhalb der Unternehmen zu treffenden Optimierungen müssen aber auch Maßnahmen getroffen werden, die Marktstruktur der deutschen Wasserwirtschaft positiv zu verändern. Kern dieser Maßnahmen sollte die Realisierung größenbedingter Kostenvorteile sein. Das Hauptproblem der deutschen Wasserwirtschaft liegt nämlich weniger in den Eigentumsverhältnissen, d.h. in der Frage, ob die Unternehmen der Wasserwirtschaft privatwirtschaftlich oder in öffentlich-rechtlicher Form betrieben werden oder allgemein in der Frage, ob eine stärkere Beteiligung der Privatwirtschaft erforderlich ist oder nicht, sondern

---

713 Clausen/Scheele, ZögU Beiheft 29, S. 7.

714 Clausen/Scheele, ZögU Beiheft 29, S. 8.

715 Clausen/Scheele, ZögU Beiheft 29, S. 74; BMWI-Gutachten, Optionen und Rahmenbedingungen einer Marktöffnung für eine nachhaltige Wasserversorgung, S. 67; Besche fordert die Einführung eines allgemeinen Benchmarkings im Zusammenhang mit ihrer Forderung nach der Einführung eines zumindest partiellen Wettbewerbs um den Markt, Wasser und Wettbewerb, S. 196.

vielmehr in der Vielzahl kleiner und kleinster Unternehmen[716]. Unternehmen dieser Größe haben es schwer, ausreichend qualifiziertes Personal bereitzuhalten, das erforderlich ist, um den hohen Anforderungen an die Qualität der Wasserversorgung, die Versorgungssicherheit und an den Umweltschutz gerecht zu werden[717]. Größere Unternehmen hingegen können dieses qualifizierte Personal großflächiger und dementsprechend deutlich effizienter und damit kostengünstiger einsetzen. Gleiches gilt auch für die Bereiche der Beschaffung, der Verwaltung und des Vertriebes[718]. Ziel einer zukünftigen Neugestaltung muß es somit sein, größere Strukturen zu schaffen. Dies sollte als Zielvorgabe in den Wassergesetzen der Länder oder im Wasserhaushaltsgesetz niedergeschrieben werden.

Als Beispiel für ein solches Bestreben nach größeren Strukturen kann die Entwicklung in den Niederlanden herangezogen werden. Auch hier kam es im Jahr 2000 zu einem Privatisierungsverbot. Begleitet wird dieses Privatisierungsverbot von dem Vorhaben, die bereits im Jahr 1975 begonnene Reduzierung der Anzahl der in der Wasserwirtschaft tätigen Unternehmen fortzusetzen. Bereits damals wurde die Zahl der entsprechenden Unternehmen von 111 auf 24 gesenkt. Für die Zukunft ist eine weitere Senkung auf eine Anzahl von 5 bis 8 Unternehmen geplant[719].

aa) Kommunale Kooperation, insbesondere die freiwillige Errichtung von überregionalen Verbänden

Diese Tendenz könnte in Deutschland durch die verstärkte kommunale Kooperation insbesondere durch die Errichtung überregionaler Verbände[720] erreicht werden. Zwar wären mit dieser Form der kommunalen Zusammenarbeit auch zahlreiche Nachteile, wie der Verlust demokratischer Kontrolle, der Verlust von Fachkompetenz in den einzelnen Gemeinden und die Zurückdrängung des ehrenamtlich tätigen Bürgers, verbunden[721]. Durch solche Zusammenschlüsse könnten aber genau jene Vorteile erzielt werden, die aufgrund der geringen Größe der heutigen Versorger nicht realisiert werden können. Insbesondere der Investitionsbedarf ließe sich auf diesem Wege deutlich besser decken. Zudem würden die oben prognostizierten Nachteile bei einer solchen verstärkten kom-

---

[716] Zu dieser Feststellung kommt bereits das BMWI-Gutachten, Optionen und Rahmenbedingungen einer Marktöffnung für eine nachhaltige Wasserversorgung, S. 23.

[717] Merkel, GWF 2002, S. 801 (807).

[718] BMWI-Gutachten, Optionen und Rahmenbedingungen einer Marktöffnung für eine nachhaltige Wasserversorgung, S. 23.

[719] BMWI-Gutachten, Optionen und Rahmenbedingungen einer Marktöffnung für eine nachhaltige Wasserversorgung, S. 25; Böckels spricht von einer geplanten Reduzierung auf 6 bis 10 Unternehmen, GWF 2001, S. 133 (135).

[720] Zu den Möglichkeiten der kommunalen Kooperation siehe Schmidt, Kommunale Kooperation.

[721] Schmidt, Kommunale Kooperation, S. 9 ff..

munalen Zusammenarbeit deutlich geringer ausfallen, als sie im Fall einer verstärkten Privatisierung bzw. Liberalisierung ausfallen würden.
Begleitet werden sollte diese verstärkte kommunale Kooperation - entgegen den gegenwärtig zu erkennenden Tendenzen - von einer Zusammenfassung der verschiedenen im Bereich der Wasserwirtschaft zu erbringenden Leistungen in diesen Verbänden. Aus dieser Bündelung der verschiedenen Leistungen könnten weitere Verbundvorteile, wie sie oben bereits beschrieben wurden, resultieren.

Ein weiterer großer Vorteil derartiger Neuerungen bestünde neben den zu erwartenden Effizienzgewinnen darin, daß keine zusätzlichen Kosten mit solchen Zusammenschlüssen verbunden wären. Diese würden nämlich, wie bereits dargelegt, primär aus dem erhöhten staatlichen Überwachungsaufwand, der bei einer nicht mehr beim Staat liegenden Leistungserbringung notwendig werden würde, resultieren. Vorteilhaft wäre außerdem, daß eine solche Vorgehensweise weniger rechtliche Probleme[722] als die anderen dargestellten Reformmodelle aufwerfen würde und das bestehende Rechtssystem kaum geändert werden müßte. Dies kann zumindest so lange gelten, wie eine solche kommunale Kooperation bis hin zur Verbandsbildung durch die Gemeinden freiwillig erfolgt. Dies dürfte regelmäßig dann der Fall sein, wenn einzelne Gemeinden erkennen, daß sie die alleinige Leistungserbringung vor Probleme stellt oder sie die Leistung nur mit einem hohen Kostenaufwand erbringen können, und sie im Verbund mit anderen Gemeinden bessere Leistungen für ihre Bürger erbringen können. Unterstützt werden sollte ein freiwilliges Zusammengehen von Gemeinden durch eine finanzielle Förderung[723] und durch eine verstärkte Beratungstätigkeit seitens der Länder, in welcher die Vorzüge einer verstärkten kommunalen Kooperation hervorgehoben werden sollten.
Darüber hinaus könnten hier aber auch die aufgrund des Benchmarkings gewonnen Zahlen wertvolle Dienste leisten. Zeigt sich anhand dieses Verfahrens, daß ein Unternehmen offensichtlich unwirtschaftlich arbeitet und dem auch durch unternehmensinterne Maßnahmen allein nicht abgeholfen werden kann, so sollten diese Defizite öffentlich gemacht werden und dadurch öffentlicher Druck auf die Entscheidungsträger in der Kommune ausgeübt werden (Methode des „naming, blaming and shaming"), damit sie sich „freiwillig" zu einer kommunalen Kooperation bis hin zur freiwilligen Gründung eines überregionalen Verbandes bereit erklären.

---

[722] Einzelheiten zur Gründung eines Zweckverbandes siehe bei Schmidt, Kommunale Kooperation, S. 192 ff.

[723] Grunert, Zweckverbände für Wasserversorgung und Abwasserbeseitigung, S. 88 f.; Schmidt weist in diesem Zusammenhang darauf hin, daß eine finanzielle Förderung durch die Länder aufgrund der Knappheit öffentlicher Mittel keine vorzugswürdige Alternative zu dem noch zu besprechenden Mittel der Errichtung eines Pflichtverbands sein könne.

bb) Errichtung von Pflichtverbänden durch die Aufsichtsbehörde

Problematisch wird es in jenen Fällen, in denen eine Gemeinde die Leistungen für ihre Bürger nur mit einem sehr hohen Kostenaufwand erbringen kann und die Belastung der Bürger im Vergleich zu anderen ähnlich strukturierten Gemeinden dementsprechend überdurchschnittlich hoch ist, die Gemeinde aber von sich aus nicht bereit ist, eine Veränderung herbeizuführen[724].
In diesen Konstellationen könnte von der zuständigen Aufsichtsbehörde von der Möglichkeit Gebrauch gemacht werden, einen sogenannten Pflichtverband zu gründen. Ein solcher Pflichtverband ist gegeben, wenn ein Zusammenschluß nicht freiwillig auf Wunsch der Mitglieder geschaffen, sondern zwangsweise durch staatliche Stellen errichtet wird[725]. Da durch einen solchen Pflichtverband in die negative Kooperationshoheit der betroffenen Gemeinden eingegriffen wird, bedarf es zunächst einer Ermächtigungsgrundlage. Eine solche findet sich in sämtlichen Ländern mit Ausnahme Niedersachsens und Sachsen Anhalts[726].
Neben dem Vorliegen einer Ermächtigungsgrundlage sind auch formelle und materielle Voraussetzungen[727] für eine solche Errichtung zu beachten. Entscheidend ist insbesondere, daß die Errichtung eines Pflichtverbandes ein dringendes öffentliches Bedürfnis[728] bzw. zwingende Gründe des öffentlichen Wohls[729] voraussetzt.

Als Maßstab für die Bejahung dieses Kriteriums kann die Rechtsprechung des Bundesverfassungsgerichts in der Rastede-Entscheidung herangezogen werden. Zwar ging es in dieser Entscheidung nicht um die Entziehung einer gemeindlichen Aufgabe zugunsten eines Pflichtverbandes, sondern um eine „Hochzonung" einer Gemeindeaufgabe zugunsten der Landkreise. Eine Gemeinsamkeit besteht aber darin, daß in beiden Fällen die kommunale Selbstverwaltungsgarantie des Art. 28 Abs. 2 GG betroffen ist und in beiden Fällen den betroffenen Gemeinden zugunsten eines anderen Verwaltungsträgers eine Aufgabe entzogen wird.
In dieser Entscheidung urteilte das Bundesverfassungsgericht, daß eine „Hochzonung" grundsätzlich weder aus Gründen der Verwaltungsvereinfachung oder der Zuständigkeitskonzentration noch aus Gründen der Wirtschaftlichkeit und Sparsamkeit zu rechtfertigen sei[730]. Eine Ausnahme sei jedoch dann gegeben,

---

[724] Nach dem BMWI-Gutachten, Optionen und Rahmenbedingungen einer Marktöffnung für eine nachhaltige Wasserversorgung, S. 4 sind dies genau jene Fälle, in denen die Landesgesetzgeber mehr Wettbewerb durch Ausschreibungspflichten einzuführen hätten.; ebenso Salzwedel, GWF 2001, S. 606 (610).
[725] Schmidt, Kommunale Kooperation, S. 311.
[726] Schmidt, Kommunale Kooperation, S. 312.
[727] Zu diesen Voraussetzungen Schmidt, Kommunale Kooperation, S. 314 ff.
[728] § 50 I SächsGKZ.
[729] Art. 28 I BayGKZ.
[730] BVerfGE 79, S. 127 (153), Rastede.

„wenn ein Belassen der Aufgabe bei der Gemeinde zu einem unverhältnismäßigen Kostenanstieg führen würde“[731]. Er entschied weiterhin, daß es sich bei der Seuchenabwehr und dem Umweltschutz um Gemeininteressen von hoher Bedeutung handelt, die einen solchen Aufgabenentzug grundsätzlich rechtfertigten[732].

Überträgt man diese Rechtsprechung auf die Wasserwirtschaft, so wäre eine „Hochzonung“ jedenfalls dann gerechtfertigt, wenn eine Gemeinde nicht mehr fähig wäre, ihre Leistungen so ordnungsgemäß zu erbringen, daß die Umwelt, die Gesundheit sowie die Versorgungssicherheit der Bürger ungefährdet wären. Darüber hinaus könnte ein solcher Schritt aber auch dann gerechtfertigt sein, wenn die Leistungserbringung durch eine Gemeinde mit einem unverhältnismäßigen Kostenaufwand verbunden wäre.
Während die erste Alternative bei den gegenwärtigen Verhältnissen in der deutschen Wasserwirtschaft kaum zu bejahen sein dürfte, stellt die zweite Alternative genau die Konstellation dar, die oben beschrieben wurde.
Im Gegensatz zu der ersten Alternative ist diese von weitaus größerer Bedeutung. Wie bereits in dem BMWI-Gutachten festgestellt wurde, weichen die Wasserpreise zwischen den Versorgungsgebieten – auch innerhalb einer Region – um bis zu 700 % voneinander ab[733]. Stellt sich somit im Wege eines Gebietsvergleiches heraus, daß eine Gemeinde offensichtlich deutlich weniger leistungsfähig ist als andere ähnlich strukturierte Gemeinden, so wäre eine „Hochzonung“ wohl gerechtfertigt. Wenn aber sogar eine „Hochzonung“ der Aufgabe, mittels derer die Aufgabe der Gemeinde vollständig entzogen werden würde, gerechtfertigt wäre, so muß erst recht die Gründung eines Pflichtverbandes zulässig sein, bei welcher der Gemeinde zumindest die Mitbestimmungsrechte innerhalb der Organe des Pflichtverbandes gegeben sind, wodurch diese Maßnahme jedenfalls ein milderes Mittel als die „Hochzonung“ darstellt.
Liegt somit der Fall vor, daß eine Gemeinde nicht in ausreichendem Maße leistungsfähig und darüber hinaus auch nicht willens ist, durch eine kommunale Zusammenarbeit diesem Zustand abzuhelfen, so sollte die zuständige Aufsichtsbehörde die Gründung eines Pflichtverbandes vornehmen.

cc) Gesetzlicher Pflichtverband

Neben der erzwungenen Errichtung eines Pflichtverbandes durch die Aufsichtsbehörden besteht auch die Möglichkeit, gesetzlich die Gründung eines solchen Verbandes anzuordnen. Solche gesetzlichen Vorgaben bestehen in Form des § 22 NWGKG und des § 22 BbgGKG. Da diese Vorschriften aber lediglich eine

[731] BVerfGE 79, S. 127 (153), Rastede.
[732] BVerfGE 79, S. 127 (156), Rastede.
[733] BMWI-Gutachten, Optionen und Rahmenbedingungen einer Marktöffnung für eine nachhaltige Wasserversorgung, S. 14.

sondergesetzliche Regelung vorsehen und darüber hinaus keinerlei weitere Voraussetzungen nennen, werden sie zu Recht als „praktisch nicht notwendig“[734] und „überflüssig“[735] bezeichnet.
Für den Bereich der Wasserwirtschaft wäre es jedoch sinnvoll, in die einzelnen Landesgesetze solche Ermächtigungsgrundlagen aufzunehmen. Im Unterschied zu den oben zu Recht als überflüssig bezeichneten Vorschriften sollten diese aber konkrete Vorgaben enthalten, unter welchen Voraussetzungen ein Pflichtverband zu gründen ist. Auf der Tatbestandsseite sollten als maßgebliche Kriterien die ordnungsgemäße Versorgung bzw. Entsorgung mit Wasser bzw. des Abwassers zu einem angemessenen Preis genannt werden. Wann die Versorgung bzw. die Entsorgung als ordnungsgemäß anzusehen ist, sollte detailliert unter Berücksichtigung des aktuellen technischen Standes in einer entsprechenden Verordnung geregelt werden. Ebenfalls Bestandteil dieser Verordnung sollte die Festlegung von Höchstgrenzen sein, nach deren Überschreiten ein Preis für die Versorgungs- oder Entsorgungstätigkeit nicht mehr als angemessen angesehen werden kann und damit eine unverhältnismäßige Belastung des Bürgers darstellt.
Die zur Erstellung dieser Vorgaben erforderlichen Zahlen würden bereits mittels des oben geforderten allgemeinen Benchmarkings erhoben werden, wodurch kein zusätzlicher Aufwand für die Erstellung der Verordnung notwendig wäre. Insgesamt würde das Benchmarking somit nicht nur dazu dienen, den Unternehmen Anreize zur freiwilligen Leistungssteigerung bzw. zur Leistungssteigerung auf „sanften Druck“ mittels naming, shaming and blaming zu geben, sondern würde auch als Grundlage für eventuelle den Kommunen aufgezwungene Maßnahmen dienen.

Können die Vorgaben dieser Verordnung durch eine Kommune nicht eingehalten werden, hat hieraus als Rechtsfolge grundsätzlich die Gründung eines Pflichtverbandes zu resultieren. Hiervon sollte nur in begründeten Ausnahmefällen abgewichen werden. Diese Rechtsfolge sollte sich im Wortlaut dieser neuen Vorschrift wiederfinden, welche dementsprechend als „Soll“-Vorschrift formuliert werden müßte.

Der Vorteil einer gesetzlich vorgeschriebenen Gründung eines Pflichtverbandes gegenüber einer in das Ermessen der Aufsichtsbehörde gestellten Gründung liegt darin, daß sie in der Rechtspraxis leichter zu realisieren sein wird. Bisher wird das Mittel der Pflichtverbandsbildung höchst selten angewandt, da die Aufsichtsbehörden sowohl die drohende verwaltungsgerichtliche Auseinandersetzung als auch die Belastung der Verhältnisse zwischen den Entscheidungsträgern in Land und Kommunen und eine mögliche negative Wahrnehmung seitens

---

[734] Rengeling, HKWP II, S. 406.
[735] Schmidt, Kommunale Kooperation, S. 318.

der Bevölkerung scheuen[736]. Wird die Errichtung des Pflichtverbandes bei Vorliegen bestimmter Bedingungen jedoch gesetzlich vorgeschrieben, so wird dies sicherlich zu einer Versachlichung der Debatte beitragen und zumindest das Verhältnis zwischen den einzelnen Entscheidungsträgern in der Kommune einerseits und der Aufsichtsbehörde andererseits weniger belasten. Insgesamt wird damit weniger aufgrund politischen Kalküls, sondern vielmehr aufgrund der wasserwirtschaftlichen Notwendigkeiten entschieden werden.

dd) Hochzonung der Leistungserbringung

Neben der Aufnahme einer gesetzlichen Anordnung zur Errichtung von Pflichtverbänden sollte auch eine Ermächtigungsgrundlage für die Fälle aufgenommen werden, in denen eine Kommune nicht mehr in ausreichendem Maße leistungsfähig ist, aber trotzdem keinerlei Änderungen herbeiführt und die Errichtung eines Pflichtverbandes ebenfalls keine Abhilfe verspricht. In diesen Fällen sollte die Ermächtigungsgrundlage eine Verlagerung der Aufgabe von der Kommune auf die nächsthöhere leistungsfähige Ebene vorsehen. Tatbestandlich muß diese Ermächtigungsgrundlage an die Vorschrift zur Errichtung von Zwangsverbänden anknüpfen und zusätzlich zu deren Vorgaben noch die fehlende Eignung der Gründung eines Pflichtverbandes zur Wiederherstellung der Leistungsfähigkeit enthalten. Ob die Leistung dann von der jetzt zuständigen Behörde selbst erbracht wird oder diese entscheidet, die Leistung z.B. durch eine leistungsfähigere benachbarte Kommune mit erbringen zu lassen, muß in das Ermessen der zuständigen Behörde gestellt werden. In dieser Konstellation könnte auch ausnahmsweise eine Einbeziehung privater Dritter in die Aufgabenerledigung in Erwägung gezogen werden.

8. Ergebnis

Eine Reform der Wasserwirtschaft muß zahlreiche einfachgesetzliche, verfassungsrechtliche und in zunehmendem Maße auch europrechtliche Vorgaben beachten. Darüber hinaus bestehen aber auch Besonderheiten des Wassermarktes gegenüber anderen häufig zum Vergleich herangezogenen Märkten, die bei einer Reform ebenfalls mit einbezogen werden müssen.

Eine Untersuchung der bestehenden Reformansätze führt unter Berücksichtigung dieser Besonderheiten zu dem Ergebnis, daß von einer Liberalisierung des Wassermarktes bereits aus nationaler Sicht aufgrund der zahlreichen gesundheitlichen, umweltpolitischen und ökonomischen Bedenken Abstand genommen werden sollte. Dies muß sowohl für das Modell des Wettbewerbs im Markt als auch für das Modell des Wettbewerbs um den Markt gelten. Anderes gilt aus nationaler Sicht für die Privatisierungsansätze. Probleme bestehen hier nur im Bereich der gemeindlichen Pflichtaufgaben, wenn die notwendige demokrati-

---

[736] Schmidt, Kommunale Kooperation, S. 317.

sche Legitimation und Kontrolle nicht mehr gegeben ist. Insgesamt wird aber speziell die Gründung gemischt-wirtschaftlicher Unternehmen als probates Mittel angesehen, die Wasserwirtschaft zukunftsfähig zu gestalten.
Ein anderes Bild zeichnet sich aber nach der Untersuchung der europarechtlichen Vorgaben ab. Der bisher in der Literatur vorherrschende Befund, daß das Europarecht bezüglich des status quo in der deutschen Wasserwirtschaft neutral sei, kann nicht mehr länger gelten. Die Untersuchung der Transparenz- und der Wasserrahmenrichtlinie kommt zwar zu dem Ergebnis, daß diese lediglich Vorschriften enthalten, welche sich mittelbar auf die wettbewerblichen Rahmenbedingungen auswirken. Die im Anschluß aufgezeigten Änderungen in der inhouse-Rechtsprechung des EuGH führen aber zu einer uneingeschränkten Anwendbarkeit der klassischen Vergaberichtlinien auf jede Auftragsvergabe an ein Unternehmen mit einer noch so kleinen privaten Beteiligung. Neben den Auswirkungen auf die klassischen Vergaberichtlinien ist auch mit Änderungen im Bereich WEV-Vergaberichtlinien zu rechnen, da diese sich nach ihren Erwägungsgründen auf der Rechtsprechung des EuGH gründet und eine enge Parallelität zwischen den klassischen Vergaberichtlinien und der WEV-Vergaberichtlinie besteht.
Die Anwendung der Vergaberichtlinien auf jede Auftragsvergabe an ein Unternehmen mit privater Beteiligung führt zwangsläufig dazu, daß eine Privatisierung – auch wenn sie nur in Form der Gründung gemischt-wirtschaftlicher Unternehmen erfolgt – automatisch zu einer Liberalisierung in Form des Wettbewerbs um den Markt führt. Da diese aber im Bereich der Wasserwirtschaft zu vermeiden ist, muß ein eigener Ansatz von einem grundsätzlichen Privatisierungsverbot in diesem Bereich ausgehen. Neben diesem Privatisierungsverbot müssen durch den Gesetzgeber noch weitere Maßnahmen getroffen werden, um die Effizienz in der deutschen Wasserwirtschaft zu erhöhen. Hierfür sollte eine Pflicht zum allgemeinen Benchmarking eingeführt werden, um damit eine Vergleichbarkeit mit anderen in diesem Sektor tätigen Unternehmen zu schaffen, damit diese als Grundlage dafür dienen kann, aktive Lernprozesse in den Unternehmen anzustoßen. Neben diesen innerhalb der Unternehmen zu treffenden Optimierungen müssen aber auch Veränderungen der Marktstruktur erfolgen. Das Ziel dieser Veränderungen muß es sein, größere Strukturen zu schaffen, um hierdurch Effizienzgewinne zu erzielen. Diese größeren Strukturen können durch eine verstärkte kommunale Kooperation, insbesondere durch die Errichtung überregionaler Verbände erzielt werden. Zunächst sollten zahlreiche Anreize seitens der Länder geschaffen werden, um Gemeinden zu einer freiwilligen kommunalen Kooperation zu bewegen. Diese sollten in einer verstärkten Beratungstätigkeit und gegebenenfalls auch in einer finanziellen Zuwendung an die jeweiligen Gemeinden bestehen. Auf dieser freiwilligen Ebene könnte auch die Methode des naming, blaming and shaming Anwendung finden, um Gemeinden durch „sanften Druck“ zu einer freiwilligen Kooperation zu bewegen.

Für den Fall, daß leistungsschwache Gemeinden zu einer freiwilligen Kooperation nicht bereit sind, sollte auf das Instrument der Pflichtverbandsgründung zurückgegriffen werden. Hierfür sollte in die Wassergesetze der Länder eine Vorschrift aufgenommen werden, welche die Gründung eines Pflichtverbandes vorschreibt und auf der Tatbestandsseite die Voraussetzungen der Gründung festlegt. Neben einer entsprechenden Schaffung einer Ermächtigungsgrundlage zur Errichtung eines solchen gesetzlichen Pflichtverbandes sollte weiterhin eine Vorschrift in die Wassergesetze aufgenommen werden, die es ermöglicht, die Leistungserbringung von der gemeindlichen Ebene auf die nächsthöhere Ebene zu verlagern. Diese Vorschrift sollte allerdings nur in den Fällen als ultima ratio angewendet werden, wenn eine ausreichende Leistungserbringung auf anderem Wege nicht zu erreichen ist.

VII. Thesen

1. Der Beihilfebegriff des Art. 87 Abs. 1 EG ist ein Typus mit Begriffskern, deren obligatorischen Kern das Vorliegen einer Begünstigung, die staatliche Initiative der Begünstigung sowie die Begünstigung bestimmter Unternehmen oder Unternehmenszweige bilden.

2. Die Merkmale der staatlichen Herkunft der Beihilfe und der Beeinträchtigung des Handels zwischen den Mitgliedstaaten sind für das Vorliegen einer Beihilfe nicht zwingend notwendig, sind aber typischerweise gegeben und stellen damit ein Indiz für das Vorliegen einer Beihilfe dar.

3. Aus nationaler Sicht spricht man von Leistungen der Daseinsvorsorge, wenn eine Nachfrage des Bürgers nach einer nützlichen Leistung besteht, welche nicht ausschließlich von privaten Unternehmen erbracht werden kann, sondern zumindest teilweise durch staatliche Intervention gedeckt werden muß, sei es durch die Leistungserbringung durch den Staat selbst oder durch eine Ausgleichsleistung an das/die leistende/n Unternehmen.

4. Entgegen des deutschen Verständnisses ist es nach europäischem Verständnis für das Vorliegen einer Leistung der Daseinsvorsorge irrelevant, ob die Leistung zumindest teilweise seitens des Staates erfolgt oder ausschließlich durch private Unternehmen erbracht wird.

5. Eine Lösung der Problematik der Unvereinbarkeit von Ausgleichsleistungen für von Unternehmen erbrachte Leistungen der Daseinsvorsorge muß auf der Tatbestandsebene des Art. 87 Abs. 1 EG erfolgen.

6. Eine Lösung auf der Rechtfertigungsebene würde zu einer Einbeziehung von Gründen und Zielen, welche nicht Bestandteil der Beihilfeprüfung sein dürfen, und zu einer Mißachtung der in Art. 16 EG enthaltenen Handlungsaufforderung zur Förderung der Dienste von allgemeinem wirtschaftlichen Interesse zugunsten einer unzulässigen Ausdehnung des Anwendungsbereich des Art. 86 Abs. 2 EG führen.

7. Das Prinzip des marktwirtschaftlich handelnden Kapitalgebers (private investor test) kann auf den Bereich der Ausgleichsleistungen für von Unternehmen erbrachte Leistungen der Daseinsvorsorge angewandt werden.

8. Eine Ausgleichsleistung ist (tatbestandlich) keine Beihilfe, wenn die Durchführung der Beschaffung durch den Staat dem Vergleich mit der Beschaffung

dieser Leistung unter gleichen Marktbedingungen durch ein fiktives privates Unternehmen standhält.

9. Die im Vorfeld gelagerten Fragen des „Ob“ und des „Was“ der Beschaffung unterliegen im Bereich der Daseinsvorsorge ebensowenig dem private investor test, wie es bei der Vergabe öffentlicher Aufträge der Fall ist.

10. Vergibt der Staat im Bereich der Daseinsvorsorge an ein Unternehmen ein Monopol, so ist dieses Monopol als Gegenleistung für die Leistungserbringung anzusehen, so daß sich die Ausgestaltung des Monopols an Art. 87 Abs. 1 EG messen lassen muß.

11. Erhält der Monopolist eine Begünstigung, so ist diese Begünstigung als staatlich oder aus staatlichen Mitteln stammend anzusehen, da der Staat es unterlassen hat, die Monopolbedingungen dergestalt anzupassen, daß die Begünstigung entfällt.

12. Eine Liberalisierung der Wasserwirtschaft in Form des Wettbewerbs im Markt hat aufgrund der großen gesundheitlichen und umweltpolitischen Risiken und der Fragwürdigkeit von zu erwartenden Effizienzgewinnen zu unterbleiben.

13. Eine Liberalisierung der Wasserwirtschaft in Form des Wettbewerbs um den Markt hat, aufgrund des Mißverhältnisses zwischen den hohen Überwachungskosten, welche aus der Trennung von Betrieb und Kontrolle resultieren und dem zusätzlichen bürokratischen Aufwand einerseits und den zu geringen zu erwartenden Effizienzgewinnen andererseits, zu unterbleiben.

14. Das vermittelnde Modell, wonach Betrieb und Netz zu trennen sind und lediglich der Betrieb der Wasserwirtschaft ausgeschrieben wird, ist abzulehnen, da über 80 % der Fixkosten im Bereich des Netzes anfallen und die zu erwartenden Effizienzgewinne dementsprechend gering wären.

15. Weitere Privatisierungen im Bereich der Wasserwirtschaft müssen unterbleiben, da durch die neue in-house-Rechtsprechung des EuGH jede Beteiligung von privaten Unternehmen zwangsläufig zu einer Liberalisierung in Form des Wettbewerbs um den Markt führt.

16. Eine Reform der Wasserwirtschaft muß sowohl Maßnahmen zur Steigerung der Effizienz innerhalb der Unternehmen als auch strukturelle Veränderungen auf dem Markt mit sich bringen; Kern dieser Maßnahmen muß die Einführung eines allgemeinen Benchmarkings und die Schaffung größerer Unternehmen durch verstärkte kommunale Kooperationen sein.

Literaturverzeichnis

A

Abbamonte, Guiseppe B.
Market Economy Investor Principle: A legal Analysis of an Economic Problem, ECLR 1996, S. 258-267.

Albin, Silke
Daseinsvorsorge und EG-Beihilfenrecht – Mehr Rechtssicherheit durch die Mitteilung der Kommission? –, DÖV 2001, S. 890-898.

Asendorf, Joachim
Die Anwendung der Beihilfevorschriften des EU-Vertrages auf öffentliche Unternehmen: der private reasonable investor's test („PRIT"), Göttingen 1999, zugleich: diss. iur. Göttingen 1999.

B

Bausback, Winfried
Public Private Partnerships im deutschen Öffentlichen Recht und im Europarecht – Spannungsfeld zwischen Daseinsvorsorge, Liberalisierung und Risikomanagement –, DÖV 2006, S. 901-907.

Besche, Beatrix
Wasser und Wettbewerb – Möglichkeit und Grenzen einer Öffnung des Wassermarktes, Frankfurt am Main 2004,
zugleich diss. iur. Bonn 2004.

Blankart, Charles B.
Modelle der Daseinsvorsorge aus EG-rechtlicher und ökonomischer Sicht, WuW 2002, S. 340-352.

Bleckmann, Albert
Europarecht – Das Recht der Europäischen Union und der Europäischen Gemeinschaften –, 6. Auflage, Köln u.a. 1997.

Böckels, Lothar
Kritische Betrachtungen zur Privatisierung der Wasserwirtschaft in Deutschland und Europa, GWF 2001, S. 133-135.

Breuer, Rüdiger
Öffentliches und privates Wasserrecht, 2. Auflage, München 1987.

Britz, Gabriele
Staatliche Förderung gemeinwirtschaftlicher Dienstleistungen in liberalisierten Märkten und Europäisches Wettbewerbsrecht – Zur Neufassung der Transparenzrichtlinie –, DVBl. 2000, S. 1641-1650.

Brüning, Christoph
Der Private bei der Erledigung kommunaler Aufgaben insbesondere der Abwasserbeseitigung und der Wasserversorgung, Schriften zum Öffentlichen Recht Bd. 734, Berlin 1997,
zugleich: diss. iur. Bochum 1996.

Bundesministerium für Wirtschaft (BMWI)
Optionen, Chancen und Rahmenbedingungen für eine nachhaltige Wasserversorgung – Endbericht, Juli 2001, abrufbar unter:
http://wip.tu-berlin.de/de/publikationen/2001/ewers_et_al_2001optionen_chancen_und_rahmen bedingungen_einer_marktöffnung_wasserversorgung.pdf.

Bydlinski, Franz
Juristische Methodenlehre und Rechtsbegriffe, 2. Auflage, Wien u. New York 1991.

CD

Calliess, Christian/ Ruffert, Matthias
Kommentar des Vertrages über die Europäische Union und des Vertrages zur Gründung der Europäischen Gemeinschaft – EUV/EGV –, 2. Auflage, Neuwied u. Kriftel 2002.

Carbajo, Joël
Droit des services publics, Paris 1990.

Caspar, Johannes
Die EU-Wasserrahmenrichtlinie: Neue Herausforderung an einen europäischen Gewässerschutz, DÖV 2001, S. 529-538.

Celestine, Patrick/ Felsner, Marcus
Öffentliche Unternehmen, Privatisierung und service public in Frankreich, RIW 1997, S. 105-111.

Chevallier, Jaques
Le service public, 5. Auflage, Paris 2003.

Ciresa, Manfred
Beihilfenkontrolle und Wettbewerbspolitik in der EG, Köln u.a.1992.

Clausen, Hartmut/ Scheele, Ulrich
Benchmarking in der Wasserwirtschaft – Internationale Erfahrungen mit vergleichendem Wettbewerb in der Wasserwirtschaft –, ZögU Beiheft 29 (2002).

Craig, Paul/ de Búrca, Gráinne
EC Law – Text, Cases & Materials, Oxford 1995.

v. Danwitz, Thomas
Dienste von allgemeinem wirtschaftlichem Interesse in der europäischen Wettbewerbsordnung – Eine Perspektive für das öffentliche Kreditwesen, NwVBl. 2002, S. 132-139.

E

Ehle, Dietrich/ Meier, Gerd
EWG-Warenverkehr, Außenhandel – Zölle – Subventionen, Köln 1977.

Ennuschat, Jörg
Die neue Mitteilung der EU-Kommission zu den „Leistungen der Daseinsvorsorge in Europa", RdE 2001, S. 46-50.

Erbguth, Wilfried
Änderungsbedarf im Wasserrecht – zur Umsetzung europarechtlicher Vorgaben – , Rostocker Schriftenreihe zum Seerecht und Umweltrecht Bd. 24, Baden-Baden 2003.

Everling, Ulrich
Europäisches Gemeinschaftsrecht, in: Der Staat: Zeitschrift für Staatslehre und Verfassungsgeschichte, deutsches und europäisches öffentliches Recht, Band 13 (1974), S. 73-90.

F

Faber, Angela
Europarechtliche Grenzen kommunaler Wirtschaftsförderung, Berlin u.a. 1992.

dies.
Die Relevanz der Art. 92-94 EWGV für die kommunale Wirtschaftsförderung, DVBl.1992, S. 1346-1358.

Forsthoff, Ernst
Die Verwaltung als Leistungsträger, Königsberger Rechtswissenschaftliche Forschungen Band 2, Stuttgart und Berlin 1938.

Forsthoff, Ernst
Lehrbuch des Verwaltungsrechts I - Allgemeiner Teil - , 10. Auflage, München 1973.

Franzius, Claudio
Auf dem Weg zu mehr Wettbewerb im ÖPNV – Zum „Altmark Trans“ Urteil des EuGH, NJW 2003, S. 3029-3031.

Frenz, Walter
Dienste von allgemeinem wirtschaftlichen Interesse – Neuerungen durch Art. 16 EG, EuR 2000, S. 901-925.

ders.
Liberalisierung und Privatisierung der Wasserwirtschaft, ZHR 2002, S. 307-334.

ders.
Energiesteuer und Beihilfenverbot, EuZW 1999, S. 616-618.

v.Friesen, Alexander
Staatliche Haftungszusagen für öffentliche Kreditinstitute aus europarechtlicher Sicht, Jenaer Schriften zum Recht Band 31, Stuttgart u.a. 1998,
zugleich: diss. iur. Jena 1997/98

G

Gärtner, Anette
Grenzen der kommunalen Daseinsvorsorge in der europäischen Wettbewerbsordnung, ZeuS 2005, S. 239-252.

Gleiss, Alfred/ Hirsch, Martin/ Burkert, Thomas O.J.
Kommentar zum EG-Kartellrecht, Band 1: Art.85 und Gruppenfreistellungsverordnungen, 4. Auflage, Heidelberg 1993.

Glötzl, Erhard
Wasserwirtschaft im Umbruch – Perspektiven und Ausblicke für die Trinkwasserversorgung, GWF 2001, S. 140-142.

Götz, Volkmar
Recht der Wirtschaftssubventionen, München und Berlin 1966.

Grabitz, Eberhard/ Hilf, Meinhard
Das Recht der Europäischen Union Altband I (Maastrichter Fassung), 14. Ergänzungslieferung Oktober 1999, München 1999.

v.d.Groeben, Hans/ Thiesing, Jochen/ Ehlermann, Claus-Dieter
Kommentar zum EU-/EG-Vertrag Band 2/II, 5. Auflage, Baden-Baden 1999.

v.d.Groeben, Hans/ Schwarze, Jürgen
Kommentar zum Vertrag über die Europäische Union und zur Gründung der Europäischen Gemeinschaft Band 2, Art. 81-97 EGV, 6. Auflage, Baden-Baden 2003.

Gröttrup, Hendrik
Die kommunale Leistungsverwaltung, Schriftenreihe des Vereins für Kommunalwissenschaften e.V. Berlin Band 37, Stuttgart u.a. 1976.

Grunert, Marko
Zweckverbände für die Wasserversorgung und Abwasserbeseitigung in den neuen Bundesländern: Gründungsfehler, Heilungsgesetze und Schlußfolgerungen, Frankfurt am Main 2001,
zugleich: diss. iur. Halle-Wittenberg 2001.

Gundel, Jörg
Staatliche Ausgleichsleistungen für Dienstleistungen von allgemeinem wirtschaftlichen Interesse: Zum Verhältnis zwischen Art. 86 Abs. 2 und dem EG-Beihilfenrecht, RIW 2002, S. 222-233.

H

Hansen, Wenke/ Interwies, Eduard/ Kraemer, Andreas
Privatisierung der Wasserwirtschaft in Europa – Bleibt der Umweltschutz auf der Strecke, GWF 2001, S. 563-579.

Hein, Andreas
Privatisierung durch Ausschreibung: ein effektives Instrument zur Sicherung des öffentlichen Auftrages?, ZögU 1998, S. 397-412.

Hein, Andreas/ Neumann, Frank
Wasserwirtschaft als Zukunfts- und internationaler Wachstumsmarkt – Steht Deutschland mit regionalen Monopolen im Abseits, GWF 2001, S. 279-286.

Heinemann, Andreas
Grenzen staatlicher Monopole im EG-Vertrag, Münchener Universitätsschriften 116, München 1996,
zugleich: diss. iur. München 1994-95.

Held, Katja
Quersubventionierung auf dem Postdienstleistungsmarkt: zum Problem der gemeinschaftlichen Bewertung der Quersubventionierung aus fortbestehenden (Teil-)Monopolen am Beispiel der Deutschen Post AG, Frankfurt am Main 2005,
zugleich: diss. iur. Hamburg 2004.

Hellermann, Johannes
Örtliche Daseinsvorsorge und gemeindliche Selbstverwaltung, Tübingen 2000,
zugleich: Habilitationsschrift Bielefeld 1998.

Hoischen, Stefan
Die Beihilferegelung in Art. 92 EWGV, Studien zum öffentlichen Wirtschaftsrecht Band 8, Köln 1989.

Hrbek, Rudolf/ Nettesheim, Martin
Europäische Union und mitgliedstaatliche Daseinsvorsorge, Baden-Baden 2002.

I

Immenga, Ulrich/ Mestmäcker, Ernst-Joachim
EG-Wettbewerbsrecht- Kommentar Band II, München 1997.

Ipsen, Hans-Peter
Europäisches Gemeinschaftsrecht, Tübingen 1972.

Isensee, Josef/ Kirchhof, Paul
Handbuch des Staatsrechts Band IV, – Finanzverfassung- Bundesstaatliche Ordnung –, Heidelberg 1990.

J

Jennert, Carsten
Beihilfen an Unternehmen mit Aufgaben im Bereich der Daseinsvorsorge, ZKF 2002, S. 266-268.

ders.
Staatliche Daseinsvorsorge zwischen Beihilferecht und Vergaberecht, WRP 2003, S. 459-468.

ders.
Finanzierung und Wettbewerb in der Daseinsvorsorge nach Altmark Trans, NVwZ 2004, S. 425-431.

K

Kämmerer, Jörn Axel
Strategien zur Daseinsvorsorge – Dienste im allgemeinen Interesse nach der „Altmark"-Entscheidung des EuGH, NVwZ 2004, S. 28-34.

ders.
Privatisierung: Typologie – Determinanten – Rechtspraxis – Folgen, Jus publicum 73, Tübingen 2001,
zugleich: Habilitationsschrift Tübingen 1999-2000.

Kassow, Jörn
Die Beihilfe im Sinne des Art.87 I EG als staatliche oder aus staatlichen Mitteln gewährte Begünstigung: zugleich eine dogmatische Bestätigung der Rechtsprechung des Gerichtshofes zur Notwendigkeit der staatlichen Mittelherkunft, Göttingen 2004,
zugleich: diss. iur. Göttingen 2004.

Keller, Jan
Service public und Art. 86 Abs. 2 EGV, Frankfurt a.M. 1999,
zugleich: diss. iur. Berlin 1999.

Klein, Hans Hugo
Die Teilnahme des Staates am wirtschaftlichen Wettbewerb, Schriftenreihe res publica: Beiträge zum öffentlichen Recht Bd.18, Stuttgart 1968.

Kling, Michael
Die Zulässigkeit vergabefremder Regelungen – Möglichkeiten und Grenzen einer politischen Instrumentalisierung der Vergabe öffentlicher Aufträge, Berlin 2000.

Klowait, Jürgen
Die Beteiligung Privater an der Abfallentsorgung, Baden-Baden 1995, zugleich: diss. iur. Bochum 1994.

Knauff, Matthias
Der Gewährleistungsstaat: Reform der Daseinsvorsorge: eine rechtswissenschaftliche Untersuchung unter besonderer Berücksichtigung des ÖPNV, Berlin 2004.

Knopp, Günther Michael
Für die Wasserversorgung relevante künftige Änderungen in der Bundesgesetzgebung (Wasserrahmenrichtlinie, Artikelgesetz), GWF 2001, S. 110.

Koenig, Christian
Funktionen des Bietverfahrens im EG-Beihilfenrecht, EuZW 2001, S.741-747.

ders.
Die neuen EG-beihilferechtlichen Kompensationsmaßstäbe in der Daseinsvorsorge – das Altmark Trans-Urteil in der Praxis, BB 2003, S. 2185-2188.

Koenig, Christian/ Kühling, Jürgen
Grundfragen des Beihilferechts, NJW 2000, S. 1065-1074.

dies.
Reform des EG-Beihilfenrechts aus der Perspektive des mitgliedstaatlichen Systemwettbewerbs, EuZW 1999, S. 517-523.

dies.
Das Preussen Elektra-Urteil des EuGH: Freibrief für Abnahme und Vergütungspflichten in der Energiewirtschaft, NVwZ 2001, S. 768-770.

Koenig, Christian/ Kühling, Jürgen/ Ritter, Nicolai
EG-Beihilfenrecht, 2.Auflage, Frankfurt a.M. 2005.

Koppensteiner, Hans-Georg
Das Subventionsverbot im Vertrag über die Europäischen Gemeinschaften für Kohle und Stahl, Baden-Baden 1965.

Kube, Hanno
Die Gleichheitsdogmatik des europäischen Wettbewerbsrechts – zur Beihilfenkontrolle staatlicher Ausgleichsleistungen, EuR 2004, S. 230-252.

Kühling, Jürgen/ Wachinger, Lorenz
Das Altmark-Urteil des EuGH – Weichenstellung für oder Bremse gegen mehr Wettbewerb im deutschen ÖPNV?, NVwZ 2003, S. 1202-1205.

L

Larenz Karl/ Canaris, Claus Wilhelm
Methodenlehre der Rechtswissenschaft, 3.Auflage, Berlin u.a. 1995.

Lattman, Jens
Trinkwasserversorgung als öffentliche Aufgabe, GWF 2001, S. 98-102.

Leenen, Detlef
Typus und Rechtsfindung: die Bedeutung der typologischen Methode für die Rechtsfindung dargestellt am Vertragsrecht des BGB, Berlin 1971.

Lefèvre, Dieter
Staatliche Ausfuhrförderung und das Verbot wettbewerbsverfälschender Beihilfen, Baden-Baden 1990.

Lehr, Marc
Europäisches Wettbewerbsrecht und kommunale Daseinsvorsorge, DÖV 2005, S. 542-551.

Leibenath, Christoph
Gemeinschaftliches Beihilfenrecht und mitgliedstaatliche Finanzierung von Leistungen der Daseinsvorsorge, EuR 2003, S. 1052-1066.

Lenz, Carl/ Borchardt, Klaus-Dieter
EU- und EG-Vertrag – Kommentar zu dem Vertrag über die Europäische Union und zu dem Vertrag zur Gründung der Europäischen Gemeinschaft, jeweils in der durch den Vertrag von Nizza geänderten Fassung -, 3. Auflage, Köln 2003.

Leymann, Günther
Die Liberalisierung des Wassermarktes aus landespolitischer Sicht, GWF 2001, S. 551-557.

Löwenberg, Fabian
Service public und öffentliche Dienstleistungen in Europa. Ein Beitrag zu Art. 16 des EG Vertrages, Berlin 2001.

M

Maag, Andreas
Das Verbot wettbewerbsverfälschender Beihilfen im EWG-Vertrag und Freihandelsabkommen zwischen der Schweiz und der europäischen Wirtschaftsgemeinschaft, Bern 1979.

Mähring, Matthias
Grundzüge des EG-Beihilfenrechts, JuS 2003, S. 448-453.

Magiera, Siegfried
Gefährdung der öffentlichen Daseinsvorsorge durch das EG-Beihilfenrecht, in: Recht – Staat – Gemeinwohl, Festschrift für Dietrich Rauschning, S. 269-289, Köln u.a. 2001.

Michaelis, Peter
Liberalisierung der deutschen Wasserversorgung? Eine kritische Bestandsaufnahme, GWF 2002, S. 399-405.

Middelschulte, Dirk
Öffentliche Aufträge als Gegenstand des EG-Beihilferechts: Voraussetzungen der subventionsrechtlichen Kontrolle von Vergaben und öffentlichen Aufträgen, Frankfurt am Main 2004.

Mehlhorn, Hans
Liberalisierung der Wasserversorgung – Infrastrukturelle und technische Voraussetzungen der Wasserdurchleitung, GWF 2001, S. 103-113.

Merkel, Wolfgang
Liberalisierung des Wassermarktes: Brauchen wir wirklich ein Bundesgesetz?, GWF 2001, S. 684-688.

ders.
Risiken für eine Wasserwirtschaft im Wettbewerb – Kriterien nachhaltiger Organisation der Wasserversorgung –, GWF 2002, S. 801-811.

Mestmäcker, Ernst-Joachim/ Schweitzer, Heike
Europäisches Wettbewerbsrecht, 2. Auflage, München 2004.

Mestmäcker, Ernst-Joachim/ Möller, Hans/ Schwarze, Hans-Peter (Hrsg.)
Eine Ordnungspolitik für Europa – Festschrift für Hans v. d. Groeben –, Baden-Baden 1987.

Modlich, Joachim Johannes
Nationale Infrastrukturmaßnahmen und Art. 92 Abs. 1 EGV- Zur Vereinbarkeit nationaler Infrastrukturmaßnahmen mit dem Beihilfeverbot des Art. 92 Abs. 1 EGV, Köln u.a. 1996.

Müller-Graff, Peter-Christian
Die Erscheinungsformen der Leistungssubventionstatbestände aus wirtschaftsrechtlicher Sicht, ZHR 152 (1988), S. 403-438.

Müller, Friedrich/ Christensen, Ralph
Juristische Methodik - Band II Europarecht -, Berlin 2003.

v. Mutius, Alber
Selbstverwaltung im Staat der Industriegesellschaft – Festgabe zum 70. Geburtstag von Georg Christoph v. Unruh – , Heidelberg 1983.

N

Najork, Kathrin
Die Beurteilung von Quersubventionen nach den Wettbewerbsregeln des EG-Vertrages, Aachen 2004,
zugleich: diss. iur. Bonn 2004.

Nettesheim, Martin
Europäische Beihilfeaufsicht und mitgliedstaatliche Daseinsvorsorge, EWS 2002, S. 253-263.

Noch, Rainer
Ausschreibungspflichten privater Unternehmen, DÖV 1998, S. 623-632.

O

Obernolte, Wolfgang
Das EWG-Beihilfeverbot in der Praxis, EW 1961, S. 388-393.

Oppermann, Thomas
Deutsche Rundfunkgebühren und Europäisches Beihilferecht – Zusammenfassung der Ergebnisse – ZUM 1996, S. 656-658.

Ose, Ludwig
Beihilfen und Maßnahmen gleicher Wirkung wie mengenmäßige Beschränkungen im Recht der EWG – Ein Versuch zur Abgrenzung –,
diss. iur. Saarbrücken 1976.

Ossenbühl, Fritz
Daseinsvorsorge und Verwaltungsprivatrecht, DÖV 1971, S. 513-524.

ders.
Die Erfüllung von Verwaltungsaufgaben durch Private, Veröffentlichungen der Vereinigung der Deutschen Staatsrechtslehrer Bd. 29 (1971), S. 137-209.

PQ

Pape, Hans-Christoph
Staatliche Kapitalbeteiligungen an Unternehmen und das Beihilfeverbot gemäß Art. 92 EG-V, Frankfurt am Main u.a. 1996,
zugleich: diss. iur. Bonn 1995.

Pielow, Johann-Christian
Grundstrukturen öffentlicher Verwaltung, Jus Publicum, Beiträge zum öffentlichen Recht, Band 58, Tübingen 2001,
zugleich: Habilitationsschrift Bochum 1998.

Pöcherstorfer, Winfried
Daseinsvorsorge und Marktöffnung durch Gemeinschaftsrecht – auch in der Wasserwirtschaft –, ZUR Sonderheft 2003, S. 184-190.

ders.
Handbuch der kommunalen Wissenschaft und Praxis – Band 2 (Kommunalverfassung) – , 2. Auflage, Berlin 1982.

R

Rengeling, Hans-Werner
Das Beihilfenrecht der Europäischen Gemeinschaften, KSE 32, S. 23-54, Köln u.a.1984.

ders.
Europäisches Gemeinschaftsrecht als Ordnungsrahmen für staatliche Subventionen – Ein Beitrag zum 55. Deutschen Juristentag, JZ 1984, S. 795-801.

Ross, Malcolm
State aids and national courts: Definitions and other problems – a case of premature emancipation?, CMLR 2000, S. 401-423.

Ruge, Reinhard
Anmerkung zu dem Ferring-Urteil, EuZW 2002, S. 50-52.

STUV

Salzwedel, Jürgen
Warum ist ein Bundesgesetz über die Liberalisierung und Privatisierung in der Wasserversorgung vordringlich?, GWF 2001, S. 606-612.

Sánchez Rydelski, Michael
Handbuch EU Beihilfenrecht, Baden-Baden 2003.

Sandmann, Tina
Kommunale Unternehmen im Spannungsfeld von Daseinsvorsorge und europäischem Wettbewerbsrecht, Schriften zum Europa- und Völkerrecht und zur Rechtsangleichung Band 16, Frankfurt am Main 2005,
zugleich: diss. iur. Frankfurt am Main 2004.

Schardt, Ramona
Öffentliche Aufträge und das Beihilferegime des Gemeinschaftsrechts, Jenaer Schriften zum Recht Band 31, Stuttgart ua. 2003,
zugleich: diss. iur. Jena 2002.

Schebstadt, Arnd
Der Kostenausgleich für Daseinsvorsorgeverpflichtungen in der europäischen Beihilfeaufsicht, DVBl. 2004, S. 737-746.

Scheidemann, Dieter
Der Begriff der Daseinsvorsorge: Ursprung, Funktion und Wandlungen der Konzeption Ernst Forsthoffs, Göttinger politikwissenschaftliche Forschungen Band 5, Göttingen 1991.

Schernthanner, Martina
Das materielle Beihilfeaufsichtsrecht nach dem EWG-Vertrag, Wien, New York 1993,
zugleich: diss. iur. Salzburg 1991.

Scheuing, Helmut Dieter
Les aides financières publiques aux entreprises privées francais en droit et européen, Paris 1974.

Schina, Despina
State Aids under the EEC Treaty, Articles 92 to 94, Oxford 1987.

Schmalz, Reinhard
Ressourcenschonung im liberalisierten Wassermarkt, ZUR Sonderheft 2001, S. 152-156.

Schmidt, Thorsten Ingo
Kommunale Kooperation – Der Zweckverband als Nukleus des öffentlich-rechtlichen Gesellschaftsrechts –, Tübingen 2005,
zugleich: Habilitationsschrift Göttingen 2004/05.

Schmidt-Jortzig, Edzard
Kommunalrecht, Stuttgart 1982.

Schnelle, Ulrich/ Bartosch, Andreas
Umfang und Grenzen des EG-wettbewerbsrechtlichen Verbots der Quersubventionierung, EWS 2001, S. 411-418.

Schoch, Friedrich
Privatisierung von Verwaltungsaufgaben, DVBl. 1994, S. 962-977.

Schröder, Werner/ Weber, Karl
Daseinsvorsorge durch öffentliche Unternehmen und das Europäische Gemeinschaftsrecht, Wien 2004.

Schröter, Helmuth/ Jakob, Thinam/ Mederer, Wolfgang
Kommentar zum Europäischen Wettbewerbsrecht, 1. Auflage, Baden-Baden 2003.

Schwarze, Jürgen
EU-Kommentar, Baden-Baden 2000.

ders.
Daseinsvorsorge im Lichte des europäischen Wettbewerbsrechts, EuZW 2001, S. 334-339.

ders.
Daseinsvorsorge im Lichte des Wettbewerbsrechts, Schriftenreihe Europäisches Recht, Politik und Wirtschaft Band 258, Baden-Baden 2001.

Seidel, Martin
Das Verwaltungsverfahren in Beihilfesachen, EuR 1985, S. 22-42.

Selmer, Peter/ v. Münch, Ingo (Hrsg.)
Gedächtnisschrift für Wolfgang Martens, Berlin u. New York 1987.

Slotboom, Marco
State Aid in Community Law: A Broad or Narrow Definition?, ELR 20 (1995) S. 289-301.

Slot, Piet Jan
Joined Cases C-72/91 and 73/91, Sloman Neptun Schiffahrts A.G. v. Seebetriebsrat Bodo Ziesemer der Sloman Neptun Schiffahrts A.G., Judgement of 17 March 1993, CMLR 1994, S. 137-146.

Soltész, Ulrich
Die „Belastung des Staatshaushaltes" als Tatbestandsmerkmal einer Beihilfe i.S. des Art. 92 I EGV, EuZW 1998, S. 747-753.

de Soto, Jean
Droit Administratif. Théorie générale du service public, Paris 1981.

Streinz, Rudolf
EUV/EGV- Vertrag über die Europäische Union und den Vertrag zur Gründung der Europäischen Gemeinschaft, München 2003.

ders.
Europarecht, 7. Auflage, Heidelberg 2005.

Stulz-Herrnstadt, Michael
Nationale Rundfunkfinanzierung und europäische Beihilfenaufsicht im Lichte des Amsterdamer Rundfunkprotokolls, Schriftenreihe zu Kommunikationsfragen Band 37, Berlin 2004,
zugleich: diss. iur. Göttingen 2003.

Tettinger, Peter J.
Public Private Partnership, Möglichkeiten und Grenzen – ein Sachstandsbericht, NWVBl. 2005, S. 1-10.

Thyri, Peter
Der Kommissionsvorschlag zur Behandlung von Ausgleichsbeihilfen in der Daseinsvorsorge, EWS 2004, S. 444-449.

Vaughan, David
Law of the European Communities (Bd. 1), State Aids and Regional Policy, London 1986.

WX

Weissenberg, Paul
Öffentliche Aufträge, Instrumente neutraler Beschaffung oder staatlicher Steuerung?: Parallelität und Konflikte, DB 1984, S. 2285-2290.

Weiß, Nicole
Liberalisierung der Wasserversorgung: Gestaltungsspielräume und Grenzen einer Reform der Wasserversorgung unter besonderer Berücksichtigung der Rechtslage in Bayern, Frankfurt am Main 2004,
zugleich: diss. iur. Bayreuth 2003.

Werner, Jürgen/ Quante, Peter
Altmark Trans Wendepunkt im Beihilfenrecht der nationalen Daseinsvorsorge?, ZeuS 2004, S. 83-106.

Wilms, Günter
Das europäische Gemeinschaftsrecht und die öffentlichen Unternehmen: die Kompetenz der Kommission aus Art. 90 Abs. 3 EG-Vertrag und ihre Anwendung auf die Elektrizitätswirtschaft, Schriften zum europäischen Recht 28, Berlin 1996.

WRc plc.
Study on the application of the competion rules to the water sector in the European Community – Final report – abrufbar unter:
http://europa.eu.int/comm/competition/publication/studies/water_sector_report.pdf.

YZ

van Ysendyck, Anne/ Zühlke, Susanne
Staatliche Beihilfen und Ausgleich für Leistungen der Daseinsvorsorge, EWS 2004, S. 16-19.

Tina Sandmann

Kommunale Unternehmen im Spannungsfeld von Daseinsvorsorge und europäischem Wettbewerbsrecht

Frankfurt am Main, Berlin, Bern, Bruxelles, New York, Oxford, Wien, 2005.
236 S.
Schriften zum Europa- und Völkerrecht und zur Rechtsvergleichung.
Herausgegeben von Manfred Zuleeg. Bd. 16
ISBN 978-3-631-53248-5 · br. € 42.50*

Das Buch behandelt die Stellung der kommunalen Unternehmen zwischen Wettbewerb und Daseinsvorsorge. In einer durch Marktöffnung und Wettbewerbsintensivierung veränderten Lage versuchen sich die kommunalen Unternehmen neu zu positionieren. Dafür fordern sie verschiedene rechtliche Änderungen. Mit diesen, sowie mit den naturgemäß entgegengesetzten Forderungen der Privatwirtschaft beschäftigt sich die Arbeit. Eingehend wird geprüft, ob Änderungen für die rechtliche Situation der kommunalen Unternehmen durch das Gemeinschaftsrecht geboten sind. Dies erfolgt u. a. durch Vertragsauslegung und Auswertung von Literatur und Rechtsprechung des Europäischen Gerichtshofs. Ferner wird die optimale Erbringungsmöglichkeit der Daseinsvorsorge ausgelotet. Ein wesentliches Fazit dabei ist, dass die Sorge um einen bestimmten Unternehmenstyp nicht mit der Sorge um die Daseinsvorsorge an sich verwechselt werden darf.

Aus dem Inhalt: Begriff der Daseinsvorsorge · Wahrnehmung der Daseinsvorsorge durch kommunale Unternehmen in Deutschland · Kommunale Unternehmen zwischen nationalem und Gemeinschaftsrecht · Anforderungen des nationalen Rechts an kommunale und private Unternehmen · Anforderungen des Gemeinschaftsrechts an kommunale Unternehmen · *u.v.m.*

FSC
www.fsc.org
MIX
Papier | Fördert
gute Waldnutzung
FSC® C083411

Kolibri 360 GmbH
Ferdinand-Jühlke-Straße 7
99095 Erfurt, Deutschland
produktsicherheit@kolibri360.de

Druck:
CPI Druckdienstleistungen GmbH
im Auftrag der
Kolibri 360 GmbH
Ferdinand-Jühlke-Str. 7
99095 Erfurt